Referin

Cele pat

„Cel mai bun indicator al dezvoltării și fericirii este autocunoașterea care te determină să acționezi. Gretchen Rubin îți oferă instrumentele necesare pentru a te cunoaște pe tine însuți și pe ceilalți și te învață cum să folosești aceste informații. Profundă, practică și de referință, cartea *Cele patru tendințe* te va ajuta să depășești cele mai mari impedimente din calea succesului și fericirii."

– Shawn Achor (Conformist), autor al cărților *The Happiness Advantage* și *Before Happiness*

„Gretchen Rubin a descoperit o nouă modalitate de a ne înțelege pe noi înșine și pe ceilalți. Când știm care ne este tendința, ne putem gestiona mai eficient acțiunile și ne putem atinge mai rapid scopurile, putând totodată să-i ajutăm și pe ceilalți să o facă. În calitate de cercetător care a studiat obiceiurile, dependența și schimbarea timp de douăzeci de ani, sunt încântat de simplitatea și forța *Celor patru tendințe* ca instrument ce poate fi folosit de oricine caută să își îmbunătățească viața. Folosesc aceste concepte în activitatea mea zilnică, pentru a ajuta oamenii să-și înțeleagă tendințele și să își schimbe comportamentele defectuoase, precum stresul și obiceiul de a mânca emoțional."

– Judson Brewer, MD, PhD (Iscoditor), autor al cărții *The Craving Mind* și profesor asociat în medicină și psihiatrie la Facultatea de Medicină a Universității Massachusetts

„Revoluționarul cadru al cărții *Cele patru tendințe* de Gretchen Rubin este un instrument simplu, dar puternic și îndelung studiat, care ne ajută să ne înțelegem mai bine propria natură, să ne valorificăm punctele forte și să ne depășim punctele slabe. Cu perspicacitatea și inteligența caracteristice, Gretchen ne oferă instrumentele necesare cu care să ne creăm viața pe care o dorim, într-un mod care să se plieze pe personalitatea noastră. Ce este surprinzător? Odată ce ai aflat despre aceste patru concepte, perspectiva ta se va schimba radical."

– Susan David, PhD (Conformist), cofondator al Institutului de Coaching și autor al cărții *Emotional Agility*

„Dacă vrei să schimbi ceva în viața ta, ai nevoie de Gretchen Rubin. Ideile ei sunt originale, instinctive și revoluționare. Fie că vrei să fii în formă, să lucrezi mai eficient sau să fii mai ordonat, ea îți arată cum să-ți modifici obiceiurile (aproape) fără efort. Această «rebelă» doarme mai bine decât alții, ignoră mai multe e-mailuri, are douăzeci de kilograme în minus și este veșnic recunoscătoare."

– Viv Groskop (Rebel), jurnalist și comedian

„O iubesc pe Gretchen Rubin pentru că mă ajută să mă înțeleg atât pe mine, cât și pe oamenii din jurul meu."

– Cathy Rentzenbrink (Binevoitor), autoare a cărții *The Last Act of Love*

ALTE CĂRȚI DE GRETCHEN RUBIN

Better Than Before (Cum să devii mai bun[*]*)*

Happier at Home (Mai fericit acasă)

The Happiness Project (Proiectul fericirii)

Forty Ways to Look at JFK
(Patruzeci de moduri de a-l privi pe JFK)

Power Money Fame Sex: A User's Guide
(Putere, bani, faimă, sex: un ghid practic)

Profane Waste (cu Dana Hoey) (*Risipă profană)*

---

* Carte apărută cu acest titlu la editura ACT și Politon în anul 2018. (n. red.)

The Four Tendencies

Originally published in the United States by Harmony Books,
an imprint of the Crown Publishing Group,
a division of Penguin Random House LLC, New York.

Editura ACT și Politon
Str. Înclinată, nr. 129, Sector 5, București, România, C.P. 050202.
tel: 0723 150 590, e-mail: office@actsipoliton.ro
www.actsipoliton.ro

Traducător: **Sorana Roman**
Redactor: **Anca Dobre**
Tehnoredactor: **Teodora Vlădescu**
Coperta: **Alexandra Ilie**
Copyright Manager: **Andrei Popa**

Descrierea CIP a Bibliotecii Naţionale a României
RUBIN, GRETCHEN
Cele patru tendinţe / Gretchen Rubin; trad.: Sorana-Maria Roman. - Bucureşti: ACT şi Politon, 2021
ISBN 978-606-913-859-5
I. Roman, Sorana-Maria (trad.)
159.9

Gretchen Rubin

Cele patru tendințe

PROFILURILE DE PERSONALITATE ESENȚIALE
CARE ÎȚI ARATĂ CUM SĂ FACI VIAȚA MAI BUNĂ
(PE A TA ȘI PE A ALTORA)

Traducere din limba engleză de
Sorana Roman

ACT și Politon

2022

Pentru Christy Fletcher (Iscoditoare)

CUPRINS

TENDINȚA TA

ISCODITOR

„Mă voi conforma, dacă mă vei convinge s-o fac."

BINEVOITORUL

Poți conta pe mine și eu contez pe tine să contezi pe mine

REBELUL

Nu mă poți obliga și nici eu nu pot.

APLICAREA CELOR PATRU TENDINȚE

ANEXĂ

„În cele din urmă, am ajuns la concluzia că cea mai mare ambiție a mea este să fiu ceea ce sunt deja.”

– *Jurnalul lui Thomas Merton* (Rebel)

TENDINȚA TA

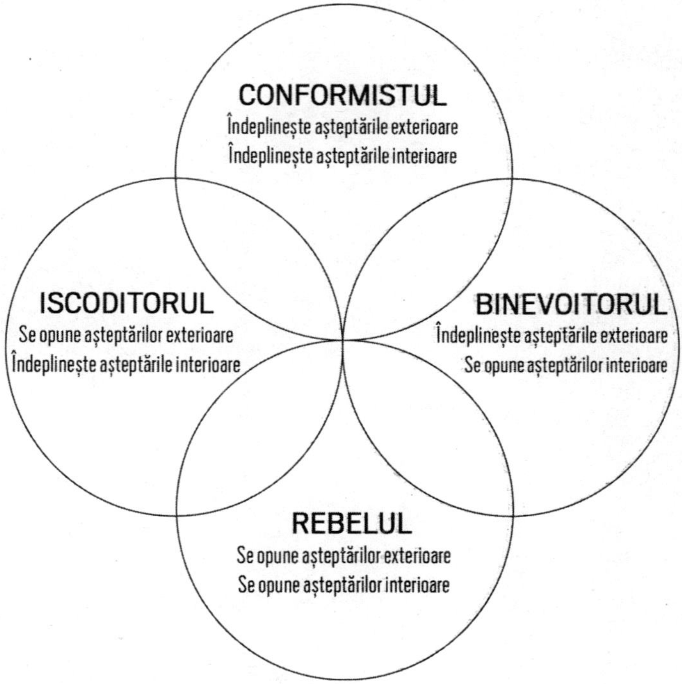
CONFORMISTUL
Îndeplinește așteptările exterioare
Îndeplinește așteptările interioare
ISCODITORUL
Se opune așteptărilor exterioare
Îndeplinește așteptările interioare
BINEVOITORUL
Îndeplinește așteptările exterioare
Se opune așteptărilor interioare
REBELUL
Se opune așteptărilor exterioare
Se opune așteptărilor interioare

1

Cele patru tendințe

Originea celor patru tendințe • Cum țes tendințele caracterele • La ce folosește identificarea propriei tendințe • La ce folosește identificarea tendințelor celorlalți

Nu știam la acel moment, dar, când am intrat pe ușa restaurantului Atlantic Grill, într-o după-amiază aprigă de iarnă, aveam să port una dintre cele mai importante conversații din viața mea.

În timp ce mușcam dintr-un cheesburger, iar prietena mea gusta dintr-o salată, a făcut o remarcă care avea să îmi rămână în minte ani de zile. Când mă așteptam mai puțin, am auzit-o zicând:

— Vreau să alerg, dar nu pot și asta chiar mă deranjează.

Apoi, a adăugat:

— Când eram în echipa liceului, nu ratam niciun antrenament. Nu înțeleg cum de nu mai pot să alerg.

— Păi de ce nu mai poți? am întrebat.

— Păi... este atât de greu să ne facem timp pentru noi!

— Hmmm, am mormăit eu.

Am început să vorbim despre alte lucruri, dar chiar și după ce ne-am luat rămas bun, nu am reușit să-mi alung din minte schimbul de replici din acea seară. Era aceeași persoană ca în liceu și își propunea să facă aceeași activitate ca atunci. Pe vremuri, reușise să alerge, dar acum nu mai putea. De ce? Oare era de vină vârsta, lipsa motivației, situația familială, locul, spiritul de echipă sau altceva?

Încerca să găsească o justificare în faptul că toți avem probleme „să ne facem timp pentru noi". Dar, dacă mă gândesc bine, eu nu am astfel de probleme. Ce ne deosebește pe una de cealaltă?

Voi încerca să îmi răspund în următorii ani la aceste întrebări.

Originea celor patru tendințe

Se spune că există două tipuri de oameni în lume: cei care împart lumea în două tipuri de oameni, și cei care nu o împart.

Fac, cu siguranță, parte din prima categorie. Cel mai mult mă interesează natura umană și caut mereu explicații pentru ce fac oamenii și pentru motivul pentru care fac ceea ce fac.

Am studiat ani de zile fericirea și obiceiurile și e evident că nu există o rețetă magică, universal valabilă pentru o viață mai fericită, mai sănătoasă și mai productivă. Strategiile care funcționează pentru unii nu funcționează și în cazul altora – de fapt, ce funcționează pentru o persoană poate fi *total opus* față de ceea ce funcționează pentru alta. Unii oameni se simt bine dimineața; alții se simt bine seara. Unii se simt mai bine atunci când rezistă unei ispite puternice; alții când se răsfață cu moderație. Unii oameni iubesc simplitatea; alții iubesc abundența.

Și nu e numai asta. În timp ce mă gândeam la observația prietenei mele despre obiceiul ei de a alerga, am simțit că, dincolo de tipul acela de diferență care îi împarte pe oameni în „oameni nocturni și oameni matinali", a existat dintotdeauna un fel de deosebire fundamentală care a modelat firea oamenilor – ceva profund, dar izbitor și evident totodată – care, cumva, scăpase viziunii mele.

Ca să îmi dau seama ce îmi lipsea, am adresat cititorilor site-ului meu o serie de întrebări, printre care: „Ce părere aveți despre hotărârile luate de Anul Nou?", „Respectați regulile de circulație? De ce da sau de ce nu?", „V-ați înscrie vreodată la un curs doar din amuzament ?". Pe măsură ce citeam răspunsurile cititorilor, am observat anumite tipare care se întrețeseau printre diversele răspunsuri. A fost aproape *ciudat* – de parcă oamenii se împărțeau în grupuri care gândeau după același scenariu.

De exemplu, despre hotărârile luate de Anul Nou, un grup de oameni au dat același răspuns: „Mă voi limita la o hotărâre dacă este utilă, dar nu voi începe cu prima zi a anului, fiindcă 1 ianuarie e o dată arbitrară". Toți au folosit același cuvânt: „arbitrar". Am fost intrigată de această alegere, deoarece arbitrariul datei de 1 ianuarie nu m-a deranjat niciodată. Cu toate astea, acești oameni dădeau toți același răspuns. Așadar, ce aveau ei în comun?

Un alt grup a răspuns: „Nu mai iau hotărâri de Anul Nou pentru că nu reușesc niciodată să mă țin de ele – nu reușesc niciodată să-mi fac timp și pentru mine".

Iar un altul a spus: „Nu iau niciodată hotărâri pentru că nu-mi place să pun presiune pe mine".

Simțeam că toate astea au o semnificație profundă, dar pur și simplu nu reușeam să îmi dau seama despre ce anume era vorba.

Apoi, într-un final, după luni de reflecție, am avut momentul acela de *evrika*. Eram acasă, la birou, și am aruncat întâmplător o privire pe lista mea haotică cu lucruri de făcut: m-am luminat brusc. Întrebarea simplă și hotărâtoare era: „Cum răspunzi la așteptări?" Gata, am găsit-o!

Descoperisem secretul. Am simțit aceeași emoție pe care trebuie să o fi simțit Arhimede când a ieșit din cadă.

Stăteam nemișcată, dar mintea mea derula cu repeziciune gânduri despre așteptări. În acel moment, am înțeles că toți ne confruntăm cu două tipuri de așteptări:

- așteptări exterioare – așteptări pe care le au alții de la noi, cum ar fi respectarea unui termen limită la serviciu;
- așteptări interioare – așteptări pe care le avem noi de la noi, cum ar fi respectarea unei hotărâri luate de Anul Nou.

Și iată care este viziunea mea: în funcție de răspunsul unei persoane la așteptările exterioare și interioare, acea persoană se încadrează în una dintre cele patru tipologii distincte de mai jos:

Conformiștii răspund cu ușurință atât așteptărilor exterioare, cât și celor interioare.

Iscoditorii pun la îndoială toate așteptările; ei îndeplinesc o așteptare numai dacă consideră că este justificată, așa că, de fapt, răspund doar așteptărilor interioare;

Binevoitorii răspund cu ușurință așteptărilor exterioare, dar se chinuie să îndeplinească așteptările interioare:

Rebelii se opun tuturor așteptărilor, atât exterioare, cât și interioare.

Iată cât de simplu a fost! Prin răspunsul la o singură întrebare simplă, întreaga omenire se poate încadra în aceste patru categorii.

Acum am înțeles de ce prietena mea a avut probleme cu formarea obiceiului de alergare. Era o Binevoitoare. Când făcea parte dintr-o echipă și avea un antrenor care avea așteptări de la ea, nu a avut probleme de adaptare; însă, când se confrunta cu propriile așteptări interioare, în ea se ducea o luptă.

Am înțeles și comentariile acelea repetitive despre hotărârile luate de Anul Nou. Și am înțeles mult, mult mai mult.

Identificarea celor patru tendințe a clarificat niște tipare de comportament izbitoare pe care le percepusem, astfel că am putut să înțeleg ceea ce văzuseră toți ceilalți, dar nu înțeleseseră cu adevărat.

Când am pus tot acest mecanism pe hârtie, trasând patru cercuri simetrice suprapuse, a ieșit o schiță care aducea cu o frunză de ferigă sau cu o cochilie de nautilus. Am simțit că am descoperit o lege importantă a naturii: natura umană. Sau poate creasem ceva asemănător cu pălăria însuflețită a lui Muggle.*

---

* Persoană fără abilități de magie, în seria lui – Harry Potter. (n. trad.)

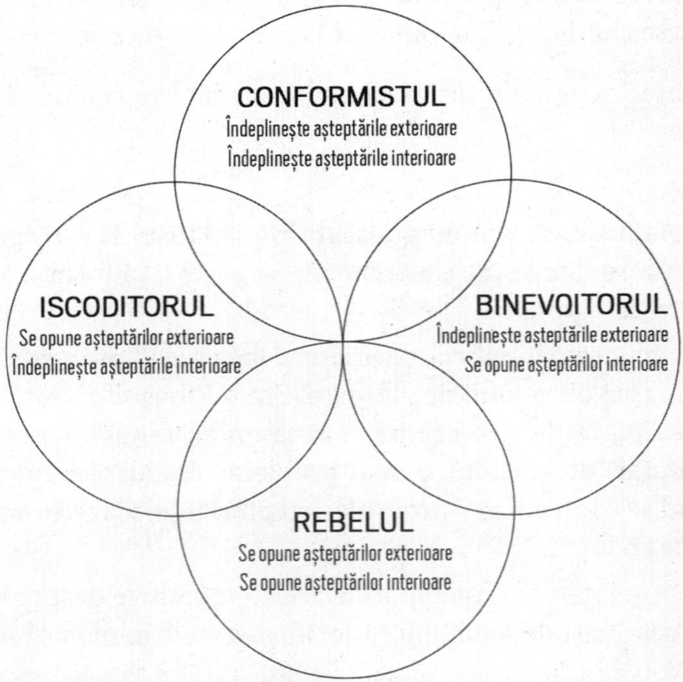

După ce am identificat cadrul, am încercat să înțeleg mai bine. „Strategia celor patru tendințe" a devenit primul capitol din *Cum să devii mai bun*, cartea mea despre schimbarea obiceiurilor; am scris despre cele patru tendințe pe site-ul meu, *gretchenrubin.com*; împreună cu coprezentatoarea și sora mea, Elizabeth Craft, am vorbit despre cele patru tendințe în cadrul podcastului nostru săptămânal, *Happier with Gretchen Rubin*. De fiecare dată când am dezbătut acest subiect, cititorii și ascultătorii s-au arătat foarte interesați.

Majoritatea oamenilor își pot da seama care le este tendința dintr-o scurtă descriere, dar pentru persoanele care nu sunt sigure sau care își doresc o analiză mai detaliată, am conceput un test. Sute de mii de oameni au participat la Testul Celor Patru Tendințe, care apare în capitolul 2 sau pe happiercast.com/quiz. Atât răspunsurile ferme la întrebările din test, precum și cele care lăsau loc de interpretare, mi-au oferit o serie de informații suplimentare. (În primul rând, am observat că tendințele oamenilor le influențează disponibilitatea de a face testul. Uneori, Iscoditorii se întreabă: „De ce ar trebui să îmi pierd timpul și să consum energie făcând acest test?", în timp ce Rebelii își zic: „Cine ești tu să-mi spui să fac acest test? Ei bine, nu-l voi face.")

Pentru a-mi testa observațiile despre cele patru tendințe, m-am hotărât să fac un studiu pe un eșantion național reprezentativ, și anume un grup de adulți americani din diferite zone ale țării, de ambele sexe, cu vârste și surse de venit diferite.

Cel mai important lucru pe care l-am aflat? Distribuția celor patru tendințe. 41% erau Binevoitori. Apoi, veneau Iscoditorii, cu 24%. Rebelii erau cei mai puțini, 17% – chiar și așa, sunt surprinsă că sondajul a indicat un procent atât de ridicat – iar tendința pe care o am și eu, aceea de Conformist, a avut un procent cu foarte puțin peste 19%. Studiul a confirmat, de asemenea, multe dintre observațiile mele despre cele patru tendințe; de exemplu, când ne gândim la hotărârile luate de Anul Nou, Conformiștii sunt cei mai în măsură să le îndeplinească; Rebelilor nu le plac; Iscoditorii iau hotărâri atunci când momentul pare potrivit, în loc să aștepte o dată arbitrară; iar Binevoitorii renunță de cele mai multe ori să ia vreo hotărâre, fiindcă au avut de furcă cu ele în trecut.

Pe măsură ce am rafinat cadrul, am atribuit chiar și o culoare fiecărei tendințe, folosindu-mă de modelul semaforului. Iscoditorii sunt galbeni: așa cum lumina galbenă ne avertizează să „așteptăm", Iscoditorii întreabă mereu: „Ia stai puțin, de ce ?" înainte să îndeplinească o așteptare. Binevoitorii sunt verzi, ei „merg înainte" cu ușurință. Rebelii sunt roșii. Ei sunt cei mai predispuși să „se oprească" sau să spună nu. Pentru că nu există și a patra culoare la semafor, am ales albastru pentru Conformiști – mi s-a părut potrivit.

Cu cât am studiat mai mult tendințele, cu atât am conștientizat mai mult influența lor imensă.

Când luăm în considerare cele patru tendințe, suntem mai capabili să ne înțelegem pe noi înșine. Această cunoaștere de sine este crucială, fiindcă putem construi o viață fericită numai pe temelia propriei noastre naturi, a propriilor noastre interese și valori.

La fel de important este faptul că, atunci când luăm în considerare cele patru tendințe, suntem mai în măsură să-i înțelegem și pe ceilalți. Putem trăi și lucra mai eficient cu ceilalți oameni dacă le cunoaștem tendințele – colegi și șefi, profesori și antrenori, parteneri, părinți și copii, furnizori de servicii medicale și pacienți.

Înțelegerea celor patru tendințe ne oferă o înțelegere mai completă a lumii.

Tendințele ne țes caracterul

Ne naștem cu aceste tendințe: nu sunt rezultatul ordinii în care am venit pe lume, al stilului parental, educației religioase sau al genului. Ele nu sunt legate de a fi extravertit sau introvertit. Nu se schimbă în funcție de locul în care ne aflăm: acasă, la serviciu, cu prietenii. Și nu se schimbă pe măsură ce îmbătrânim. Venim pe lume cu aceste tendințe.

Într-o măsură care mă surprinde, majoritatea oamenilor se încadrează exact într-una dintre cele patru tabere. Deși poate fi dificil să identificăm tendința unui copil (încă nu-mi dau seama de tendința uneia dintre fiicele mele), până la vârsta adultă ne înscriem clar într-o anumită categorie care ne modelează fundamental percepțiile și comportamentul. Dacă nu trecem prin experiențe catastrofale, care să ne modifice comportamentul – cum ar fi o experiență legată de moarte, o boală gravă sau lupta serioasă cu o dependență – tendințele nu se schimbă.

În funcție de istorie și de circumstanțe, tendința noastră ne-ar putea fi mai mult sau mai puțin utilă pe măsură ce ne croim drumul în lume. În Coreea de Nord, întrebările unui Iscoditor ar putea să îl arunce în închisoare, în timp ce în Silicon Valley i-ar putea aduce o promovare.

De asemenea, există o varietate mare de personalități, chiar printre oamenii care împărtășesc aceeași tendință. Indiferent de tendință, unii oameni sunt mai mult sau mai puțin atenți decât alții, mai ambițioși, mai intelectuali, mai carismatici, mai amabili, mai anxioși, mai energici sau mai aventuroși. Aceste calități influențează puternic modul în care își exprimă tendințele. Un Rebel ambițios care vrea să fie un lider de afaceri respectat se va comporta diferit față de unul pe care nu îl interesează prea mult să aibă o carieră de succes.

Oamenii susțin adesea că sunt un amestec de tendințe. Ei concluzionează: „Sunt un Binevoitor și un Conformist" sau „Tendința mea se schimbă în funcție de locul în care sunt sau de persoanele cu care sunt". Pare logic la prima vedere, dar, pe măsură ce pun mai multe întrebări, lucrurile se limpezesc și, aproape fără excepție, fiecare se încadrează într-o singură tendință.

Pentru a fi siguri, după cum se discută în secțiunile despre „Variații în cadrul tendinței", oamenii „înclină" de multe ori în direcția tendinței care se suprapune cu a lor, dar cu toate acestea rămân fideli tendinței de bază.

Și, desigur, este adevărat că, indiferent de tendința noastră fundamentală, într-un mic procent, fiecare dintre noi este Conformist, Iscoditor, Binevoitor și Rebel.

Toți îndeplinim o așteptare atunci când nu vrem să suportăm consecințele ignorării ei. Până și rebelul poartă centura de siguranță după ce plătește câteva amenzi usturătoare.

Cu toții ne-am putea întreba de ce trebuie să îndeplinim o așteptare sau de ce ne enervăm când un lucru ni se pare inutil sau de ce facem ceva care pare arbitrar.

Cu toții îndeplinim anumite așteptări, doar din considerentul că acestea sunt importante pentru altcineva. Cel mai hotărât Conformist își va sacrifica ședința obișnuită de luni dimineață, dacă copilul lui tocmai a ieșit dintr-o operație.

Și, indiferent de tendința noastră, cu toții ne dorim autonomie. Preferăm să ni se ceară în loc să ni se ordone să facem ceva, și, dacă sentimentul că suntem controlați de alții e prea puternic, asta poate duce la „reactanță" – rezistența la un lucru perceput ca o amenințare la adresa libertății sau a capacității de a alege.

După ce am descris cele patru tendințe la o conferință, un tip s-a apropiat de mine și mi-a spus: „Cred că toată lumea ar trebui să poată conduce cu viteza pe care o consideră sigură; presupun așadar că sunt un Iscoditor!"

Am zâmbit, dar adevărul este că nu e atât de simplu: „ignor limita de viteză, așa că sunt un Iscoditor" sau „refuz să spăl vase, așa că sunt un Rebel" sau „îmi place să fac liste, deci sunt un Conformist". Pentru a ne identifica tendința, trebuie să luăm în considerare multe exemple de comportament și *motivele* pentru care ne comportăm într-un anumit fel. De exemplu, un Iscoditor și un Rebel ar putea refuza amândoi să îndeplinească o anumită așteptare, dar Iscoditorul gândește: „Nu o voi face, fiindcă nu are sens", în timp ce Rebelul gândește: „Nu o voi face, fiindcă nu-mi poți spune tu mie ce să fac".

Am aflat că, deși fiecare dintre cele patru tendințe te pot pune în dificultate, oamenii consideră că cele mai provocatoare sunt aceea de Binevoitor și de Rebel – fie că ai tu însuți tendința respectivă, fie că ai de-a face cu oameni care o au. (De aceea, secțiunile despre Binevoitori și despre Rebeli din această carte sunt mai lungi decât cele despre Conformiști și Iscoditori.)

Mulți oameni încearcă să reprezinte cele patru tendințe prin comparație cu alte tipare de personalitate, precum trăsăturile de personalitate Big Five, StrengthsFinder, Enneagrama, Myers-Briggs, VIA – chiar și cu cele patru case de la Hogwarts.

Sunt fascinată de orice schemă care mă ajută să înțeleg natura umană, dar cred că este o greșeală să presupun că toate sunt pe picior de egalitate. Fiecare cadru surprinde o anumită perspectivă, și acea perspectivă s-ar pierde dacă toate sistemele ar fi puse la grămadă. Niciun sistem nu poate surprinde de unul singur natura umană în toată profunzimea și varietatea ei.

De asemenea, cred că multe tipare de personalitate înghesuie prea multe elemente în categoriile pe care le vehiculează. Prin contrast, cele patru tendințe iau în considerare doar un aspect unic al caracterului unei persoane – un aspect de o importanță vitală, dar totuși unul singur dintr-o multitudine de trăsături care definesc caracterul unui individ. Cele patru tendințe explică *de ce acționăm* și *de ce nu acționăm*.

De ce este util să-ți identifici tendința

Când descriu cele patru tendințe, uneori am impresia că oamenii încearcă să descopere care este „cea mai bună" tendință și fac tot posibilul să se încadreze în ea. Dar nu există tendință mai bună sau mai puțin bună. Cei mai fericiți, mai sănătoși și mai productivi oameni nu sunt cei care au o anumită tendință, ci mai degrabă sunt oamenii care și-au dat seama cum să valorifice punctele forte ale tendinței lor, să contracareze punctele slabe și să își construiască viața cea mai bună în cazul lor.

Din înțelepciunea, experiența și autocunoașterea pe care le poți obține cunoscând cele patru tendințe, putem să ne folosim timpul mai eficient, să luăm decizii mai bune, să suferim mai puțin de stres, să fim mai sănătoși și să colaborăm mai bine cu alte persoane.

Dacă nu înțelegem care ne este locul în aceste patru tendințe, este posibil să nu reușim să simțim acele nuanțe care ne fac să reușim sau să eșuăm. De exemplu, un agent literar mi-a spus odată:

— Reprezint un jurnalist care a făcut o muncă nemaipomenită la un ziar. Nu avea probleme cu termenele limită, avea o etică de lucru sănătoasă. Dar acum a plecat de la ziar ca să scrie o carte și a intrat în ceea ce se cheamă blocajul scriitorului.

— Pun pariu că nu este vorba despre blocajul scriitorului. Probabil că este un Binevoitor, i-am zis eu. Nu a avut probleme când trebuia să respecte mereu termene limită. Dar cu un termen limită îndepărtat și o libertate prea mare, nu mai poate funcționa. Ar trebui să-i ceară editorului să îl verifice în fiecare săptămână sau să se alăture unui grup de scriitori sau ar trebui să i se impună un număr fix de pagini pe lună. Este un fel de sistem de responsabilizare externă.

De asemenea, dacă nu înțelegem cele patru tendințe, este posibil să facem presupuneri nerealiste cu privire la modul în care se pot schimba oamenii. O femeie mi-a scris: „Soțul meu este un Rebel. Mă simt frustrată la gândul că acesta este de fapt caracterul lui și că nu se va schimba niciodată. Este posibil ca un Rebel să fie doar o persoană care nu «s-a maturizat» și nu și-a dat seama că lumea nu funcționează doar cu ce «ai chef» să faci într-un anumit moment? Și să-și schimbe atitudinea în cele din urmă?" Nu am vrut să i-o trântesc așa, sec, dar nu, în acest moment *nu cred* că se va schimba.

Oamenii mă întreabă adesea dacă tendința ar trebui să ne determine alegerea carierei. Fiecare tendință ar putea să aibă ceva în comun cu aproape orice loc de muncă, dar este interesant să ne gândim la modul în care cariera și tendința ar putea interacționa. De exemplu, cunosc un dresor de câini profesionist care este un Conformist și impregnează un spirit de Conformist meseriei lui. Dar sunt convinsă că Iscoditorii, Binevoitorii și Rebelii ar putea și ei să facă acest lucru.

Chiar dacă persoane cu oricare dintre tendințe ar putea urma orice carieră, asta nu înseamnă și că așa ar trebui să se întâmple. Cele patru tendințe ne pot ajuta să ne dăm seama de ce ni s-ar potrivi anumite tipuri de muncă mai mult – sau mai puțin. Un cititor a scris: „Acum înțeleg de ce îmi urăsc slujba. Sunt 100% Iscoditor, în condițiile în care sunt contabil. Nu mă interesează să țin pasul cu tot felul de reguli arbitrare care tot apar și care nu au niciun sens, iar acesta a fost un obstacol major în calea succesului și satisfacției la locul de muncă".

Identificarea propriei tendințe ne permite să fim mai indulgenți cu noi înșine: „Hei, eu sunt o persoană de acest tip și nu este nimic în neregulă cu mine. Pot valorifica la maxim lucrul ăsta". Așa cum a scris un Conformist: „Părinții mei îmi spuneau întotdeauna să mă mai relaxez, răposatul meu soț îmi spunea mereu să mă relaxez, iar acum și fiica mea îmi spune să mă relaxez. Dar am înțeles că sunt mult mai fericită când respect regulile pe care le-am stabilit eu însămi".

Iată ce explica un Rebel:

Realizând că sunt un Rebel, mi-am dat seama de ce nu m-au ajutat cu nimic toți anii de terapie. Am analizat lipsa mea de disciplină, am respins și am acceptat tehnici care s-au întors împotriva mea. (Responsabilitate? Ha ha.) Nu este vorba doar de faptul că unele tehnici nu funcționează pentru Rebeli. Ci că ni s-a spus (și adesea chiar credeam) că ceva era profund în neregulă cu noi. Cum ar fi un adult, de altfel, funcțional, de mare succes, care încă se luptă să reușească să-și plătească facturile, să finalizeze proiecte și să urmeze întocmai... orice? Care se luptă să împlinească așteptările tuturor – chiar și pe ale lui? Asta nu este doar neobișnuit; în lumea de astăzi, sună de-a dreptul patologic. Dar tipologia ta te asigură că nu este. M-am simțit ușurat să mă concentrez pe ceea ce funcționează pentru mine, mai degrabă decât pe ceea ce este în neregulă cu mine.

Iată și ce scria un Binevoitor:

În calitate de scenarist de televiziune, deși m-am luptat fără succes cu incapacitatea mea de a respecta orice fel de termen limită personal, totuși am fost întotdeauna un angajat serios care trimitea scenariile la timp. Am dat acestei tendințe multe nume: lene, iresponsabilitate, copilărie în haine pentru adulți și multe altele care nu ar trece de filtrul tău de spam. Conferindu-mi o identitate – aceea de Binevoitor – m-ai ajutat să mă pot accepta. Pot să scap de disprețul de sine și să mă concentrez pe descoperirea unor modalități inteligente prin care să realizez lucruri. Deja sunt mai eficient, dar, mai ales, sunt mai fericit.

Când ne cunoaștem tendința, putem modifica lucrurile pentru a ne spori șansele de succes. Este practic imposibil să ne schimbăm propria natură, dar este destul de ușor să schimbăm circumstanțele într-un mod care să se potrivească tendinței noastre – fie că ne străduim să obținem mai multă claritate, justificare, responsabilitate sau libertate. Înțelegerea tendinței noastre ne permite să creăm acele conjuncturi în care vom reuși.

De ce este util să identificăm tendințele celorlalți

Pe de altă parte, atunci când înțelegem tendințele celorlalți oameni, suntem mai toleranți față ei. În primul rând, vedem că un anumit comportament al unei persoane nu ne vizează personal. Iscoditorul nu pune întrebări pentru a-și submina șeful sau pentru a pune la îndoială autoritatea profesorului; Iscoditorul are întotdeauna ceva de întrebat. Iată ce mi-a scris un cititor: „Trăiesc cu un Rebel de șapte ani. Este reconfortant să știi că felul său de a fi este la fel de natural pentru *el*, precum este și pentru *mine* să fiu un Binevoitor".

Cunoașterea tendințelor altor oameni te ajută să-i convingi mult mai ușor, să-i încurajezi și să eviți conflictele. Dacă nu ne raportăm la tendința unei persoane, cuvintele noastre pot fi ineficiente sau chiar contraproductive. Dacă dorim să ne facem înțeleși, trebuie să vorbim fiecăruia pe limba lui – să transmitem mesajul care ar atinge coarda sensibilă a interlocutorului, nu pe a noastră. Când ținem cont de cele patru tendințe, putem găsi argumentele care să corespundă valorilor fiecăruia.

Pe de altă parte, când ignorăm tendințele, ne reducem șansele de reușită. Cu cât un Conformist ține mai multe prelegeri unui Rebel, cu atât Rebelul se va încăpățâna să se opună. Un Iscoditor poate oferi unui Binevoitor mai multe motive temeinice pentru a acționa, dar toate argumentele lui logice nu vor conta prea mult pentru acesta; responsabilitatea externă este cheia în cazul Binevoitorului.

Un cititor mi-a trimis niște glume extrem de amuzante pe tema schimbării unui bec, care surprinde diferențele dintre tendințe:

Cum reușești să determini un Conformist să schimbe un bec?

Răspuns: L-a schimbat deja.

Cum reușești să determini un Iscoditor să schimbe un bec?

Răspuns: De fapt, de ce avem nevoie de bec?

Cum reușești să determini un Binevoitor să schimbe un bec?

Răspuns: Cere-i să-l schimbe.

Cum reușești să determini un Rebel să schimbe un bec?

Răspuns: Fă-o singur.

Un nutriționist Iscoditor mi-a spus: „Scopul meu este să îmbunătățesc felul în care oamenii mănâncă în această țară. Scriu o carte în care explic în ce fel sistemele culturale și economice ne modelează modul de alimentație ". El credea cu tărie că, dacă cartea lui ar prezenta argumentele într-un mod suficient de logic, oamenii din întreaga țară își vor schimba obiceiurile alimentare. Iscoditor!

Dar pentru a comunica eficient cu ceilalți, trebuie să facem apel la tendința *lor*, nu la a noastră. Acest lucru este valabil pentru medici, profesori, antrenori, șefi, parteneri, părinți, colegi de muncă, învățători, vecini sau oameni din orice domeniu de activitate care vor să-i convingă pe ceilalți să facă ceea ce doresc ei – cu alte cuvinte, este valabil pentru noi toți.

Chiar și mesajele destinate unui public larg pot să transmită informații care să rezoneze cu fiecare tendință în parte. Am auzit un exemplu creativ într-o după-amiază, când am vorbit despre cele patru tendințe la o conferință de afaceri. Înainte de a mă prezenta, șeful grupului a explicat pe larg de ce era important, pentru buna desfășurare a activităților care aveau să urmeze, ca participanții să fie punctuali și să nu greșească locul de întâlnire.

După ce am terminat prelegerea, am fost încântată să-l aud reluând explicațiile inițiale și făcând referire la fiecare dintre cele patru tendințe în parte. El s-a exprimat în felul următor: „Vouă, Conformiștilor, vă mulțumesc anticipat pentru că ați răspuns solicitării mele legate de promptitudine. Iscoditorilor, v-am ridicat la fileu o grămadă de motive pentru care trebuie să vă prezentați la timp la toate întâlnirile. Binevoitorilor, sunt cu ochii pe voi și mă bazez pe promptitudinea voastră. Rebelilor, abțineți-vă până mai târziu, la bar." Exact!

Chiar și vocabularul pe care îl folosim poate afecta diferit tendințele. Un copil Rebel ar putea să dea un răspuns mai bun dacă îl întrebi: „Ai chef să cânți la pian acum?", în timp ce un copil Conformist ar fi fericit să i se reamintească: „E timpul să exersăm la pian".

Când vine vorba de sănătate, incapacitatea oamenilor de a-și asculta medicii îi costă enorm. Alimentele slabe calitativ, inactivitatea, consumul de alcool, abuzul de medicamente eliberate pe bază de rețetă și fumatul sunt printre principalele cauze de îmbolnăvire și deces în Statele Unite – și toate acestea sunt comportamente care se află sub controlul nostru conștient. Când ținem cont de tendințele oamenilor, este mai probabil să-i convingem să reducă consumul de zahăr, să meargă pe jos douăzeci de minute zilnic, să își facă exercițiile de recuperare, să renunțe la băutură sau să își ia medicamentele.

Dar este important să ne amintim că tiparul celor patru tendințe este menit să ne ajute să ne înțelegem mai profund pe noi înșine, nu să ne limiteze dreptul la identitate sau alegere. Unii oameni spun: „Când afli cine ești, începi să ai încredere în tine". Cred că metodele de autodefinire sunt foarte utile – pentru că ele servesc drept punct de plecare pentru autocunoaștere. Tiparul celor patru tendințe nu este menit să fie o cutie în care suntem închiși și care să ne împiedice dezvoltarea sau o etichetă care spune totul despre noi, ci mai degrabă un reflector care poate scoate la iveală aspecte ascunse ale naturii noastre.

Când ne înțelegem pe noi înșine și modul în care tendința noastră ne modelează perspectiva asupra lumii, putem adapta circumstanțele pentru a se potrivi naturii noastre, iar când înțelegem modul în care tendințele altor persoane *le* modelează perspectivele, ne putem conecta mai eficient cu acești oameni.

Ținând cont de cele patru tendințe, vedem cum o schimbare subtilă de vocabular, sau o conversație rapidă, sau o modificare minoră a procedurii poate fi suficientă pentru a schimba modul de acțiune al unei persoane. Și asta contează. Dacă un pacient își ia tratamentul pentru tensiune arterială în mod regulat, va trăi mai mult. Dacă un elev se achită de sarcinile primite de la profesor, nu va eșua la curs. Dacă într-un cuplu cei doi parteneri pot vorbi calm unul cu celălalt, căsătoria lor va dura. Şi dacă încetez să trimit e-mailuri de lucru în weekend, nu-i voi mai enerva pe colegii mei.

Una dintre marile provocări zilnice ale vieții este să răspunzi la următoarea întrebare: „Cum pot să determin oamenii – inclusiv pe mine însămi – să facă/fac ce vreau eu?" Cele patru tendințe fac această sarcină mult, mult mai ușoară.

2

Identifică-ți tendința

Efectuează testul celor patru tendințe

Dintre toate sarcinile care apar în viața omului, educarea și gestionarea caracterului său sunt cele mai importante și... este necesar ca el să facă o analiză calmă și atentă a propriilor sale tendințe, să nu fie orbit nici de autoamăgire, care ascunde erorile și amplifică calitățile, nici de pesimismul nediscriminat care refuză categoric să-i recunoască atuurile. El trebuie să evite fatalismul care l-ar convinge că nu are nicio putere asupra naturii sale, fiind conștient totodată că această putere nu este nelimitată.

– William Edward Hartpole Lecky, *The Map of Life (Harta vieții)*

Pentru a-ți identifica tendința, fă testul de mai jos sau accesează happiercast.com/quiz.

Pe măsură ce parcurgi testul, alege răspunsul care pare *în general* cel mai potrivit pentru tine; nu căuta excepții de la regulă și nu te concentra asupra unui anumit domeniu al vieții.

Obținerea unui punctaj egal pentru două tendințe nu înseamnă că ești un amestec între aceste două tendințe. Alege-o pe cea care ți se potrivește mai bine.

Tu ești cel mai bun judecător al tău. Dacă tu crezi că o altă tendință te descrie mai bine, ai încredere în tine.

1. Ai respectat o hotărâre luată de Anul Nou, dar pentru care nu ți-ai luat angajamentul în fața nimănui – cum ar fi să bei mai multă apă sau să ții un jurnal?

a) Da. Respect hotărârile luate de Anul Nou, chiar și pe acelea despre care nu știe nimeni în afară de mine.

b) Respect de obicei hotărârile pe care le iau, dar le iau ori de câte ori mi se pare că este momentul potrivit. Nu aștept Anul Nou;1 ianuarie este o dată arbitrară.

c) Am avut probleme cu acest tip de hotărâri, așa că nu sunt tentat să le iau. Când sunt singurul beneficiar, am dubii de multe ori.

d) Nu. Urăsc să pun presiune pe mine.

2. **Care declarație descrie cel mai bine punctul tău de vedere cu privire la angajamentele față de tine?**

a) Îmi asum un angajament față de mine însumi numai dacă sunt convins că are sens să o fac.

b) Dacă altcineva mă trage la răspundere pentru angajamentele luate, le voi îndeplini, dar, dacă nimeni nu știe de ele în afară de mine, îmi este greu să mă țin de ele.

c) Încerc să pun cât mai puțină presiune pe mine.

d) Îmi iau angajamentele față mine la fel de în serios ca și angajamentele față de alte persoane.

3. Uneori, ne simțim frustrați fără vreun motiv din afară. Este cel mai probabil să te simți frustrat pentru că...

a) Nevoia mea permanentă de mai multe informații mă epuizează.

b) Când alții se așteaptă să fac ceva, nu vreau să o fac.

c) Pot să-mi fac timp pentru alții, dar nu-mi pot face timp pentru mine.

d) Nu pot renunța la obiceiurile mele de zi cu zi și nu pot încălca reguli, nici atunci când îmi doresc.

4. Când ți-ai format un obicei sănătos, ce te-a ajutat să îl păstrezi?

a) Mi s-a părut destul de ușor să mă țin de obiceiuri, chiar și atunci când nu îi păsa nimănui.

b) Am făcut multe cercetări cu privire la motivul și modul în care aș putea păstra acel obicei.

c) Pot să păstrez un obicei bun numai atunci când îmi iau angajamentul în fața altcuiva.

d) De obicei, nu aleg să pun presiune pe mine în avans.

5. Dacă oamenii se plâng de comportamentul tău, ai fi cel mai puțin surprins să-i auzi spunând că...

a) Îți urmezi obiceiurile bune, care contează doar pentru tine, chiar și atunci când îi deranjează pe ceilalți.

b) Pui prea multe întrebări.

c) Găsești mereu timp pentru ceilalți, dar pentru tine nu.

d) Faci doar ceea ce vrei tu, atunci când vrei tu.

6. Care descriere ți se potrivește cel mai bine?

a) Îi pun mereu pe ceilalți pe primul loc: clienți, familie, vecini, colegi de muncă.

b) Disciplinat – uneori, chiar și atunci când nu are sens.

c) Refuz să fiu condus de alții.

d) Pun întrebările necesare.

7. Oamenii se simt frustrați din cauza mea, pentru că, dacă îmi cer să fac ceva, e puțin probabil să o fac (chiar dacă este vorba despre șeful meu sau despre un client):

a) Tind să fiu de acord.

b) Neutru.

c) Tind să nu fiu de acord.

8. Fac ceea ce cred că are cel mai mult sens, după propria mea judecată, chiar dacă asta presupune ignorarea regulilor sau așteptărilor altor oameni.

a) Tind să fiu de acord.

b) Neutru.

c) Tind să nu fiu de acord.

9. Angajamentele față de ceilalți nu ar trebui niciodată încălcate, dar angajamentele față de mine pot fi încălcate.

a) Tind să fiu de acord.

b) Neutru.

c) Tind să nu fiu de acord.

10. Uneori nu fac un lucru pe care vreau să-l fac, doar pentru că altcineva vrea să îl fac.

a) Tind să fiu de acord.

b) Neutru.

c) Tind să nu fiu de acord.

11. Uneori mă consider o persoană care vrea să mulțumească pe toată lumea.

a) Tind să fiu de acord.

b) Neutru.

c) Tind să nu fiu de acord.

12. Nu mă deranjează să încalc regulile sau convențiile; de multe ori chiar îmi face plăcere.

a) Tind să fiu de acord.

b) Neutru.

c) Tind să nu fiu de acord.

13. Pun la îndoială conceptul celor patru tendințe.

a) Tind să fiu de acord.

b) Neutru.

c) Tind să nu fiu de acord.

Rezultate:

1. a = Conformist, b = Iscoditor, c = Binevoitor, d = Rebel
2. a = Iscoditor, b = Binevoitor, c = Rebel, d = Conformist
3. a = Iscoditor, b = Rebel, c = Binevoitor, d = Conformist
4. a = Conformist; b = Iscoditor, c = Binevoitor, d = Rebel
5. a = Conformist; b = Iscoditor; c = Binevoitor, d = Rebel
6. a = Binevoitor; b = Conformist, c = Rebel, d = Iscoditor
7. „Tind să fiu de acord" indică un Rebel.
8. „Tind să fiu de acord" indică un Iscoditor.
9. „Tind să fiu de acord" indică un Binevoitor.
10. „Tind să fiu de acord" indică un Rebel.
11. „Tind să fiu de acord" indică un Binevoitor.
12. „Tind să fiu de acord" indică un Rebel.
13. „Tind să fiu de acord" indică un Iscoditor.

CONFORMISTUL

„Disciplina este libertatea mea"

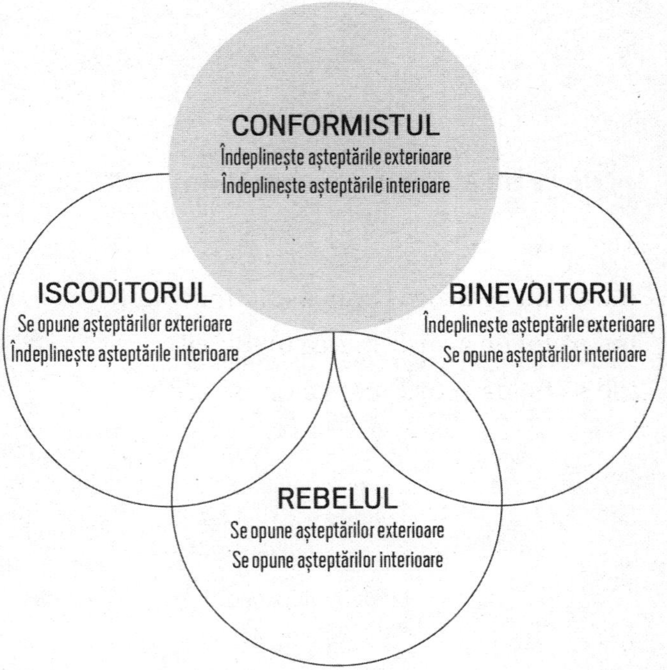

*„Pot să fac lucrurile pe care vreau să le fac și
pot să fac lucrurile pe care nu vreau să le fac."*

„De ce nu ai făcut așa cum ți-am zis?"

„Lipsa ta de organizare nu este prioritatea mea."

*„Fă ceea ce este corect chiar și când oamenii
te cataloghează drept încăpățânat."*

„Fă-o și nu mai comenta."

3

Cum să înțelegi un Conformist

Fă ceea ce este corect chiar și atunci când oamenii te cataloghează drept rigid.

Puncte forte (și puncte slabe) • Puncte slabe (și puncte forte) • Variații în cadrul tendinței • De ce au Conformiștii instinct de autoconservare • Cum pot Conformiștii să își controleze rigiditatea • De ce Conformiștii trebuie să își exprime așteptările interioare

În viață, toți ne confruntăm cu două tipuri de așteptări. Ne confruntăm cu *așteptările exterioare* pe care vor ceilalți să le îndeplinim, cum ar fi trimiterea unui raport la timp. De asemenea, ne confruntăm cu *așteptările interioare* pe care vrem noi înșine să le îndeplinim, cum ar fi să ne culcăm în fiecare seară înainte de ora 23.00.

În cadrul celor patru tendințe, Conformiștii sunt acele persoane care răspund cu ușurință atât așteptărilor exterioare cât și celor interioare. Ei respectă termenele limită la lucru și se conformează hotărârilor luate de Anul Nou, fără prea mult tam-tam.

În cea mai mare parte a timpului, își doresc să facă ceea ce alții așteaptă de la ei, însă și așteptările pe care le au de la ei *înșiși* sunt la fel de importante.

Datorită disponibilității lor de a îndeplini așteptările exterioare și interioare, Conformiștii adoră să aibă un program și o rutină; sunt oamenii care se trezesc și se gândesc: „Ce am în program pentru azi și care este lista mea de priorități?" Le place să știe ce se așteaptă de la ei și nu le place să greșească sau să-i dezamăgească pe ceilalți – și nici pe ei înșiși.

Mai mult decât persoanele caracterizate de celelalte trei tendințe, Conformiștii pot destul de ușor să se hotărască să acționeze și apoi să facă toți pașii necesari în acest sens; de asemenea, își formează mai ușor obiceiuri.

Am o perspectivă specială asupra tendinței pe care o au Conformiștii, pentru că aceasta este și tendința mea – probabil acesta este motivul pentru care am ales să vorbim mai întâi despre Conformiști.

În trecut, aș fi presupus în mod normal că majoritatea oamenilor seamănă cu mine; în același timp însă, eram surprinsă și iritată când oamenii nu acționau sau nu gândeau asemenea mie. Lucrurile au devenit mai clare când am realizat că a) există cele patru tendințe, b) sunt un Conformist și c) nu mulți oameni sunt Conformiști. Este un tip de personalitate rară și rigidă. (Apropo, nimeni în afară de mine nu a fost surprins să afle că am o personalitate rară și rigidă.)

Aflând că sunt o Conformistă, mi-am răspuns la o întrebare care mă urmărea de mult timp. În cărțile mele *The Happiness Project* și *Happier at Home* scriu despre numeroasele hotărâri și obiceiuri pe care le-am adoptat pentru a fi mai fericită, mai sănătoasă și mai eficientă. După ce au fost publicate cărțile, am fost uimită de câți oameni m-au întrebat: „Dar cum ai reușit să *faci* toate acele lucruri? Să postezi pe blog zilnic, să fii corectă când aveai dispute cu soțul tău, să mergi la sală?" Și răspundeam: „Ei bine, m-am gândit că aceste lucruri mă vor face mai fericită, așa că doar... le-am făcut." „Dar *cum*?" insistau ei, iar eu nu puteam să înțeleg de ce erau atât de insistenți pe această temă.

Acum înțeleg. Unui conformist ca mine nu îi este greu să ia hotărârea de a acționa și de a o pune în practică fără să se abată. Pentru alții, nu este la fel de simplu.

Puncte forte (și puncte slabe)

Pot să spun din experiență personală – și bineînțeles că sunt părtinitoare – că un Conformist are multe trăsături minunate. Sunt persoane care oferă sprijin atât celorlalți, cât și lor înșiși.

Conformiștii satisfac cu ușurință așteptările exterioare. Se conduc singuri și nu prea întâmpină probleme în respectarea termenelor limită, a programărilor, în îndeplinirea angajamentelor sau gestionarea sarcinilor; și nu depind de monitorizare, supraveghere, memento-uri sau penalități pentru a nu se abate de la drum.

Pe Conformiști îi atrag regulile. De exemplu, dacă mă aflu întâmplător lângă o piscină sau în bucătăria de la birou și văd expus pe undeva un set de reguli, nu mă pot abține să nu le citesc și să nu țin cont de ele. În general, pe noi, Conformiștii, nu ne deranjează să purtăm uniformă, să urmăm întocmai o rețetă anume sau să respectăm instrucțiuni.

Așa cum îndeplinesc cu ușurință așteptările exterioare, Conformiștii îndeplinesc și așteptările interioare. Dacă se hotărăsc să facă ceva, fac, chiar și atunci când celorlalți nu le pasă sau, și mai mult, când se simt deranjați.

Drept urmare, în calitate de Conformist, știu că mă pot baza pe mine. Pot conta pe mine mai mult decât pot conta pe orice altă persoană din viața mea.

Aproape întotdeauna, dacă îmi iau un angajament, mă pot ține de el, chiar și fără ajutor din exterior. Când aveam o carieră juridică, a trebuit să susțin examenul pentru Barou. Ca să mă pregătesc în vederea lui, am comandat o colecție de casete cu recenzii BARBRI* și am petrecut ore întregi ascultând, luând notițe și studiind, în propria bucătărie. Prietenii mei au ales să participe la cursurile BARBRI ca să aibă un program impus, dar eu am putut să fac singură.

Datorită dorinței lor de a îndeplini așteptările exterioare și interioare, Conformiștii sunt independenți și de încredere și au un grad ridicat de stăpânire de sine. Dacă spun că vor face ceva, vor face.

De fapt, pentru că ei îndeplinesc cu ușurință așteptările, non-Conformiștii încearcă să profite de simțul lor de răspundere. Iată ce a scris un Conformist:

> M-am întrebat de ce, de câte ori am început o dietă, un regim de exerciții fizice sau mi-am descoperit un hobby, atrăgeam oameni care doreau să mi se alăture. Am realizat că, de fapt, ei voiau să le ofer sprijin: „Sună-mă când te duci la plimbare cu bicicleta și ne întâlnim în parc". Acum înțeleg că încercau să se agațe de programul meu,

---

* Companie cu sediul central în Dallas care oferă cursuri pentru examenul de admitere în barou (n. red.)

pentru că aveau nevoie de un angajament care să-i pună în mișcare.

Din proprie experiență, mi-am dat seama că, deși de cele mai multe ori simți satisfacție când oferi ajutor, poate deveni deranjant ca oamenii să depindă de tine doar ca să îndrăznească să acționeze.

Pentru Conformiști, îndeplinirea așteptărilor exterioare și interioare nu reprezintă o presiune; îi face să se simtă creativi și liberi, pentru că pot realiza orice vor. De exemplu – să luăm cazul meu – dacă mă hotărăsc să scriu o carte scurtă peste vară sau să renunț la zahăr, știu că o voi face, chiar dacă nimănui nu îi pasă de hotărârea mea. Această certitudine despre mine însămi îmi oferă un profund sentiment de libertate, control și încredere.

Cu toate acestea, nu vreau să dau impresia că cei Conformiști nu întâmpină niciodată greutăți în îndeplinirea așteptărilor. Nu e așa. Și eu trebuie să depun efort pentru a-mi menține unele dintre obiceiurile bune, cum ar fi să merg la sală, să dau telefoane în interes de serviciu sau să fac comisioane. Amân, mă strecor. Cu toate astea se poate totuși spune că, pentru Conformiști, este mai ușor să îndeplinească așteptările decât pentru persoanele care au alte tendințe.

Conformiștii îndeplinesc cu ușurință regulile exterioare și interioare și, de asemenea, caută de multe ori regulile aflate dincolo de reguli – cum ar fi în etică sau morală. De exemplu, unul dintre cei mai cunoscuți Conformiști este cu siguranță Hermione Granger din seria Harry Potter a lui J.K. Rowling. Hermione nu rămâne niciodată în urmă cu temele, le amintește mereu lui Harry și lui Ron despre regulile lumii magice și se îngrijorează când cineva nu le respectă. Cu toate acestea, atunci când crede că așteptările convenționale sunt nedrepte, ea pornește adevărate cruciade împotriva lor – vede regulile dincolo de reguli – chiar cu riscul indiferenței celorlalți sau al dezaprobării directe. Organizează campanii pentru îmbunătățirea tratamentului aplicat elfilor casnici, renunță la școală și se opune Ministerului Magiei luptând împotriva maleficului Voldemort. Ea respectă cu strictețe regulile și legile societății, atât timp cât acestea nu intră în conflict cu viziunea ei asupra dreptății, moment în care le respinge.

(Îmi plac cărțile cu Harry Potter pentru că îmi place să văd un Conformist care își onorează într-un mod atât de admirabil tendința. Mă întreb dacă așa stau lucrurile pentru toată lumea, adică dacă suntem cu toții atrași în mod special de particularitățile propriei noastre tendințe.)

Deoarece Conformiștii îndeplinesc cu ușurință atât așteptările exterioare, cât și cele interioare, rareori au resentimente sau suferă de epuizare, și nu depind de ceilalți ca să-i supravegheze sau să-i motiveze. Deși disciplina lor îi poate face să pară rigizi în ochii celorlalți, Conformiștii se simt liberi, eficienți și independenți.

Puncte slabe (și puncte forte)

Ca în cazul tuturor tendințelor, punctele forte ale Conformiștilor se pot transforma în puncte slabe.

Conformistul poate deveni militantul neînfricat al justiției sau judecătorul care aplică orbește legea sau elevul pârâcios care raportează orice abatere minoră a celorlalți copii sau șeful care respinge raportul, fiindcă a fost trimis cu o oră mai târziu.

Datorită afinității lor pentru îndeplinirea așteptărilor, Conformiștii se pot simți obligați să respecte regulile chiar și atunci când este mult mai rațional să le ignore. Deși nu am nicio problemă să folosesc o baie unisex, nu pot să folosesc o toaletă pe ușa căreia apare scris BĂRBAȚI, chiar dacă este pentru o singură persoană. O prietenă Conformistă mi-a spus: „Urma să nasc și, în drum spre spital, i-am spus soțului meu să nu se grăbească, insistând să parcheze corect, chiar dacă am născut la mai puțin de douăzeci de minute după ce a parcat".

Conformiștii își pierd răbdarea – sau devin chiar disprețuitori – când ceilalți refuză să-și stabilească și să-și impună obiective sau își pun la îndoială capacitatea de a realiza orice fel de obiective. Un cititor Binevoitor mi-a scris: „I-am spus unei colege că nu pot lua vitamine pentru că este greu să mă țin de un tratament fără să fiu monitorizat". Ea m-a certat: „Maturizează-te, omule!" Da, sună a replică dată de un Conformist. Nu unul foarte *amabil*, dar un Conformist.

Fiind o Conformistă, aș vrea ca ceilalți nu doar să îndeplinească așteptările, ci să își *dorească* să le îndeplinească. Îmi place să bifez sarcinile de pe o listă, să respect termenele limită autoimpuse, să respect instrucțiunile, și mult timp am fost uimită că alții nu simțeau la fel. Acum, îmi dau seama că sunt și mai exigentă din cauza dorinței mele de a nu fi exigentă.

Conformiștii pot fi dezaprobatori și intransigenți atunci când alți oameni se comportă greșit, chiar și în cazuri neînsemnate. Mă crispez dacă cineva se apleacă să-mi șoptească ceva la ureche în timpul unei ședințe. În același timp, tendința mea de Conformist poate scoate la iveală latura mea nepoliticoasă. Nu vreau să bruschez sau să pun presiune pe nimeni, dar sunt atât de îngrijorată să nu întârzii sau să nu greșesc instrucțiunile, încât pot să devin nepoliticoasă.

Este posibil ca cei care sunt Conformiști să aibă dificultăți în delegarea sarcinilor, fiindcă se îndoiesc de capacitatea celorlalți. „Sunt căsătorit cu o Conformistă", a scris un cititor. „Duminica, ea scrie liste cu sarcini pentru fiecare zi a săptămânii care urmează și face tot posibilul să le respecte. Se ocupă de copii, de nepoți, de părinți, de sora ei etc. Se întreabă mereu retoric: «De ce, în familia asta, nu poate nimeni să-și facă propriile treburi?»"

Cu toate acestea – și poate surprinzător – Conformiștii evită adesea să impună responsabilități altora, chiar și atunci când oamenii *cer* să li se impună responsabilități. Deoarece Conformiștii nu au nevoie de multă susținere din exterior, ei nu sunt permisivi atunci când alții au nevoie de susținere din exterior. De asemenea, fiindcă simt ei înșiși presiunea răspunderii externe, nu le place să pună această povară pe umerii altora. Știu că sunt reticentă – uneori dintr-un neajuns – să-i îndemn pe oameni, inclusiv pe copiii mei, să acționeze. Ar trebui să le reamintesc fiicelor mele să-și facă patul, să țină cont de bunele maniere la masă, să citească mai mult, dar nu pot face față efortului de a le reaminti, de a le verifica și apoi de a le reaminti din nou.

Conformiștii pot să se neliniștească din cauza schimbării rutinei, a obiceiurilor sau a programului. De curând, eu și soțul meu, Jamie, am fost la Boston la o nuntă, iar invitația suna în felul următor: „Autobuzul va pleca spre biserică din fața hotelului, la ora 18.00". La micul dejun, mama miresei a rectificat: „De fapt, autobuzul va pleca la 17.45".

Dar în invitație scrie 18.00, am spus.

Da, dar, din cauza traficului, am modificat ora de plecare.

Când am rămas singuri, i-am spus lui Jamie: „Cum e posibil așa ceva? Pe invitație scrie clar: ora 18.00!" (Cum Jamie este Iscoditor, nu a fost la fel de deranjat ca mine de această modificare.)

Pentru alții, comportamentul unui Conformist poate părea extrem. Cunosc un Conformist care are un portofel special cu liste colorate: verde pentru sarcinile din ziua respectivă; roz pentru sarcinile din săptămâna respectivă; galben pentru lucrurile legate de serviciu și pentru lucrurile care nu sunt cuprinse în fișele verzi sau roz; și alb pentru chestiunile personale. „Când oamenii văd chestia asta, cred că sunt un pic nebun", a recunoscut el. (Poate înclinația de a utiliza fișe este un indiciu că persoana respectivă este un Conformist.)

Pentru alții, angajamentul pe care și-l ia Conformistul față de așteptările interioare și exterioare poate părea uneori rece și inflexibil. Iată ce a scris un cititor:

> Mi-am dat seama că mulți Conformiști sunt rigizi când vine vorba despre îndeplinirea propriilor așteptări, chiar și atunci când ar avea sens să-i implice și pe alții, în cazul în care nu au timp să se adapteze la circumstanțe noi. De exemplu, iată ce spune un Conformist: „Ne-am propus să plecăm cu mașina personală la ora X și nu putem devia de la planul nostru pentru a mai lua cu noi și pe altcineva". Am multe prietene care sunt mame și au o slujbă și am observat că Binevoitorii sunt întotdeauna cei flexibili și creativi. Ele se ajută reciproc și reușesc să jongleze cu programul copiilor lor, în timp ce Conformiștii adoptă de cele mai multe ori o atitudine de felul: „Am planificat totul dinainte și nu pot schimba nimic pentru a ajuta pe cineva în acest moment". Sunt

de încredere și previzibili, dar în multe situații, este un plus să fii mai maleabil.

Foarte adevărat este că nouă, Conformiștilor, ne este greu să ne schimbăm planurile în ultimul moment – mai ales că nu ne putem abține să nu ne întrebăm în sinea noastră: „De ce nu ți-ai dat seama de ieri că există această problemă?"

Îmi place să fiu Conformist, dar văd și partea goală a paharului. Mă pricep foarte bine să fac lucruri pe care nu vreau să le fac – uneori, prea bine. Pot investi timp și energie într-un anumit lucru, doar pentru că eu cred că „ar trebui făcut", fără să-mi pun prea multe întrebări.

Cu toate acestea, îmi place că sunt o Conformistă.

Variații ale tendinței

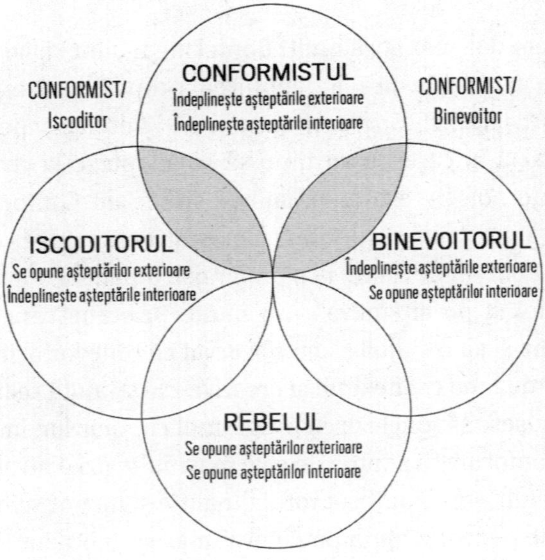

Ca în cazul tuturor tendințelor, există o mare varietate de Conformiști. Personalitățile oamenilor diferă în multe feluri – un Conformist poate fi foarte ambițios, inteligent, anxios, sociabil, schimbător, iubitor sau creativ, în combinație cu celelalte calități specifice tendinței sale.

Mai mult decât atât, fiecare tendință se suprapune altor două tendințe, iar de multe ori o persoană cu o anumită tendință „oferă indicii" în direcția uneia dintre tendințele cu care se suprapune. În cazul Conformistului, cele două tendințe sunt aceea de Iscoditor (ambii îndeplinesc așteptările interioare) și de Binevoitor (ambii îndeplinesc așteptările exterioare).

CONFORMIȘTII-Iscoditori reușesc mai ușor să pună la îndoială așteptările externe și sunt, prin urmare, mai predispuși să ia în considerare respingerea lor: „Șeful meu spune că trebuie să plec în călătoria aceea, dar chiar este necesar?" De asemenea, pun la îndoială mai ușor valoarea unei așteptări interioare. Îmi amintesc de o conversație pe care am purtat-o cu mine însămi despre o așteptare interioară: „Meditam în fiecare dimineață de câteva luni și nu părea să-mi folosească la nimic. Ar trebui să renunț la acest obicei?" Am fost capabilă să mă hotărăsc: „Da, este timpul să renunț". (Rețineți, totuși, că, în calitate de Conformist, eram blocată în asta de câteva luni.)

Conformiștii cu înclinație spre Iscoditori sunt mai predispuși să respingă așteptările pe care le impune societatea. Și, dacă apare un conflict între așteptările exterioare și cele interioare, CONFORMIȘTII-Iscoditori acordă o atenție mai mare așteptărilor interioare – pe modelul Iscoditorilor. „Mâine ne susținem cu toții prezentarea, iar colegul meu ar vrea să o verific pe a lui, dar eu am nevoie de timp pentru a-mi verifica propria prezentare, așa că îl voi refuza."

Pe de altă parte, CONFORMIȘTII-Binevoitori înclină să răspundă mai bine așteptărilor exterioare. Pentru CONFORMIȘTII-Binevoitori, povara așteptărilor exterioare apasă mai greu și, dacă există un conflict, așteptările exterioare primează în fața așteptărilor interioare. CONFORMIȘTII-Binevoitori se luptă pentru a impune niște limite și, câteodată, ajung să se revolte. De cele mai multe ori, ei îndeplinesc cu ușurință scopurile interioare și exterioare, dar din când în când „explodează", nereușind să-și ia pauza necesară – lucru pe care majoritatea Conformiștilor reușesc să-l facă – și apoi refuză pe un ton caustic să îndeplinească o așteptare.

La o petrecere, am avut o discuție îndelungată cu o prietenă romancieră în încercarea de a afla care era tendința ei: Conformistă sau Binevoitoare. N-am aflat răspunsul în acea seară, așa că m-am trezit cu un e-mail de la ea în dimineața următoare:

> Mănânc lucruri pe care nu vreau să le mănânc, merg la evenimente care sunt un chin pentru mine și nu mă contrazic cu oamenii care încalcă limita bunului simț. Dar sunt, de asemenea, foarte disciplinată în ceea ce privește scrisul, exercițiile fizice și cititul, și realizez multe lucruri *atât timp* cât sunt sigură că nu încurc pe nimeni. Gestionez toate aceste lucruri, făcându-mi mult timp pentru mine, fără reguli și fără responsabilități. Mă cunosc bine și mi-am construit un mecanism care funcționează în cazul meu: mult timp petrecut cu copiii și un birou departe de casă.

Conform acestei descrieri, am încadrat-o în rândurile CONFORMIȘTILOR-Binevoitori /Binevoitorilor extrem de atenți. Ea este capabilă să îndeplinească așteptările interioare fără responsabilizare externă, dar numai atunci când așteptările exterioare nu interferează cu acestea. Deși Conformiștii cu înclinații spre Binevoitori se angajează să îndeplinească atât așteptările interioare, cât și pe cele exterioare, pentru ei, tentația așteptărilor exterioare este foarte greu de ignorat; CONFORMIȘTII-Binevoitori trebuie să se asigure că își pot exprima așteptările interioare și că pot impune limite pentru a le proteja de interferența exterioară.

Unii Conformiști își justifică hotărârea de a-și îndeplini așteptările interioare afirmând că, în felul acesta, devin mai puternici și vor putea să îndeplinească cu o mai mare ușurință așteptările celorlalți. Iată ce a sugerat un Conformist când i s-a cerut să dea o definiție tendinței lui: „Dacă vreau să-i susțin pe alții, mai întâi trebuie să mă susțin pe mine". Aceasta este viziunea unui CONFORMIST-Binevoitor. În calitate de CONFORMIST-Binevoitor, nu simt nevoia să mă justific. Îmi îndeplinesc așteptările interioare, fiindcă ele sunt importante pentru mine.

De ce au Conformiștii instinct de autoconservare

Pentru că îndeplinesc atât așteptările exterioare cât și pe cele interioare, ar părea că, dintre cele patru tendințe, Conformiștii s-ar simți cei mai îngreunați de povara așteptărilor. Nu este așa. *Binevoitorii* se simt cel mai îngreunați. În timp ce Conformiștii și Binevoitorii îndeplinesc așteptările externe, Conformiștii îndeplinesc și propriile lor așteptări, iar acest lucru îi protejează de resentimentele și epuizarea care deseori îi tulbură pe Binevoitori.

Deși s-ar putea să pară irațional, majoritatea Conformiștilor sunt maeștri în a-și purta de grijă și în a se distra. De exemplu, un studiu al actualizărilor de stare de pe Facebook a arătat că persoanele care au obținut un scor ridicat la „conștiinciozitate" (bun la planificare și la realizarea lucrurilor) au scris multe despre odihnă și bucuria timpului liber – ei au folosit frecvent cuvinte precum „weekend" și „relaxare".

Asta pentru că cei care sunt Conformiști se folosesc de această caracteristică a lor pentru a-și programa timpul liber; „să lenevești" devine un element pe lista sarcinilor de lucru. Un ascultător a remarcat: „În timpul anului, soția mea s-a dedicat cu totul scrierii dizertației; se trezea în fiecare dimineață la ora 5.00 și se ducea la muncă. Până la 4.00 după-masă era gata să meargă la sală și să își încheie ziua. Fără nicio tragedie. De asemenea, este foarte interesată să se distreze, așa că tendința ei de Conformist se concretizează de cele mai multe ori într-o organizare agresivă de evenimente de divertisment.

De asemenea, Conformiștii sunt foarte pricepuți în a ignora așteptările altora pentru a-și îndeplini propriile așteptări interioare și pentru a se autoproteja. Am fost invitată la cină la un prieten Conformist. La un moment dat, s-a ridicat și a spus: „Și-acum gata, toată lumea afară. Trebuie să dorm". În lift, un alt prieten a exclamat: „Uau, cum ne-a dat afară! Nu crezi că a fost nepoliticos?" Poate că a fost, dar mie, în calitate de coleg Conformist, mi s-a părut rezonabil.

Conformiștii caută să mențină un nivel ridicat de autostăpânire și performanță, acesta fiind unul dintre motivele pentru care găsesc satisfacție în păstrarea obiceiurilor bune. Conformiștii apreciază stăpânirea de sine, așa că tind să acorde multă atenție orelor de somn, exercițiilor fizice, distracției. De asemenea, vor să aibă certitudinea că au rezervorul mereu plin. De fapt, în cadrul eșantionului reprezentativ pe care l-am studiat, Conformiștii erau mult mai predispuși să spună că „țin la păstrarea obiceiurilor, chiar și atunci când nimănui nu îi pasă".

Auzim mereu sfaturi de genul: „Nu fi atât de dur cu tine" sau „Nu este sănătos să fii atât de inflexibil" sau „Nimeni altcineva nu acordă vreo atenție acestei reguli", dar, pentru Conformiști, îndeplinirea așteptărilor exterioare și interioare reprezintă o mare satisfacție. Acest sentiment este uneori foarte greu de înțeles pentru ceilalți – mai ales pentru Rebeli. Îmi amintesc că am vorbit cu o prietenă Rebel despre asta.

— Pentru mine, disciplina înseamnă libertate, am explicat eu.

— Dar disciplina înseamnă limite, a spus ea. Cine se dă în vânt după reguli?

— Îmi impun limite pentru a mă simți liberă.

— Asta chiar nu are sens, a dat ea din cap. Libertatea nu înseamnă limite. Vreau să fac ce vreau să fac.

Ne-am privit una pe cealaltă și am izbucnit în râs. Niciuna dintre noi nu avea de gând să o convingă pe cealaltă, asta era clar.

În aceeași ordine de idei, am observat că, atunci când oamenii care au alte tendințe doresc să se odihnească sau să își ofere o plăcere, de multe ori se sustrag de la îndeplinirea unei așteptări. Probabil se gândesc că, „după ziua grea pe care am avut-o, pot să sar peste cursul de CrossFit". Însă, în calitate de Conformist, mi-am dat seama că încercarea de a mă sustrage mă face să mă simt *mai rău*.

Poate că accentul pe care îl pune Conformistul pe autocontrol oferă un rezultat interesant în cadrul eșantionului reprezentativ. Dintre reprezentații celor patru tendințe, cei mai puțini care au confirmat că au avut probleme cu dependența (24%) au fost Conformiștii. Celelalte trei tendințe au obținut procentaje aproximativ egale (34%, 32%, 32%), deci, se pare că există ceva în natura Conformiștilor care îi ține departe de această problemă.

De fapt, angajamentul Conformiștilor de a îndeplini așteptările îi poate face uneori să pară... *reci*. Există o calitate indiscutabilă a Conformiștilor: vor face mereu ce trebuie făcut, chiar dacă, uneori, asta înseamnă neplăceri pentru ceilalți sau îi face să fie în contratimp.

Eu și sora mea care este o Binevoitoare, Elizabeth, avem un podcast săptămânal, *Happier with Gretchen Rubin*, și am dedicat episoadele 35, 36, 37 și 38 celor patru tendințe. Când vorbeam despre Conformiști, Elizabeth a remarcat: „Ei bine, Gretch, fiind sora ta, am avut o viață întreagă la dispoziție să observ atât punctele forte, cât și punctele slabe ale Conformiștilor". Apoi a povestit o întâmplare de acum câțiva ani, când am plecat într-o excursie împreună cu familiile noastre. În ultimul moment, Jamie și fiica mea mai mare, Eliza, au anunțat că nu mai pot merge, așa că eu și fiica mea mai mică, Eleanor, ne-am întâlnit cu Elizabeth, cu soțul ei, Adam, și cu fiul ei, Jack, într-o stațiune situată nu departe de locuința lor din Los Angeles.

— Eram în L.A., pe ora Coastei de Vest, și ai decis că tu și Eleanor o să rămâneți pe ora Coastei de Est, și-a amintit

Elizabeth. În fiecare seară, voi două luați cina la 16.30 și vă duceați la culcare pe la 19.30, în timp ce Adam, Jack și cu mine abia pe la 19.00 ne puneam în mișcare și ne culcam cândva după miezul nopții. Deși am fost împreună, ne-am petrecut vacanța complet separați.

— Așa este! am confirmat.

— Vezi, eu cred că în felul ăsta ai pierdut toată distracția și relaxarea.

Înțelegeam ideea, dar, când mă gândeam la supliciul de a-mi ține ochii deschiși toată seara în încercarea disperată de a rămâne trează și apoi la efortul de a mă întoarce la programul obișnuit când reveneam acasă, ei bine, pur și simplu nu am considerat că merită.

După difuzarea episodului cu pricina, am fost surprinsă de comentariul unei ascultătoare care avea o părere inedită despre modul în care procedasem în excursie și care, bănuiesc cu tărie, este o Binevoitoare. Ea nu credea că abordarea mea mi-ar fi diminuat *mie* plăcerile vacanței - așa cum susținea Elisabeth -, ci că ar fi diminuat plăcerile *celorlalți*. Ea s-a exprimat în felul următor:

> Mi se pare că ai considerat că este perfect în regulă să rămâi pe ora Coastei de Est. Respectându-ți programul și rămânând inflexibilă, fiindcă ești o Conformistă, este posibil să strici vacanța celorlalți. Am simțit o lipsă de conștientizare din partea ta. În loc să apreciezi că Elizabeth și familia ei și-au dedicat din timpul lor să fie cu tine și cu fiica ta, tu ți-ai pus programul tău pe primul plan.

I-am răspuns:

Spuneți că Elizabeth și familia ei și-au rezervat timp ca să fie cu noi. Nimic mai adevărat! La fel am făcut și noi. De fapt, am zburat din New York la L.A., gest deloc nesemnificativ, pentru ca ei să fie aproape de casă. Așadar, nu ar fi fost la fel de potrivit ca ei să respecte fusul nostru orar timp de două zile? Să luăm micul dejun și cina conform programului nostru?
După părerea mea, nimeni nu are „dreptate", oamenii au doar perspective diferite.

De fapt, deși îmi e greu să recunosc, ca o Conformistă veritabilă ce sunt, îmi doresc adesea ca oamenii din jurul meu să aibă grijă de ei așa cum am eu grijă de mine, astfel încât să nu fie nevoie să-mi fac griji pentru ei. Am înțeles perfect perspectiva iubitului când o Binevoitoare mi-a scris: „Iubitul meu Binevoitor consideră uneori că cer prea multă atenție, în loc să fac ceea ce m-ar face fericită; că de multe ori aștept să aud ce l-ar face pe el fericit și abia apoi mă hotărăsc să fac lucrul respectiv. Cu toate că ai fi tentat să crezi că oamenii apreciază că pui fericirea lor pe primul plan, de fapt, ei ar fi mai mulțumiți dacă ai încerca să te pui pe tine pe primul plan".

Deși Conformiștii găsesc o mare satisfacție în rutina și în obiceiurile lor bune, pentru cineva din exterior, abordarea lor disciplinată îi poate face să pară niște acrituri. Eu bănuiesc că Conformiștii se străduiesc uneori să-și ascundă tendința când vine vorba de divertisment sau artă și încearcă să pară mai sălbatici și mai hedoniști decât sunt în realitate. Să te conformezi nu este o calitate incitantă și plină de farmec. Nu contribuie la o biografie fascinantă și nici nu te scoate din anonimat. În megahitul ei, „Shake It Off", Taylor Swift spune cum pierde ea nopțile și se întâlnește cu o groază de tipi, dar oare *pierde* ea nopțile cu adevărat? Hmmm. M-aș mira. Părerea mea este că Taylor Swift este o Conformistă get-beget.

Cum își pot controla Conformiștii încrâncenarea

Deși Conformiștii au în general un instinct puternic de autoconservare, natura lor de Conformiști le imprimă uneori tiparul „crispării".

Când încearcă să îndeplinească așteptările, persoanele care au celelalte tendințe tind să pornească în forță și apoi, în timp, să se relaxeze. Ei caută lacune, vânează excepții, într-un cuvânt devin mai puțin conștiincioși. Mi se întâmplă și mie asta cu unele obiceiuri. Dar uneori, Conformiștii pot să resimtă și reversul medaliei: un fel de încrâncenare. Le vine mai greu să facă o excepție, să-și acorde o pauză, să o ia mai încet. Acest lucru poate fi pozitiv, dar și negativ.

O prietenă Conformistă suferea de dureri musculare puternice și am convins-o să încerce sala mea de antrenament de forță. Ea făcea exerciții fizice zilnic, dar m-am gândit că un program personalizat ar putea să o ajute. Așa că s-a dus la sală, a scăpat de durere, apoi a zis că nu mai merge, fiindcă sala era departe de casă și găsise deja ceva mai aproape. Dar, cu toate astea, nu putea să pună în aplicare ce își propusese. Conformistul din ea se blocase și nu se putea debloca. Un alt Conformist mi-a spus cu o disperare ridicolă: „Tot ridicam ștacheta pe Fitbit propunându-mi un număr din ce în ce mai mare de pași pe zi, până când am ajuns să fac literalmente jogging lângă pat, înainte de culcare". Asta înseamnă încrâncenare.

Încrâncenarea poate să apară în orice context. O Conformistă a trăit această încrâncenare la locul de muncă. „Într-o perioadă extrem de aglomerată la serviciu, ajungeam la birou la 7.00 (programul începe la 9.00). Acum, chiar dacă situația a revenit la normal, tot la 7.00 ajung la birou. De cele mai multe ori nu mă deranjează, dar mi-ar plăcea, totuși, să reușesc din când în când să mă duc la serviciu mai târziu și să iau micul dejun cu soțul meu.

Deci, cum ar putea Conformiștii să combată problematica încrâncenare? În primul rând, să conștientizeze problema și, când apare, să cântărească bine ce au de făcut. Ei ar trebui să aibă mereu în minte că îndeplinirea obiectivelor din ce în ce mai solicitante subminează performanța și stăpânirea de sine. Și ca întotdeauna, Conformiștii trebuie să se asigure că își clarifică așteptările interioare.

Unul dintre scriitorii mei preferați, eseistul și lexicograful Samuel Johnson, din secolul al XVIII-lea, a observat că „exigența care nu tinde să sporească binele sau să împiedice răul este nefolositoare".

Un memento important pentru Conformiști.

De ce Conformiștii trebuie să își clarifice așteptările interioare

Deși Conformiștii pot într-adevăr să se opună așteptărilor exterioare pentru a îndeplini așteptările interioare, nu au întotdeauna o imagine clară a așteptărilor de la ei înșiși. *Pentru ca o așteptare interioară să fie îndeplinită, trebuie să fie clarificată.* Prin urmare, Conformiștii trebuie să aibă grijă să-și definească dorințele și valorile – claritatea este esențială.

Știu asta foarte bine din proprie experiență. După facultate, nu eram sigură ce carieră să urmez. M-am gândit că Facultatea de Drept mi-ar asigura o cultură generală vastă, mi-ar oferi mai multe opțiuni de carieră și aș putea să fac o alegere oricând aș fi simțit că era momentul potrivit. Corect? Așa că am mers la Facultatea de Drept.

Facultatea de Drept este foarte atractivă pentru Conformiști: este foarte ușor să te înscrii și să te prinzi ce ai de făcut ca lucrurile să meargă bine, odată ce ajungi acolo. Principalul scop al Facultății de Drept este să te facă să înțelegi și să respecți regulile. Am îndeplinit aceste așteptări exterioare și am făcut-o foarte bine. În facultate, am devenit redactor-șef al revistei de drept a Facultății Yale, am câștigat un premiu pentru articolele publicate și am obținut un job în cadrul biroului judecătoarei Sandra Day O'Connor.

Cu toate acestea, în timp ce mă pregăteam pentru o carieră în domeniul dreptului, mi-am dat seama ca îmi doream foarte mult să devin scriitoare.

Odată ce a apărut această așteptare interioară, nu am avut nicio problemă să abandonez cariera juridică și să o iau de la capăt, fără să-mi impun vreun termen limită sau să mă împovărez cu vreo răspundere. „Dar cum ai reușit?" se întreabă oamenii. „Cum te-ai organizat, în așa fel încât să reușești de una singură să înaintezi și propunerea, să lucrezi și la carte și să ai și un agent dedicat?" Pentru mine, după ce auzisem în mod clar vocea propriei mele așteptări interioare, nu a fost greu să acționez. *Dar mi-a luat mult timp să aud vocea aceea.*

REZUMAT: CONFORMISTUL

POSIBILE PUNCTE FORTE:

Are inițiativă

Auto-motivat

Conștiincios

De încredere

Meticulos

Respectă un program

Dornic să înțeleagă și să îndeplinească așteptările

POSIBILE PUNCTE SLABE:

Defensiv

Rigid

Acceptă greu schimbările de plan sau de program

Poate părea lipsit de umor și încrâncenat

Neliniștit atunci când regulile sunt neclare sau nedefinite

Nerăbdător când alții au nevoie de memento-uri, termene limită, supraveghere sau discuții

Exigent

Se îngrijorează la gândul că ar trebui să se supună unor reguli care nici măcar nu există

4

Relaționarea cu un Conformist

„Doar fă-o!"

Muncă • Partener • Copil • Pacient • Alegerea carierei

Relaționarea cu un Conformist la serviciu

Conformiștii pot fi colegi minunați, au inițiativă, sunt foarte interesați de performanță, nu au nevoie de supraveghere și își recunosc întotdeauna limitele.

De asemenea, pentru ceilalți, este comod să lucreze cu oameni care fac mereu tot ce promit; ei știu că, dacă un Conformist spune că va face ceva, așa va fi. Șeful îi spune unui Conformist: „Când ai timp, uită-te peste materialul acesta, te rog, și spune-mi ce părere ai?", apoi nu-i mai pomenește despre asta deloc. Șase săptămâni mai târziu, primește un raport complet de la Conformist.

Aceștia pot fi șefi grozavi, deoarece sunt clari în formularea așteptărilor și sunt foarte disciplinați. Un șef Conformist spune clar la ce se așteaptă de la un anumit subaltern, este corect în privința aplicării regulilor și planificărilor și prevăzător în parcurgerea procesului amplu care conduce la concluzii. Un șef Conformist nu își schimbă niciodată brusc obiectivele, metodele sau termenele.

Conformiștii se descurcă bine ca antreprenori sau liber-profesioniști și fac față oricărui fel de stres colateral, deoarece sunt auto-motivați. Ei pot să își dea seama ce anume trebuie făcut și trec la treabă, chiar și atunci când nu există un client, un beneficiar sau un șef care să-i tragă la răspundere. În urma analizei rezultatelor sondajului național, mi s-a părut interesant că, în cazul persoanelor al căror venit avea o tendință de creștere, probabilitatea ca aceștia să fie Conformiști creștea direct proporțional (spre deosebire de probabilitatea de a fi Rebeli).

Cu toate acestea, Conformiștii își pierd uneori răbdarea când ceilalți fac eforturi să-și îndeplinească așteptările. Un șef Conformist poate face față întrebărilor Iscoditorilor, spunând: „Avem o directivă, de la sediul central, cu privire la noul termen de predare și sunt sigur că au un motiv bine întemeiat pentru modificarea acestuia; să nu ne mai certăm între noi și să trecem la treabă". Un șef Conformist poate refuza să stabilească responsabilitățile de care au nevoie Binevoitorii – adică, lucruri precum stabilirea termenelor limită sau respectarea zilelor de concediu – pentru că el nu înțelege de ce este necesar să faci asta. Colaborarea cu angajații Rebeli va fi foarte probabil o adevărată provocare (pentru ambele părți).

Conformiștii sunt frustrați de eșecul altora de a îndeplini așteptările. Iată cum a explicat acest lucru un Conformist:

> Sunt medic Conformist cu o specializare solicitantă, iar partenerii mei sunt Iscoditori și Rebeli. Ei tind să stabilească reguli în domeniul nostru de activitate care par nerealiste și, în calitate de conformist, mă simt foarte stresat când apar excepții de la aceste reguli sau când acestea sunt încălcate. De cele mai multe ori, eu sunt

singurul care le respectă sau, și mai neplăcut, sunt pus în poziția incomodă de a le susține în fața partenerilor, atunci când ei nu reușesc să îndeplinească așteptările pe care pretind că și le asumă spre binele echipei. Sunt de părere că, în loc să facem reguli, mai bine am căuta cea mai bună rezolvare în funcție de fiecare caz în parte.

Conformiștii au uneori probleme cu delegarea, deoarece presupun din start că ceilalți vor abandona sau nu vor face o treabă bună.

Uneori, Conformiștii se pot bloca în rutină și planificări și li se poate părea dificil să ignore regulile, chiar și pe cele fără sens, nefiind capabili să își mai dea seama când este timpul să facă schimbări. Conformiștilor le este greu să renunțe la o așteptare inutilă sau să ia o pauză. De asemenea, s-ar putea să aibă probleme în acceptarea unei schimbări bruște, așa că cei din jur ar trebui să-i prevină din timp cu privire la orice schimbare sau sarcină nouă.

Este util să le reamintim celor care au de-a face cu Conformiști, că, deși urăsc să nu îndeplinească o așteptare, le este greu să stabilească priorități: toate așteptările par la fel de importante. Pentru a contracara acest lucru, șeful sau un coleg ar trebui să precizeze prioritățile: „În general, aș vrea să primesc un raport în fiecare vineri, dar, în cazul în care raportul anual este scadent, este bine să amânați raportul săptămânal până finalizăm raportul anual. Raportul anual este mai important".

Din cauza dorinței Conformistului de a îndeplini atât așteptările interioare, cât și pe cele exterioare, el poate fi reticent în a sări în ajutorul celorlalți, dacă asta presupune să renunțe la propriile obligații.

Conformiștii sunt foarte supărați când fac greșeli sau ratează angajamente – uneori, prea supărați. O prietenă Conformistă este redactor la un ziar important. „Detest foarte, foarte tare când găsesc o greșeală într-un text la care am lucrat", mi-a spus ea. „Alți oameni par să treacă ușor peste asta, dar eu mă simt groaznic." Un comentariu de genul: „Nu e mare lucru" sau „Nu a observat nimeni" ajută mai puțin o astfel de persoană decât dacă îi spui: „Ai făcut tot ce ai putut și ăsta este cel mai bun lucru pe care îl poate face cineva". Pentru că urăsc să greșească, Conformiștii pot fi foarte defensivi sau ostili atunci când li se spune că au făcut o greșeală.

Deoarece Conformiștii își doresc să îndeplinească așteptările, pot rata oportunități importante de teama eșecului. Desigur, uneori acest lucru este util, fiindcă înseamnă că sunt pricepuți la trasarea limitelor, dar alteori nu le este de folos această neacceptare a provocărilor de teamă că nu vor face performanță.

Relaționarea cu un partener Conformist

Conformiștii – la fel ca toate persoanele care se identifică cu una din cele patru tendințe – nu își pot activa sau dezactiva personalitatea. În multe privințe, este minunat să fii căsătorit cu un Conformist, dar, pe de altă parte, un Conformist probabil că va dori să lucreze în vacanță sau să exerseze la vioară în weekend, chiar și atunci când ai invitați la masă.

Când înțelegem tendința unei persoane, înțelegem și viziunea ei. O prietenă Conformistă mi-a spus cum a ajutat-o tendința ei să evite o ceartă cu soțul.

„Eram în gară, așteptam trenul care urma să ne ducă la părinții mei. Fiul nostru împlinise doisprezece ani cu o zi înainte, așa că ar fi trebuit să plătim bilet întreg pentru el, 8.50 dolari în loc de 75 de cenți, cât plătisem până atunci. M-am gândit că, dacă nu plăteam tariful complet, o să-mi stric tot weekendul.

— Corect, am spus, clătinând din cap.

Dar soțul meu este un Iscoditor. A considerat că sunt exagerată.

— Are doisprezece ani și o zi, corect este să cumpărăm biletul mai ieftin, a zis el.

Ceea ce avea sens din punctul lui de vedere, am concluzionat eu. Și un Rebel s-ar putea gândi: « Ha! Metro-Nord nu mă poate face să plătesc»".

Înțelegerea favorizează toleranța.

Conformiștii nu agreează schimbarea planurilor sau spontaneitatea. În cazul căsniciei mele, Jamie refuză să-mi răspundă la întrebări, ceea ce cred că se datorează parțial naturii sale de Iscoditor și, parțial, dorinței lui de a evita să mă împovăreze cu o nouă așteptare, pe mine, soția lui Conformistă. Dacă îmi spune că ar trebui să plecăm la petrecere la ora 19.00, dar apoi se răzgândește și îmi spune că la 19.15, aș putea să mă opun acestei schimbări de program. Dacă nu-mi spune nimic până când nu devine imperios necesar să aflu, evită un posibil conflict.

Conformiștii pot resimți presiune când trebuie să îndeplinească o așteptare, chiar dacă nu are sens în anumite situații – lucru care îi poate enerva pe partenerii lor. Pentru a avea o discuție eficientă, ar fi bine ca partenerul să recunoască valorile Conformistului. El ar putea să spună:

„Văd că pe ușă scrie: «Accesul permis numai personalului autorizat», dar cred că ne încadrăm la «personal autorizat», sau «Formularul spune că data scadentă este 1 iunie», dar această companie vrea doar să ne ia banii mai repede, data scadentă corectă fiind în septembrie, așa că eu cred că este în regulă dacă trimitem formularul completat pe 15 iunie".

Partenerul unui Conformist ar trebui să se ferească să sugereze că se așteaptă la ceva anume, deoarece Conformistul s-ar putea să fie de acord, chiar și atunci când nu este o idee bună. O simplă vorbă aruncată în treacăt – „Ar trebui să candidezi pentru președinția asociației de locatari", „Ai fi un bun președinte pentru comitetul bisericii" sau „Ar trebui să reorganizezi angajații într-o structură mai eficientă" – ar putea să pună presiune pe Conformist.

Partenerul unui Conformist poate ajuta spunându-i ceva care să-i aducă aminte de așteptările interioare, cum ar fi: „Nu trebuie să faci asta", „Este important pentru tine?" sau „Chiar dacă ai greșit, ai făcut tot posibilul. Se mai întâmplă".

Conformiștii își pierd răbdarea când partenerii lor nu îndeplinesc cu ușurință așteptările. Este posibil ca Iscoditorii căsătoriți cu Conformiști să le reamintească că, fiind Iscoditori, au nevoie de motive; Binevoitorii, că au nevoie de responsabilitate; Rebelii, că au nevoie de alegere și libertate.

Relaționarea cu un copil Conformist

De cele mai multe ori, părinții copiilor Conformiști sunt niște părinți fericiți. Copiii Conformiști doresc să înțeleagă și să îndeplinească așteptările și sunt auto-motivați. Părinții nu trebuie să-i ajute la teme sau să le amintească să-și hrănească peștișorul. Un astfel de copil va exersa la pian fără insistențe din partea părinților, își va pregăti singur echipamentul pentru fotbal și va ști mereu care este orarul pentru a doua zi.

Părinții se bucură de aceste trăsături specifice Conformiștilor, dar devin frustrați când copilul nu-și poate stăpâni tendința de a se conforma. Uneori, și-ar dori ca cel mic să se relaxeze și să renunțe să mai îndeplinească așteptările. Mai mult ca sigur, asta nu se va întâmpla. Copilul Conformist ar putea să o ia razna dacă nu citește treizeci de minute înainte de culcare sau dacă întârzie cinci minute la școală.

La fel ca în cazul tuturor tendințelor, argumentele funcționează mai bine dacă se pliază pe valorile tendinței. Un părinte ar putea să-i explice: „Profesorul tău se așteaptă să citești treizeci de minute în fiecare seară, dar, pentru că azi am fost în vizită la bunica, s-a făcut prea târziu și nu cred că mai e cazul să citești în seara asta. Un somn bun îți va prinde foarte bine și te vei simți plin de energie mâine la școală. Cred că este mai important decât să citești în seara asta". Sau: „Profesorul înțelege că, uneori, copiii nu pot duce o sarcină la capăt, din motive care nu țin de ei, și nu se supără". Aceste argumente vor funcționa mai bine decât cele de genul: „O meriți", „Profesorul nu o să știe că ai sărit o zi", „Profesorul nu este șeful tău" sau „Să citești treizeci de minute pe zi este doar un scop oarecare". Acest tip de argumente sunt mult mai puțin convingătoare pentru un Conformist.

De asemenea, copiilor Conformiști le este greu să-și schimbe brusc programul, să lase o sarcină neterminată, dacă chiar se dovedește că le consumă prea mult timp, sau să gestioneze eficient situații în care așteptările nu sunt clare.

Cu toate că majorității părinților le este destul de ușor să se înțeleagă cu un copil Conformist, relația părinte Rebel-copil Conformist este adesea dificil de gestionat, de ambele părți.

La fel ca partenerii Conformiștilor, părinții copiilor Conformiști ar trebui să se ferească să pomenească întâmplător de vreo nouă așteptare sau să sugereze reguli inutile. Este foarte probabil ca un Conformist să se concentreze pe o așteptare și să consume un timp enorm și o energie uriașă pentru a o îndeplini, chiar dacă este ceva în care el nu crede. O vorbă aruncată întâmplător, ca de exemplu: „Ar trebui să te înscrii la concursul de ortografie", s-ar putea să declanșeze o amplă reacție în lanț, neintenționată.

Adulții din preajma unui copil Conformist ar trebui să-l ajute să își exprime așteptările interioare, astfel încât să poată îndeplini, în final, atât așteptările interioare, cât și pe cele exterioare.

Relaționarea cu un pacient Conformist

Pentru medici și alți furnizori de servicii medicale, Conformiștii sunt pacienți rezonabili. Ei iau în serios indicațiile medicilor, își iau pastilele conform tratamentului prescris, sunt riguroși cu ședințele de kinetoterapie.

Așadar, în cadrul eșantionului reprezentativ pe care l-am studiat, nu am fost surprinsă să constat că, dintre reprezentanții celor patru tendințe, Conformiștii – în procent de 70% – au fost cei mai susceptibili de a nu fi de acord cu afirmația: „Medicul meu mi-a spus de ce este important să fac o anumită schimbare în viață, dar nu am făcut-o".

De fapt, Conformiștii pot avea exact problema opusă: ei cred orbește în indicațiile medicului și nu pun destule întrebări. Când aveam douăzeci de ani, un ortodont mi-a spus într-o doară: „Maxilarul tău trebuie refăcut. Nu ai dureri acum și nici alte simptome, dar, ascultă la mine, la treizeci de ani vei avea dureri cronice". Am reușit să pun sub semnul întrebării acest sfat, dar a fost nevoie de toată ambiția mea. (Apropo, încă nu am avut probleme cu maxilarul.)

Profesioniștii din sănătate ar trebui să-și amintească faptul că Conformiștii tind să îndeplinească întocmai așteptările și se simt chiar constrânși să facă asta, deci nu este util să ridice foarte mult ștacheta pentru a-i motiva. În același timp, instinctul lor de autoconservare îi ajută să semnaleze faptul că așteptările devin împovărătoare. Când am schimbat antrenorul de fitness, nu am ezitat să-i spun: „Halterele sunt prea grele. Vreau să fie grele, dar totuși sunt prea grele".

Despre alegerea carierei în cazul Conformiștilor

Influența tendinței asupra carierei nu se poate rezuma la afirmația superficială: „Conformiștii ar fi potriviți să lucreze ca funcționari bancari sau polițiști în trafic, fiindcă fac casă bună cu regulile de orice fel". Aproape orice meserie ar putea fi făcută indiferent de tendință, în egală măsură, cu mențiunea că modul de abordare și execuție ar fi diferit în funcție de particularitățile fiecărei tendințe. Este adevărat și că există anumite predispoziții ale fiecărei tendințe pentru anumite profesii.

Conformiștii se descurcă bine în roluri care cer spirit de inițiativă, cum ar fi începerea unei afaceri, consultanță individuală sau antreprenoriat, pentru că, odată ce s-au hotărât să atingă un scop, nu au nevoie de responsabilizare sau supraveghere din afară. Conformiștii au capacitatea de a se motiva singuri să facă lucruri pe care nu vor să le facă, ceea ce contează enorm pentru cei care lucrează pe cont propriu și care nu au colegi de muncă care să le solicite ajutorul.

Conformiștii se dezvoltă în situații în care regulile sunt clare, deoarece găsesc o mare satisfacție în îndeplinirea așteptărilor. S-ar putea să nu funcționeze într-un mediu în care este importantă adaptarea la schimbări bruște ale planificărilor sau așteptărilor. Un Conformist a explicat: „Sunt un Conformist, ceea ce mă face să fiu eficient în stabilirea regulilor și să mă asigur că oamenii le respectă. Dar la locul meu de muncă este foarte apreciată flexibilitatea, lucru la care nu sunt atât de priceput".

De asemenea, s-ar putea să nu se simtă în largul lor într-un mediu în care așteptările nu sunt clare, în care regulile sunt ambigue sau în care se obișnuiește să se facă abuz de ele. Șeful dorește un consilier general care să interpreteze legile fiscale în mod agresiv și creativ? Să nu angajeze un Conformist!

Am observat că, uneori, Conformiștii sunt atrași de activități în care oamenii sunt ajutați să facă performanță – cunosc un Conformist care este antrenor de elită și mai mulți Conformiști (ca mine) care scriu cărți despre oameni care își îmbunătățesc performanța, autocontrolul sau obiceiurile.

Cu toate acestea, deoarece Conformiștii îndeplinesc cu ușurință așteptările exterioare și interioare, sunt adesea nedumeriți când alte persoane nu pot „face odată!" lucrul care trebuie făcut, așa că știu ce sfaturi să le dea. Un Conformist a scris: „Sunt antrenor personal. Plusuri: cu siguranță influențez în mod pozitiv stilul de viață – antrenamente/nutriție – al clienților mei și sunt mereu punctual. Minusuri: uneori mă simt frustrat când clienții nu sunt atât de receptivi pe cât mi-aș dori să fie".

La o cină, am fost invitată să mă așez lângă directorul general al unei importante companii de bio-farmaceutice și, așa cum se întâmplă adesea, nu am putut rezista să nu deschid subiectul despre cele patru tendințe. A sesizat imediat.

— Sunt un Conformist, și pariez că majoritatea colegilor mei directori generali sunt tot Conformiști, mi-a spus el.

— De ce? am întrebat.

— Ca să fii directorul general al unei companii publice, trebuie să te simți confortabil cu respectarea regulilor și cu îndeplinirea uriașelor așteptări ale celorlalți. Și, de asemenea, trebuie să ai inițiativă, să nu te abați de la drumul tău și să înveți să mai spui și nu.

Un prieten Conformist, bancher de investiții, s-a alăturat conversației.

— Cred că este corect ce ai spus. La fel cum un Binevoitor este un bun adjunct...

— Adjunctul meu este Binevoitor și este un om remarcabil, l-a întrerupt directorul general. Dar un bun director general trebuie să poată spune: „Îmi pasă ce gândesc alți oameni, dar eu știu cel mai bine ce vreau să fac". Și este nevoie de o disciplină extraordinară pentru a juca acest rol – care este posibil numai atunci când așteptările interioare și exterioare coincid, astfel încât să nu existe nici resentimente, nici conflict interior.

— Nu știu dacă sunt de acord, am spus, clătinând din cap. Eu cred că oamenii, indiferent de tendința pe care o au, pot fi lideri nemaipomeniți, fiecare în felul lui.

— Iscoditorii și Rebelii ar fi fondatori și inovatori excelenți, a recunoscut directorul general. Dar cred că s-ar chinui ceva ca să pună pe picioare o companie. Să luăm ca exemplu un Rebel. În poziția de director general ar fi mult prea obsedat de deținerea controlului; și asta de la felul în care s-ar îmbrăca până la felul în care s-ar adresa consiliului.

În primă fază, m-au convins, dar apoi m-am gândit: „Ei bine, trei Conformiști care decid că numai Conformiștii sunt potriviți pentru funcția de director general?" M-am întrebat dacă nu cumva și trei Iscoditori sau trei Binevoitori vor ajunge la concluzia că tendința lor e cea mai potrivită. Rebelii - ei bine, cred că un Rebel ar recunoaște că numai în mod excepțional un Rebel ar putea fi un director general de succes.

REZUMAT: Relaționarea cu un conformist

Îndeplinește cu ușurință așteptările externe și interne

Ia singur decizii, astfel încât să poată respecta termenele și să-și finalizeze proiectele; ia inițiativa fără prea multă supraveghere

Se bucură de rutină și poate avea probleme cu adaptarea dacă e scos din ea sau dacă are loc o schimbare bruscă de program

Urăște să facă greșeli și din această cauză...

Se supără foarte tare sau devine recalcitrant dacă este acuzat că a neglijat ceva sau a făcut o greșeală

Pune mare preț pe finalizare

Este posibil să fie nevoie să i se amintească că, spre deosebire de el, alții nu sunt neapărat satisfăcuți sau stimulați de realizarea sarcinilor

Este posibil să aibă probleme în delegarea responsabilităților, deoarece pune la îndoială competențele celorlalți

ISCODITOR

„Mă voi conforma, dacă mă vei convinge s-o fac."

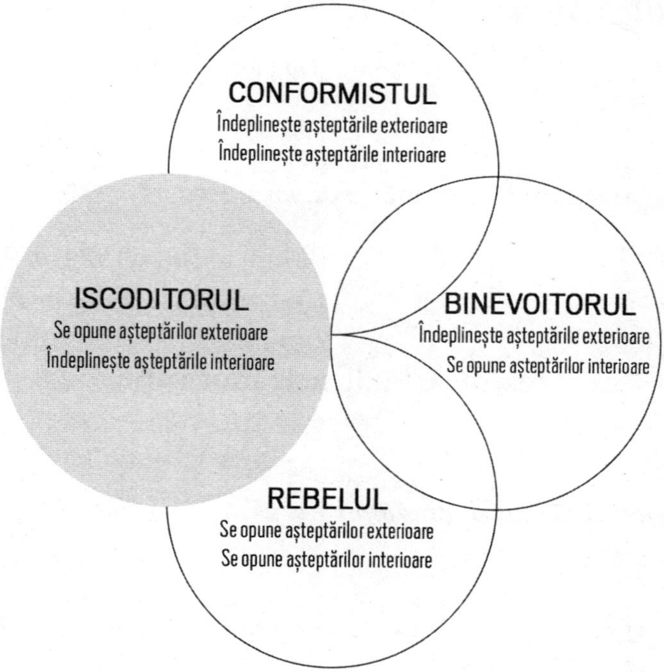

Mă voi conforma, dacă mă vei convinge s-o fac.

„Dovedește-o!"

Pentru că așa spui tu? Nu cred!"

„Nu pierde din vedere motivul."

Ascultarea oarbă înseamnă *servitute, nu-i așa?*

„Stai puțin! Ce spui acolo?"

„Justificarea duce la motivație."

Căutați și căutați și iar căutați – și poate veți găsi.

„Optimizarea vieții – chiar și atunci când noi nu vrem."

„Dar de ce?"

„E CUM ZIC EU SAU NU E DELOC."

De ce avem nevoie de un motto?

5

Cum să înțelegi un Iscoditor

Dar de ce?

Puncte forte (și puncte slabe) • Puncte slabe (și puncte forte) • Variații în cadrul tendinței • De ce nu le place Iscoditorilor să fie interogați • Cum pot stăpâni Iscoditorii analiza și paralizia • Modul în care Iscoditorii pot îndeplini așteptările nejustificate găsindu-și propriile justificări

La locul de muncă, acasă și, în general, cam peste tot, noi toți ne confruntăm atât cu așteptările exterioare, cât și cu cele interioare. În timp ce Conformiștii le îndeplinesc cu ușurință atât pe unele, cât și pe altele, Iscoditorii îndeplinesc doar așteptările interioare – care le includ și pe cele exterioare, transformate, în timp, în așteptări interioare.

Acceptând așteptările interioare, Iscoditorii manifestă un angajament profund față de informații, logică și eficiență. Vor să-și adune propriile dovezi, să decidă singuri și să acționeze pe baza unui motiv întemeiat; se opun oricărui lucru pe care îl consideră arbitrar, insuficient motivat, fără fundament sau ineficient. Foarte mulți oameni sunt Iscoditori; numai Binevoitorii numără mai mulți membri.

Cum se transformă așteptările exterioare în așteptări interioare, în cazul Iscoditorilor? Ei îndeplinesc o așteptare doar dacă o găsesc eficientă și rezonabilă. De exemplu, un Iscoditor consideră: „Tatăl meu îmi tot amintește să verific uleiul la mașină, dar nu cred că este necesar acum, așa că îi voi ignora cerința" sau „Deasupra chiuvetei din bucătărie scrie că ar trebui să ne spălăm fiecare vasele, dar să spăl căni mi se pare o pierdere de timp; consider că e mai potrivit să-i las pe cei din tura de noapte să le spele. Așa că îmi voi lăsa cana în chiuveta".

Pe de altă parte, un Iscoditor îndeplinește cu ușurință o așteptare exterioară care este bine justificată, deoarece aceasta devine apoi o așteptarea interioară. Un Iscoditor ar spune: „Profesorul mi-a explicat că îmi voi termina temele la matematică mai repede după ce voi învăța tabla înmulțirii, așa că vreau să o învăț" sau „Soția mea mi-a spus să fac curat în camera de oaspeți luni de zile, dar, pentru că nu o foloseam niciodată, am refuzat. Acum, că așteptăm invitați peste câteva săptămâni, o voi face".

Datorită concentrării lor pe justificare, Iscoditorii se trezesc în fiecare zi cu următorul gând: „Ce trebuie să fac azi și de ce?" Ei hotărăsc singuri dacă să facă sau nu ceva. Dacă șeful îi cere unui Iscoditor să termine raportul până vineri, acesta s-ar putea să-și spună: „Nimeni nu va citi raportul până miercurea viitoare și este mult mai bine să-l fac la începutul săptămânii; deci îl voi termina până miercurea viitoare". Cum era de așteptat, în urma studiului întreprins, Iscoditorii reprezintă tendința cu cea mai mare șansă de a fi de acord cu următorul enunț: „Fac ce cred că are cel mai mult sens, conform judecății mele, chiar dacă asta înseamnă să ignor regulile sau așteptările altora".

Odată ce Iscoditorii acceptă motivele care generează o așteptare, ei preiau inițiativa și nu au nevoie de prea multă supraveghere. Deci, pentru un șef care încearcă să convingă un Iscoditor să folosească un nou program de facturare, sau pentru un medic care încearcă să-l facă să ia un medicament sau pentru un partener care încearcă să obțină ajutorul unui Iscoditor la curățarea subsolului, merită efortul de a da explicații: de ce e nevoie de lucrul respectiv, de ce trebuie procedat într-un anume fel, de ce trebuie acționat acum. Dacă îi convingi – și acest *dacă* e esențial – Iscoditorii vor îndeplini sarcina cu succes.

Același procedeu se aplică și Iscoditorilor care iau în considerare o așteptare interioară. Ei vor îndeplini o așteptare interioară numai după ce vor fi convinși că are sens. Să spunem că un Iscoditor își dorește să fie din nou în formă. Iscoditorul respectiv trebuie să-și facă timp să studieze problema, să cântărească opțiunile și să se convingă că un anumit tip de antrenament fizic este cea mai bună alegere pentru el. Nu contează că medicul îl îndeamnă să facă exerciții fizice, sau că soția îl cicălește pe aceeași temă, sau că un coleg de muncă îi propune: „Hai să mergem împreună la sală" – odată ce Iscoditorul ajunge la concluzia că alergarea sau CrossFit-ul este cea mai bună opțiune pentru el, își va putea îndeplini așteptarea interioară.

Iscoditorii pun totul la îndoială. Unul dintre exemplele mele preferate de reacție specifică acestora, a avut loc în timpul unei conferințe, în momentul în care am cerut publicului să își identifice tendința și să propună motto-uri sugestive pentru ea. Cele patru grupuri s-au consultat, iar când a venit rândul Iscoditorilor, aceștia au întrebat: „Dar de ce avem nevoie de un motto?" *Desigur!*

Punctele forte (și punctele slabe)

Deoarece Iscoditorii sunt în totalitate direcționați din interior, odată ce se hotărăsc cu privire la modul potrivit de acțiune, ei acționează și se opun așteptărilor fără prea mari dificultăți. Iscoditorii au simțul de orientare al Conformiștilor, fiabilitatea Binevoitorilor și autenticitatea Rebelilor.

Iscoditorii pun la îndoială chiar și cele mai elementare ipoteze și lucruri general valabile: „Vreau să mă căsătoresc?", „Dacă ești șeful meu, trebuie să fac ce îmi spui tu să fac?", „De ce copiilor nu le este permis să înjure ca adulții?".

Pentru Iscoditori, este crucial ca o așteptare să pară rezonabilă și justificată. Ei se opun regulilor de dragul regulilor. Iată ce a scris un Iscoditor:

> Hotărăsc de la caz la caz ce reguli voi respecta. Dacă nimeni nu verifică, iau mai mult de șase articole în cabina de probă, fiindcă mi-e incomod să tot intru și să ies. Eu cred că această regulă a fost impusă nu numai ca să prevină furtul (ceea ce eu nu aș face niciodată), ci și ca să prevină posibilele blocaje în caz că se aglomerează magazinul. Întrucât fac cumpărături doar în perioadele când nu este aglomerat, nu mă lovesc niciodată de problema asta, așa că nu cred că regula are sens, prin urmare, nu o respect.

Pentru un Iscoditor, acest mod de gândire este rezonabil; un Rebel se simte satisfăcut dacă încalcă regula sau, în cel mai bun caz, îi este indiferent. Dar un Conformist sau un Binevoitor gândește: „De ce vă dezziceți de o regulă pe care toată lumea ar trebui să o respecte?"

Iscoditorii rareori îndeplinesc o așteptare fără să aibă dubii. O femeie Iscoditor mi-a spus: „Când aveam de gând să mă alătur frăției Kappa Kappa Gamma*, mi s-a spus că va trebui să jur că voi fi «feminină și autentică». M-am gândit: «Ce înseamnă de fapt asta?» Am izbucnit în râs și am renunțat la idee a doua zi".

Deoarece Iscoditorii au nevoie de justificări solide ca să facă ceva, aduc un plus de valoare important atât în relațiile lor cât și în organizațiile din care fac parte. De asemenea, se asigură că nici ei și nici cei din jurul lor nu se angajează să îndeplinească așteptări care nu sunt bine justificate. „De ce ne încăpățânăm să ținem ședințele astea? De ce folosim acest software? De ce pierdem atât timp alergând după acest client?"

De fapt, pe Iscoditori îi nedumerește mai mereu disponibilitatea celorlalți de a acționa fără motive temeinice. După cum s-a plâns un Iscoditor: „De ce fac oamenii unele lucruri, deși inima le spune că nu sunt corecte? Ce suntem noi, o turmă de oi? Și de ce, pe de altă parte, ezită să facă lucrurile care știu că sunt corecte?" (Rețineți că acest comentariu este sub forma a trei întrebări.)

Iscoditorii vor să ia decizii în deplină cunoștință de cauză și sunt deseori dispuși să facă cercetări amănunțite. Le place să-și cântărească opțiunile. Așa cum Conformiștii sunt atrași de fișe, Iscoditorii sunt atrași de tabele; de asemenea, ei obișnuiesc să trimită oamenilor o mulțime de articole.

Iată ce a scris un Iscoditor:

---

* O grupare studențească, înființată la Colegiul Monmouth din Monmouth, Illinois, SUA, care număra peste 260.000 de membre (n. red.)

> Nu mă pot hotărî ce temă să aleg pentru teza de master. În acest semestru, avem opțiunea să ne alegem și să ne documentăm pe această temă, ca un fel de pregătire pentru anul viitor. Mulți colegi de clasă și-au ales tema și au scris deja o parte din documentație. Eu am în minte mai multe subiecte și, pentru că nu m-am putut hotărî încă asupra unuia, am făcut documentația pentru toate. A însemnat multă muncă în plus și abia acum înțeleg de ce am procedat așa. Tendința mea mă obligă să fiu pe deplin convins înainte să-mi asum o sarcină.

Datorită cercetărilor lor entuziaste, Iscoditorii devin deseori o resursă pentru ceilalți; le place să transmită și altora cunoștințele lor.

În aceeași ordine de idei, Iscoditorii tind să fie foarte interesați de îmbunătățirea proceselor. Le place să elimine erorile și să îmbunătățească mersul lucrurilor. Un prieten Iscoditor mi-a spus cât de mult îi plăcuse jobul în care verifica informațiile; un altul mi-a mărturisit că hobby-ul lui era să optimizeze interfețele diverselor aplicații.

Pentru Iscoditori, argumente precum: „Am făcut mereu așa" sau „Aceasta este o practică standard" sau „Eu sunt șeful" nu au nicio valoare. Ei vor să știe *de ce*. Iscoditorii vor contesta ipotezele, vor căuta alternative și vor respinge înțelepciunea convențională. Iată ce spunea un Iscoditor în acest sens:

> Când eram mai tânără, nu înțelegeam rostul modei și al machiajului, așa că le-am ignorat. Acum, că sunt mai în vârstă și muncesc, mi s-a demonstrat (atât prin experiența subiectivă, cât și prin cercetarea obiectivă) că aspectul influențează cariera și interacțiunile cu ceilalți, așa

> că depun și eu un efort rezonabil pentru a arăta bine. Am stabilit ce înseamnă acest *rezonabil* în raport cu timpul pe care-l solicită efortul interior, lucru care mi se pare mai important decât acțiunea propriu-zisă.

Un mod de gândire cât se poate de potrivit unui Iscoditor!

Iscoditorii vor să hotărască singuri – chiar și când li se oferă sfaturi „de specialitate". Nu acceptă automat autoritatea, ci întreabă întotdeauna: „De ce ar trebui să ascult de această persoană?" De exemplu, înainte de a se hotărî să se înscrie la un curs, s-ar putea să vrea să stea de vorbă cu profesorul, să participe la câteva sesiuni sau să ceară referințe.

„Când m-am hotărât să slăbesc", și-a amintit un Iscoditor, „am făcut tabele cu nutriționiști, planuri alimentare și medici cu care voiam să stau de vorbă. Am notat argumente pro și contra. Am găsit un nutriționist care se ridica la standardele mele și de ale cărui sfaturi țin cont și în ziua de azi."

Așa cum demonstrează acest comentariu, Iscoditorilor le place să personalizeze lucrurile. Un Iscoditor a explicat de ce oamenii cu tendința lui au această nevoie și, de asemenea, antipatia față de ideea hotărârilor luate de Anul Nou: „Am inițiat o provocare online de antrenament pe o perioadă de 30 de zile, dar făceam câte un live o dată la două zile, nu zilnic. S-a nimerit să încep pe 1 ianuarie și, ori de câte ori am spus cuiva despre asta, am subliniat că doar s-a nimerit să fie 1 ianuarie – că nu era o hotărâre luată de Anul Nou. La acea vreme nu știam că sunt un Iscoditor, dar acum înțeleg de ce era atât de important pentru mine să specific asta".

Puncte slabe (și puncte forte)

Așa cum se întâmplă în cazul tuturor tendințelor, punctele forte ale Iscoditorilor sunt și punctele slabe. După cum a explicat un Iscoditor: „Cu toate că această tendință a mea m-a ajutat mult din punct de vedere profesional, este absolut epuizant, întrucât sunt deopotrivă unul dintre directorii executivi ai unei companii de elită și o mamă cu copii mici. Întreb mereu și pun la îndoială totul și pe toată lumea".

Când Iscoditorii nu acceptă justificarea unei așteptări, ei refuză să o îndeplinească – ceea ce îi poate pune în dificultate. Acasă sau la locul de muncă, ceilalți pot considera că întrebările lor constante sunt obositoare, epuizante sau obstructive. Unii pot concluziona că Iscoditorii pun întrebări inutile sau se ceartă de dragul certei sau refuză să accepte autoritatea sau deciziile ei. De exemplu, un Iscoditor a spus: „Când se introduce o nouă practică în compania pentru care lucrez, de cele mai mute ori o boicotez (în liniște sau cu voce tare), până când cineva o justifică după cum îi cer eu". Pentru un Iscoditor, acest lucru pare logic, dar un manager sau un coleg ar putea să nu fie de acord.

Un șef care nu înțelege gândirea unui Iscoditor poate găsi comportamentul acestuia enervant sau lipsit de respect sau consideră că „nu este un jucător de echipă". Un Iscoditor mi-a mărturisit că a fost concediat pentru că, deși își făcea bine treaba, șeful lui a interpretat asaltul lui de întrebări drept nesupunere.

În mod similar, pentru tinerii Iscoditori, școala poate prezenta o adevărată provocare, deoarece multe reguli școlare par arbitrare sau ineficiente, iar profesorii și administratorii nu se simt obligați să le justifice. Într-o astfel de situație, Iscoditorilor s-ar putea să le fie dificil să finalizeze sarcinile și pot acționa în așa fel încât să pară necooperanți sau obraznici.

Iată ce a scris un Iscoditor:

> Tendința mea de Iscoditoare era evidentă de când eram mică. De exemplu, odată am făcut o criză pentru că nu suportam ideea să fiu obligată să trimit felicitări de Valentine's Day fiecărui coleg de clasă. În mintea mea de copil de opt ani, dacă aș fi trimis felicitări tuturor, inclusiv copiilor pe care nu-i plăceam, atunci cele pe care le trimiteam prietenilor mei adevărați ar fi fost lipsite de sens. Școala primară poate fi frustrantă pentru noi, Iscoditorii.

Dar problema nu se limitează la școala primară. Un alt Iscoditor a explicat:

> Din poziția de Iscoditor, tind să pun totul sub semnul întrebării și să ignor așteptările pe care le consider o pierdere de timp sau un nonsens. Ca student, acest lucru m-a împiedicat să finalizez sarcini pe care le consider arbitrare – de exemplu, intervenții săptămânale pentru a demonstra că am finalizat lecturile. Cu toate acestea, parcurg cu plăcere părțile provocatoare ale cursului, cum ar fi proiecte și sarcini de laborator, pentru că simt că așa învăț și sunt motivat.

Această chestionare permanentă a Iscoditorilor poate obosi și epuiza oamenii din jurul lor, dar e evident că, în lipsa unor răspunsuri, ei nu vor colabora.

Iscoditorii înșiși simt uneori nevoia să se oprească din acest maraton al întrebărilor. „Mereu apare încă un semn de întrebare înainte să iau o hotărâre și o țin așa la nesfârșit". „Pun la îndoială mult prea des regulile. Ceilalți mă sfătuiesc de multe ori: «Lasă dubiile! Continuă ce ai început!» Aș vrea să pot." Toate aceste frământări sunt mari consumatori de timp și energie. Pe când eram studenți la Drept, un prieten Iscoditor a mers la zeci de interviuri la diverse firme de avocatură. Eu m-am dus la șase. Acum lucrăm amândoi la aceeași firmă.

Interogarea permanentă dovedește că Iscoditorii suferă uneori de ceea ce se cheamă *analiză-paralizie*. Simt nevoia să analizeze totul în cele mai mici detalii, să cântărească opțiunile și să ia în considerare mai multe posibilități. Ei doresc informații complete, dar de multe ori în viață trebuie să luăm decizii și să mergem înainte fără să avem informații complete.

De asemenea, uneori, interogarea îi face pe Iscoditori să ezite și să se poticnească. De exemplu, mulți Iscoditori relatează că, atunci când încearcă să urmeze sfaturi de sănătate, încep să se întrebe dacă au ales „cea mai bună" abordare. Se gândesc că poate ar trebui să facă mai multe cercetări, poate că există o modalitate mai eficientă, poate un anumit sfat nu este documentat, ceea ce le anulează într-un final eforturile.

De fapt, întrucât Iscoditorii excelează în căutarea motivelor și chestionarea deciziilor, dacă doresc să găsească o justificare pentru evitarea unei așteptări sau încălcarea unui obicei bun, o pot face cu ușurință. Sunt pricepuți la identificarea lacunelor. După cum a explicat un Iscoditor:

> Pot să chestionez și să-mi justific orice renunțare. În capul meu se poartă dialoguri gen Jekyll și Hyde: „Ar trebui să faci mișcare". „Dar e prea frig afară"/ „Fă-ți

antrenamentul în casă". „Dar am prea mult de lucru și munca are prioritate!" Sunt copleșit de aceste dialoguri interioare, așa că încerc să mă uit la televizor ca să opresc avalanșa gândurilor.

În aceeași ordine de idei, tendința Iscoditorilor de a personaliza și de a pune la îndoială sfaturile experților poate fi frustrantă pentru cei la care apelează pentru ajutor, sfaturi sau servicii: profesori, șefi, colegi, medici, consilieri de facultate, instalatori, specialiști în îngrijirea gazonului. Când am văzut rezultatele unui sondaj în care 26% dintre medici au fost de acord cu afirmația: „Pacienții mei cred că știu mai bine decât mine ce este bine pentru ei", m-am gândit: „Hmmm, mi se pare că avem de-a face cu niște Iscoditori". Un Iscoditor a afirmat: „Ignor des opinia *expertului*. Dentistul meu le sugerează pacienților să își facă radiografii dentare în fiecare an. Eu nu fac așa. Fac din cinci în cinci ani, fiindcă eu cred că abuzul de radiografii poate cauza cancer".

Un alt Iscoditor a rezumat perspectiva tendinței sale: „Probabil că toți medicii la care merg urăsc să mă consulte, pentru că pun întotdeauna o mulțime de întrebări și nu plec până nu primesc răspunsuri complete si complexe. Dacă am și ceva cunoștințe, probabil că mă voi ghida după ele, indiferent dacă părerea mea coincide cu cea a medicului sau nu. Dacă nu am deloc cunoștințe, mă ghidez după răspunsurile primite și cercetez de unul singur înainte să mă hotărăsc dacă urmez sfatul".

La fel ca în cazul tuturor tendințelor, un dar poate deveni o adevărată pacoste. Pentru că Iscoditorii sunt motivați de argumente temeinice – sau mai degrabă de ceea ce *cred* ei că sunt argumente temeinice, deși uneori nu sunt

– pot părea câteodată niște excentrici. Resping îndrumarea experților în favoarea propriilor concluzii și îi ignoră pe cei care îi contrazic: „De ce crezi că știi mai multe despre pneumonie decât un medic specialist?" sau „Toată lumea din birou folosește un anumit format pentru rapoarte, de ce insiști să folosești un altul?"

Judecând după materialul pe care l-am citit când scriam biografia lui John F. Kennedy, *Forty Ways to Look at JFK*, bănuiam că mulți adepți ai teoriei conspirației sunt Iscoditori.

În unele situații, felul excentric de a fi al unui Iscoditor poate fi obositor. De exemplu, legendarul antreprenor și lider de afaceri Steve Jobs a fost un Iscoditor și, în tinerețe, a crezut că o dietă vegetariană bogată în fructe l-ar scăpa de problema mirosului corporal – chiar dacă mulți i-au spus că, de fapt, era o capcană. Și acest aspect al Iscoditorului poate deveni periculos. Când Jobs a fost diagnosticat pentru prima oară cu cancerul care i-a adus în final moartea, a respins abordarea universal acceptată a chimioterapiei și a intervenției chirurgicale și a încercat fără succes să se vindece printr-o procedură de acupunctură auto-prescrisă, o dietă vegană, niște remedii pe bază de plante și alte tratamente neconvenționale, înainte să accepte operația.

Ca în cazul tuturor tendințelor, cu înțelepciune și experiență, Iscoditorii pot învăța să gestioneze punctele slabe ale tendinței lor. Un Iscoditor a rezumat astfel lucrurile: „În calitate de Iscoditor, am aflat că pot avea probleme atunci când ignor regulile fără să comunic. Acum urmez regulile, le schimb sau merg mai departe".

Iată și o curiozitate în legătură cu Iscoditorii: urăsc să stea la coadă. Un prieten mi-a spus: „Urăsc atât de mult să stau la coadă încât nici măcar nu pot purta o conversație în timp ce aștept, de exemplu, să se elibereze o masă într-un restaurant". Probabil că este vorba despre ineficiență.

Variații ale tendinței

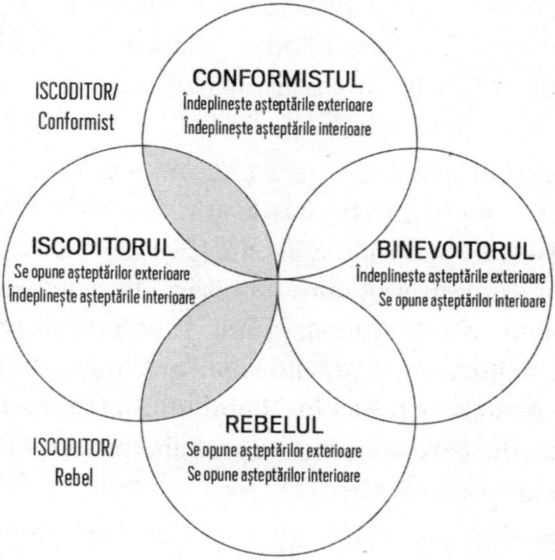

La fel ca în cazul tuturor tendințelor, Iscoditorii pot fi foarte diferiți unii de alții. Tendința Iscoditorului se suprapune cu cea a Conformistului (ambele îndeplinesc așteptările interioare) și cu cea a Rebelului (ambii se opun așteptărilor exterioare).

ISCODITORII-Conformiști sunt mai în măsură să îndeplinească așteptările exterioare. Sunt destul de pregătiți să accepte logica așteptărilor sociale și a regulilor generale; un ISCODITOR-Conformist a explicat: „Cred din tot sufletul că regulile au fost impuse cu un motiv, chiar dacă nu știu care este acesta. Este important pentru mine să nu am probleme și să nu-i deranjez pe alții când îmi cântăresc opțiunile. Dar, dacă nu cred că o activitate are un scop util, nu mă poate convinge nimeni să o fac".

Soțul meu, Jamie, este ISCODITOR-Conformist. El pune la îndoială totul, dar poate fi convins destul de ușor să îndeplinească o așteptare. Fiind o Conformistă, mă îndoiesc că aș putea fi fericită într-o căsnicie cu cineva care nu ar fi așa. Ceea ce este un gând obiectiv.

La celălalt capăt al spectrului, unii Iscoditori înclină spre Rebeli; contestă așteptările atât de acerb și le resping atât de des, încât pot părea Rebeli. (Diferențele-cheie? Iscoditorii opun rezistență unei așteptări, deoarece consideră că este nejustificată; Rebelii opun rezistență pentru că nu vor să fie controlați. O altă diferență grăitoare: dacă Iscoditorii își stabilesc un obiectiv, nu întâmpină probleme în îndeplinirea lui, spre deosebire de rebeli, care sunt nevoiți să ducă o adevărată luptă.)

Poate că de vină este natura mea de Conformist, dar mi se pare hilar și, uneori, exasperant să-i aud pe Iscoditorii cu tendințe de Rebeli argumentând de ce nu vor respecta regulile.

De exemplu, unii ISCODITORI-Rebeli nu țin cont de regulile din trafic. Unul dintre ei mi-a scris: „Mă amuză limitele de viteză și conduc cum mă simt confortabil". Când i-am scris înapoi și l-am întrebat: „Crezi că toți șoferii ar trebui să conducă cu viteza pe care o consideră sigură?", el a răspuns: „Da, poate fi o idee bună ca fiecare să conducă cu viteza la care se simte confortabil. Majoritatea oamenilor conduc cu o viteză pe care oricum nu o vor depăși.

E suficient să faci un drum pe șoseaua națională ca să vezi cât de mulți oameni respectă, de fapt, limita de viteză. Este inutilă o astfel de lege, la fel ca legile pentru droguri". Aceasta este perspectiva Iscoditorilor cu înclinație spre Rebeli: ineficiența și arbitrariul unei așteptări generale o fac nelegitimă și, prin urmare, ar trebui ignorată.

Un alt ISCODITOR-Rebel a scris: „Am primit o amendă pentru parcare în loc nepermis; încă nu am plătit-o. Nu înțeleg care este legătura între felul cum parchezi și siguranța în trafic, așa că nu îi dau atenție". A trebuit să-mi înfrâng impulsul de a răspunde ironic: „Bine că ai pus punctul pe i".

Ideea este că, dacă Iscoditorii nu sunt de acord cu o așteptare exterioară, ei se simt îndreptățiți să o respingă.

De asemenea, în funcție de personalitatea lor, Iscoditorii iau hotărâri diferite. Unii dintre ei suferă de analiză-paralizie. Tendința spre interogare și aviditatea de a obține informații îi pot opri din drum. Un Iscoditor a explicat: „De multe ori mă trezesc că examinez fiecare marcă, tip, companie sau ofertă înainte să cumpăr ceva. Deseori mă perpelesc săptămâni la rând, înainte să mă hotărăsc".

Pe de altă parte, unii Iscoditori sunt foarte hotărâți. Soțul meu, Jamie, este un Iscoditor și vrea întotdeauna să știe de ce ar trebui făcut un anumit lucru; dar odată ce i se răspunde la întrebări, el acționează.

Desigur, mulți Iscoditori sunt un amestec între cele două tendințe. Iată ce explicație a dat un Iscoditor:

> Uneori sunt victima analizei-paraliziei, dar, surprinzător, acest lucru se întâmplă cel mai adesea când trebuie să iau decizii aparent neimportante. Nu am avut probleme să mă hotărăsc cu privire la ce specializare să

aleg la facultate, dacă să mă căsătoresc de tânăr sau dacă să-mi iau sau nu un câine. Cu toate acestea, nu m-am putut hotărî luni întregi ce planificator să comand pentru noul an. Soțului meu (Binevoitor) nu i-a venit să creadă cât timp mi-a luat să studiez problema. Când am apăsat, în cele din urmă, butonul de comandă pentru un Day Designer, s-a bucurat și m-a întrebat: „Acum, putem să nu mai discutăm despre planificatoare?"

O altă variație în cazul tendinței Iscoditorilor este abilitatea socială. Iscoditorii cu abilități sociale reușesc să pună întrebări fără să-i deranjeze sau să-i obosească pe cei din jur și fără să-i facă să devină defensivi. Dacă Iscoditorii sunt acuzați că pun prea multe întrebări sau că sunt necooperanți și nu au spirit de echipă, pot învăța să pună întrebări în mod diferit. În loc să întrerupă prezentarea unui șef cu o replică bruscă: „Această regulă nouă nu are niciun sens", ei pot învăța să întrebe: „Ați putea să-mi spuneți de ce a fost creată regula? Dacă îi înțeleg scopul, îmi va fi mult mai ușor să o adopt". În cazul unui Iscoditor, explicațiile suplimentare pot face diferența dintre un comportament constructiv și unul distructiv.

Am observat un alt tipar interesant în rândul Iscoditorilor: ei pun adesea la îndoială chiar cadrul celor patru tendințe.

De fiecare dată subiectul celor patru tendințe stârnește amuzamentul unei părți a publicului. Acești oameni sunt vădit surprinși când concluzionez: „Dacă primul gând care îți trece prin minte când auzi teoria celor patru tendințe este: «Ei bine, mă îndoiesc de veridicitatea acestei teorii», probabil că ești un Iscoditor".

În parte, acest lucru se datorează firii lor curioase, desigur. Iscoditorii emit păreri, critică și găsesc excepții de la răspunsurile pe care le primesc. Ei pot fi, de asemenea, sceptici cu privire la faptul că teoria celor patru tendințe ar avea o bază științifică solidă sau că întreaga umanitate s-ar încadra în doar patru categorii comportamentale. Mulți Iscoditori au afirmat că pun la îndoială validitatea împărțirii întregii omeniri în patru categorii mari.

Știi ce e interesant? Mulți oameni au exact aceeași reacție când deschid subiectul despre cele patru tendințe. Ei folosesc cuvinte diferite, dar *sensul este identic*. Este amuzant că tocmai această obiecție a lor îi plasează într-una dintre tendințe.

Dar cred că acest scepticism reflectă și faptul că tendința Iscoditor este cel mai puțin distinctivă. Conformiștii, Binevoitorii și Rebelii știu clar care sunt diferențele dintre ei și cei care aparțin altor tendințe. Dar Iscoditorii nu consideră că orientarea lor spre chestionarea excesivă îi plasează într-o anumită categorie, ci că acest tipar de comportament este un răspuns cât se poate de firesc și logic la cerințele vieții. Un prieten mi-a spus: „Cu siguranță sunt un Iscoditor. Dar, cu toate acestea, nu gândim cu toții la fel?" Nu, cu siguranță nu.

În timpul unei vizite la vechiul meu liceu, unde am vorbit despre cele patru tendințe, un elev din ultimul an a insistat:

— Sunt un amestec de tendințe. Uneori acționez într-un fel, alteori în alt fel, în funcție de situație.

— De exemplu? am întrebat.

—Dacă primesc o sarcină de la un profesor pe care îl respect, o mă achit de ea fără nicio problemă, deci sunt un Conformist. Dar, dacă nu îl respect pe profesor, nu mă voi achita. Deci sunt un Rebel. În concluzie, sunt diferit, în funcție de situație.

— De fapt, nu ești, am spus. Ești pur și simplu un Iscoditor. Prima întrebare a unui Iscoditor este: „ Oricum, de ce ar trebui să te ascult?"

De ce nu le place Iscoditorilor să li se pună întrebări

Există un mare paradox exact în ceea ce constituie esența tendinței Iscoditorului.

Știam că Iscoditorii pun multe întrebări, dar am fost intrigată când un ascultător al podcastului a întrebat: „Ai observat că Iscoditorii se împotrivesc să răspundă la întrebări?" Am observat clar asta la soțul meu Iscoditor. De fapt, refuzul său de a fi chestionat este atât de evident, încât în familia noastră există de ceva vreme o glumă despre „N2K" *(need to know).* El dă răspunsuri numai în numele „nevoii de a ști". Fie că este întrebat: „Ce pregătești la cină?" sau „Când începi noua slujbă?" Jamie refuză să răspundă. Lucru care mă scoate din minți.

Mă gândeam că aceasta este doar o ciudățenie dezagreabilă a personalității lui. Însă abia acum îmi dau seama că este, de fapt, un aspect al tendinței de Iscoditor. În general, pe Iscoditori nu îi deranjează să ofere informații, dar mulți dintre ei (deși nu toți) obiectează când altcineva îi chestionează cu privire la lucruri legate de judecata sau deciziile lor. Și aceasta poate fi o sursă de tensiune.

Iată cum a explicat asta un Iscoditor:

Noi, Iscoditorii, suntem mereu exasperați de oamenii care, spre deosebire de noi, nu cercetează cu mare atenție motivele, avantajele și dezavantajele unor lucruri. Dacă m-am hotărât să țin o dietă săracă în carbohidrați și un non-Iscoditor mă șicanează cu chestii de genul: „Dar am auzit că aceste diete afectează ficatul" sau „Robert Atkins nu a murit de tânăr?" mă enervez imediat. Dacă toate astea ar fi constituit cu adevărat o problemă, cu siguranță le-aș fi descoperit în timp util – caz în care aș fi renunțat la această dietă. (Replică exasperată.)

Un alt Iscoditor a fost de acord cu opinia mea: „În calitate de Iscoditor, prefer să nu dau explicații pentru ce fac. Noi, Iscoditorii, avem o logică în spatele deciziilor noastre. Deci, a) este obositor să revizuim lucrurile și să expunem toate motivele și / sau b) știm că avem dreptate, deci nu simțim nevoia să ne justificăm în fața altora".

Deoarece Iscoditorii nu iau hotărâri pripite, sunt adesea deranjați – se simt chiar insultați de-a dreptul – atunci când ceilalți se îndoiesc de ei. Lucru amuzant, de altfel, deoarece ei, la rândul lor, îi fac pe ceilalți să se simtă exact la fel când îi bombardează cu întrebări.

Și, desigur, Iscoditorii urăsc în special întrebările pe care le consideră o pierdere de timp. Prima lor întrebare este: „De ce ar trebui să răspund la întrebarea ta?" Sunt mult mai dispuși să răspundă la o întrebare, dacă înțeleg de ce a fost pusă. Nu agreează o întrebare simplă, de genul: „La ce oră plecăm?", ci au nevoie de explicații suplimentare: „La ce oră plecăm? Fiindcă vreau să știu dacă am timp să merg sală".

Nu este surprinzător că ceilalți se simt frustrați atunci când Iscoditorii refuză să răspundă la întrebări. Un Iscoditor a explicat: „Având în vedere cât efort am depus, este exasperant ca deliberările mele să fie ignorate, respinse sau... și mai rău... chestionate". Am înțeles. Dar și alții au nevoie să li se răspundă la întrebări.

Deci, ce e de făcut? În loc să-i facă pe Iscoditori să creadă că hotărârile lor sunt puse sub semnul întrebării, ceilalți le pot cere explicații despre cum au ajuns să le ia. Iscoditorilor le face plăcere să îi învețe pe ceilalți sau să facă schimb de cunoștințe. De exemplu: „Mi-ar plăcea să văd cum gândești. M-ar ajuta să înțeleg cum ai ajuns la această concluzie". Sau: „Mă interesează să înțeleg de ce ai ales acel software de raportare și aș fi curios să aud de ce este cel mai bun".

Cum pot controla Iscoditorii analiza-paralizia

Impulsul Iscoditorului de a pune întrebări poate deveni epuizant și paralizant, atât pentru Iscoditorii înșiși, cât și pentru oamenii din jurul lor. După cum am văzut mai sus, unii Iscoditori se luptă îndelung pentru a înceta investigația și a trece la acțiune. Un Iscoditor a scris: „Nu mă pot opri din cercetarea diferitelor abordări pentru diverse obiective (dietă, exerciții fizice, finanțe, muncă). Sunt obsedat să găsesc cel mai eficient mod, iar asta este complet ineficient. Sunt derutat de orice nouă abordare sau tendință care apare".

Din acest motiv, Iscoditorii trebuie să-și controleze această obsesie pentru analiză. Pentru a nu cădea în capcana de a despica firul în patru, Iscoditorii ar trebui să se concentreze asupra obiectivului final. Un prieten Iscoditor mi-a spus:

— Sunt avid de informații, așa că, atunci când mă blochez în analize, mă întreb: „Aceste informații sunt de fapt relevante pentru ceea ce încerc să stabilesc? De ce pierd atât de mult timp cu lucrurile astea?".

— Tu ai întrebări cu privire la propria întrebare! am spus.

Un alt Iscoditor mi-a zis:

— Când lucram cu clienții, tendința mea de Iscoditor mă împiedica să mă încadrez în timpul alocat fiecărui client, pentru că voiam întotdeauna să aflu mai multe și să ofer mai multe informații.

— Și, cum te-ai schimbat? am întrebat, curioasă.

— Am trecut în revistă, cu atenție, conform tendinței mele de Iscoditor, toate avantajele pe care le-ar aduce respectarea unui program, mie și clienților mei.

O altă abordare: Iscoditorii ar putea alege să evite situațiile care presupun multă cercetare, analiză și luarea de decizii. O femeie Iscoditor a scris cu tristețe: „Proiectarea și construirea unei case – ce-o fi fost în capul meu? Am stat ore în șir pe net analizând recenzii și forumuri despre materiale și produse, căutându-le pe „cele mai bune" dintre toate, de la pardoseală la sistemele centrale de curățare. Ar fi fost perfect dacă m-ar fi pasionat acest lucru, dar nu mă pasionează". Ar fi fost mai bine pentru ea să fi angajat un specialist de încredere.

Desigur, găsirea unui specialist „de încredere" este o provocare. Însă Iscoditorii care suferă de această analiză-paralizie o pot rezolva urmând exemplul cuiva în care au încredere sau restricționându-și sursele de informații – limitându-se la verificarea *Recenziilor consumatorilor*; la identificarea medicului, expertului sau a altei autorități pe care o consideră de încredere; la telefonul dat unui prieten bun sau unui membru al familiei; sau hotărând că „vânzătorul de la acest magazin de camping este foarte bine informat, așa că voi cumpăra un cort de la acest magazin. Nu mă voi mai duce nicăieri altundeva".

Iscoditorii care suferă de analiză-paralizie, sau oamenii din jurul lor, pot folosi termenele limită pentru a pune capăt analizei și a forța luarea unei hotărâri: „Avem nevoie de un răspuns până vineri". Dar Iscoditorii pot pune la îndoială și aceste termene limită! Un Iscoditor a scris: „Mă îndoiesc de utilitatea impunerii unui termen limită. Eu răspund doar la termene care au sens. Cele arbitrare nu funcționează în cazul meu".

Dar leacul cel mai potrivit pentru chestionarea specifică Iscoditorului și pentru orice fel de paralizie de care ar suferi este *claritatea*. Un Iscoditor se chinuie să-și formeze un obicei? Un Iscoditor eșuează să îndeplinească o așteptare interioară? Dacă da, problema este, de cele mai multe ori, claritatea – fiindcă, atunci când Iscoditorii nu înțeleg clar de ce ar trebui să îndeplinească o așteptare și de ce ar trebui să o îndeplinească într-un mod anume, nici nu o vor face. Ei au nevoie de claritate și, pentru a obține claritate, pun întrebări. (Și întrebările lor sugerează de ce fac anumite lucruri pe care alții le dezaprobă.)

De ce ar trebui să mă deranjez să fac asta?

De ce să te ascult? Care este expertiza sau autoritatea ta?
Are acest nutriționist acreditările potrivite să-mi spună mie ce să mănânc?

De ce ar trebui să fac asta? De ce nu poate să se ocupe altcineva? *Pot s*ă mă operez în loc să fac *terapie?*

Pot obține mai multe informații?

Pot modifica această așteptare pentru a se potrivi nevoilor mele individuale? *Tratamentul ăsta are efecte secundare. Voi reduce doza care mi-a fost prescrisă. Nu este nevoie să-i spun medicului meu.*

Există o modalitate mai bună de a face acest lucru? *Dacă îmi iau toate pastilele dimineața, scap de o grijă.*

Această abordare își servește scopul? *Nu văd de ce ar trebui să mă deranjez să iau acest medicament dacă nu mă face să mă simt mai bine.*

Cine beneficiază? Care este intenția reală a persoanei sau a organizației care are această așteptare? *Medicul câștigă mai mulți bani dacă mă convinge să urmez această procedură în fiecare săptămână.*

Odată ce Iscoditorii obțin claritate, ei pot acționa. Un Iscoditor a scris:

> Faptul că am conștientizat că sunt un Iscoditor m-a ajutat să renunț la zahăr. Nu am putut s-o fac atunci când faptul că zahărul este nociv pentru sănătate era doar o idee vagă în mintea mea. Aveam nevoie de analiză. Așa că am urmărit prelegeri, am citit multe articole pe net și mi-am cumpărat cartea *Why We Get Fat?* (*De ce ne îngrășăm*), de Gary Taubes. Ulterior, mi-a fost ușor să renunț de tot la zahăr. Aveam nevoie de claritate și, odată ce am obținut-o, schimbarea obiceiului s-a produs de la sine.

Rețineți totuși că claritatea unui Iscoditor nu duce neapărat la comportamentul pe care unii încearcă să îl promoveze.

Cum pot îndeplini Iscoditorii așteptări nejustificate prin găsirea unei justificări proprii

Iscoditorii întâmpină adesea probleme atunci când se află într-o situație în care este important să îndeplinească o așteptare, dar consideră că această așteptare este arbitrară, ineficientă sau nejustificată.

În astfel de situații, Iscoditorii trebuie să înțeleagă că poate avea sens să se conformeze unei așteptări – fie ea chiar fără sens sau arbitrară – deoarece este importantă pentru altcineva sau pentru că este în interesul lor propriu.

Iată ce își amintea un Iscoditor:

> Mi-a luat ceva timp să-mi dau seama că fericirea bunicii mele era un motiv destul de bun ca să fac ce îmi cerea. Când eram tânără, am înnebunit-o punând la îndoială tot ce mă ruga să fac. De ce să șterg vasele când se pot usca foarte bine pe scurgător? De ce nu pot purta negru tot timpul? Dar acum mă gândesc: „Ei bine, voi face aceste lucruri inutile pentru că, de fapt, au un rost, acela de a o mulțumi pe bunica".

Un student la Medicină m-a întrebat, îngrijorat:

— Cum să mă conving să fac ceva când mi se pare pur și simplu o tâmpenie? Acest lucru mi se întâmplă practic în fiecare zi și este foarte greu pentru mine să-i fac față.

— E ok, am spus, dând din cap. Iscoditorilor li se întâmplă adesea asta.

— Deci, ce fac?

— Nu te concentra doar pe justificarea de prim ordin, ci gândește-te și la aceea de ordin secund. O faci din motivele tale. „Da, această misiune este inutilă și mă face să pierd timpul, dar vreau să câștig respectul profesorului meu. Scopul meu justifică faptul că am să fac așa cum spune el."

După cum ilustrează aceste exemple, chiar și atunci când justificarea de bază lipsește („Are sens această așteptare?"), Iscoditorii se pot concentra pe o justificare mai superficială („Are sens să îndeplinesc această așteptare, de altfel nejustificată, din motive pur personale?") Este important ca Iscoditorii să-și amintească să facă ceea ce *trebuie*, astfel încât să poată face ceea ce *vor*.

REZUMAT: ISCODITORUL

PUNCTE TARI APARENTE:

Se bazează pe date

Imparțial (conform judecății sale)

Interesat să creeze sisteme eficiente

Dispus să joace rolul de avocat al diavolului

Se simte confortabil să distrugă sistemul, dacă se justifică

Orientat spre interior

Nu este dispus să accepte autoritatea fără justificare

POSIBILE SLĂBICIUNI:

Poate suferi de analiză-paralizie

Nu are răbdare cu ceea ce ar însemna satisfacția altora

Posibil excentric

Reticent la clasarea chestiunilor pe care alții
le consideră soluționate

dacă rămân întrebări fără răspuns

Poate refuza să îndeplinească așteptările pe care alții
le consideră corecte sau cel puțin non-opționale
(de exemplu, reglementările din trafic)

Poate refuza să răspundă la întrebările altora

6

Relaționarea cu un Iscoditor

De ce avem nevoie de un motto?

Muncă • Partener • Copil • Iscoditor • Alegerea unei cariere

Relaționarea cu un Iscoditor la serviciu

Iscoditorii pot fi foarte valoroși pentru organizații, deoarece ei sunt cei care pun întrebări de genul: „De ce ar trebui să facem așa? De fapt, ar trebui să facem asta? Ar trebui să intervievăm mai mulți oameni? Există o modalitate mai bună de a structura acest lucru?"

Iscoditorii adoră cercetarea, determinarea eficienței și eliminarea proceselor iraționale. Resping explicațiile într-o doară, precum: „Așa am făcut întotdeauna". Întrebările lor oferă asigurări că o organizație își folosește resursele în modul cel mai eficient.

Cu toate acestea, chiar dacă este adesea valoroasă pentru efortul echipei, curiozitatea necruțătoare a Iscoditorului nu este întotdeauna apreciată de colegi și șefi. Iată ce mi-a explicat un Iscoditor:

> Faptul că sunt Iscoditor mă ajută să îndeplinesc bine activitatea de bază în munca mea. Cu toate acestea, uneori,

atunci când oamenii acceptă relaxați un proiect de echipă, ei consideră nevoia mea de a pune întrebări drept o lipsă de spirit de echipă. Cred că, punând întrebări politicoase (chiar și de genul: „Avem nevoie cu adevărat de acest proiect?"), de multe ori ne putem clarifica abordarea, putem evita să o luăm în direcția greșită sau să muncim inutil. Iar deznodământul va fi un rezultat mai bun. Stăruința mea de a economisi timp, bani și efort este adesea apreciată, dar poate și să le enerveze pe acele persoane care iau orice întrebare ca pe o critică sau ale căror răspunsuri sunt invariabil de genul: „Pentru că așa spune cutare și cutare" sau „Pentru că întotdeauna s-a procedat astfel". Aceste două răspunsuri sunt probabil cele mai supărătoare justificări pe care le-ar putea prezenta cineva unui Iscoditor.

Când Iscoditorii refuză să urmeze o practică general acceptată și irosesc timpul punând la îndoială chestiuni pe care alții le-au considerat rezolvate, sau nu pot lua o decizie în timp util, pot părea dificili. Colegii îi pot ajuta să evite această situație punând limite investigațiilor lor. De exemplu, un manager i-ar putea cere unui Iscoditor, care intervievează oameni pentru un nou post, să ia o hotărâre până la o anumită dată sau să ia în considerare doar primii cinci candidați. Limitarea ajută la forțarea trecerii la acțiune.

Deoarece Iscoditorii au o mare încredere în propria lor analiză și judecată, sunt convinși de corectitudinea propriilor opinii și refuză să ia în considerare alte păreri.

Șeful unei firme mi-a spus:

— Vicepreședintele meu este genial, dar nu suport să lucrez cu el. Pune încontinuu la îndoială deciziile și judecata mea. Autoritatea și experiența mea nu înseamnă nimic pentru el.

— Mai mult ca sigur nu vrea să îți submineze autoritatea. El doar pune la îndoială totul. Asta e natura lui, i-am spus.

— Ei bine, indiferent de motiv, nici măcar nu mai putem purta o conversație. Trebuie să comunic cu el printr-un intermediar.

Când colegii își dau seama că Iscoditorul nu intenționează să genereze o dispută și nu își dorește să fie necooperant sau obstrucționist, ci acțiunile lui sunt o consecință a tendinței sale, li se pare mult mai ușor să aibă răbdare cu el și să-i furnizeze informațiile de care are nevoie. Un Binevoitor mi-a relatat următoarele: „Sunt profesor Montessori și lucrez îndeaproape cu doi Iscoditori. Pe vremuri, mă înfuriam zilnic, dar acum le sugerez cărți, site-uri web sau articole pe care le pot consulta pentru a-și răspunde la întrebări".

Când Iscoditorii lucrează pentru ei înșiși – își deschid propria afacere sau își aleg propriul mod de lucru – se descurcă bine cu orice sarcină care, consideră ei, merită timpul și energia lor. Ei s-au angajat să facă doar lucrurile care au sens, ceea ce, ca întotdeauna, este atât un ajutor, cât și o piedică. De exemplu, s-ar putea ca Iscoditorii să nu dorească să stea la prea multe discuții cu potențialii clienți, cu excepția cazului în care ajung la concluzia că acest lucru va ajuta la încheierea tranzacției.

Este posibil ca Iscoditorii să fie nevoiți să ia măsuri pentru a face față analizei-paraliziei, deoarece munca de unul singur cere luarea a numeroase decizii complexe: Care este cel mai bun mod de a ține evidența? De a înregistra impozite? Dar de a obține asigurări de sănătate și de a gestiona marketingul? Un Iscoditor care lucrează singur se poate bloca din cauza incapacității de a lua decizii.

Relaționarea cu un partener Iscoditor

Un Iscoditor a scris: „Sunt un Iscoditor și întreb mereu de ce și cum pot fi lucrurile mai bune. Soția mea glumește mereu spunând că e convinsă că vom rămâne căsătoriți pentru totdeauna, fiindcă am făcut deja o analiză amănunțită și am luat hotărârea corectă. De fapt, are dreptate!"

Îmi este foarte ușor să observ tendința Iscoditorului, deoarece soțul meu, Jamie, este un Iscoditor. Să fiu căsătorită cu un Iscoditor îmi este de multe ori de folos, fiindcă, în calitate de Conformist, instinctul meu este să îndeplinesc așteptările fără să le analizez îndeaproape. Uneori, îmi imaginez așteptări acolo unde nu există sau devin prea preocupată de respectarea regulilor. Dar Jamie pune mereu la îndoială o așteptare înainte de a i se conforma, și, luând exemplul lui, am învățat să întreb mai mult.

Cu toate acestea, chiar dacă respect și mă străduiesc adesea să imit acest aspect al caracterului lui Jamie, uneori mă înnebunește. Aș prefera un spirit cooperant în gospodărie, dar acum înțeleg că nu încearcă să fie Gică-contra, ci doar vrea să înțeleagă de ce ar trebui să facă ce îi cer eu.

Nu demult, l-am rugat să cumpere niște șuncă de curcan când se întorcea de la sală. Lui Jamie nu-i place treaba asta, pentru că nu-i place să aștepte când vânzătorul taie carnea (Iscoditorii urăsc să stea la coadă). Înainte să știu că este un Iscoditor, îi mai trimiteam câte un mesaj: „Te rog să te oprești în drum spre casă și să cumperi câteva felii de șuncă afumată de curcan", iar el, fără excepție, îmi ignora mesajul.

Și nu pentru că este un ticălos, ci pentru că argumentul lui era: „De ce ar trebui să mă supun acestui chin? De ce să cumpărăm curcan când avem o grămadă de mâncare acasă? Nu se justifică timpul pierdut". Dar acum, că îi cunosc tendința, i-am scris: „Te rog să cumperi câteva felii de șuncă de curcan în drum spre casă. Eleanor pleacă în 2 excursii săptămâna asta și trebuie să îi fac niște sandvișuri pentru prânz". A cumpărat curcan.

Uneori întrebările unui Iscoditor pot face ca partenerul acestuia să se simtă atacat sau neacceptat. Un Iscoditor a scris:

> Întotdeauna trebuie să înțeleg de ce, și asta a pus multă presiune pe căsnicia mea. Soțul meu se simte nerespectat din cauza explicațiilor pe care trebuie să mi le dea când îmi cere o favoare elementară. O simplă cerință: „Dragă, cumperi un bec nou?" s-a transformat într-o ceartă de două zile. Să fiu a naibii dacă am de gând să cumpăr becul fără să știu de ce îi trebuie.

O prietenă Iscoditoare este căsătorită cu un Conformist. Iată ce mi-a povestit:

— Soțul meu urăște să vadă sertare și dulapuri deschise în bucătărie. Așa că mi-a propus să facem o regulă: să închidem întotdeauna dulapurile și sertarele din bucătărie.

Am încuviințat din cap:

— Corect. Conformiștii respectă regulile.

— Dar l-am întrebat de ce să facem o regulă. A răspuns că el va impune această regulă, în timp ce eu aș putea să impun alta. Dar eu nu vreau să ne impunem reciproc reguli. De ce ar trebui să facem asta? Și de ce trebuie să stea închise sertarele și dulapurile? Dacă vrea să stea închise, să le închidă. Pe mine nu mă deranjează, așadar de ce mi-ar păsa?

Eu am izbucnit în râs.

— Ești o Iscoditoare sadea, iar el un Conformist veritabil! Clasic.

Îmi place să văd tendințele desfășurându-se chiar în fața mea.

Întrucât Iscoditorii dau atât de multă importanță propriei lor analize, ei refuză de multe ori sfaturile „experților", ceea ce poate fi frustrant pentru parteneri. Unul dintre cititori a scris: „Soțul meu Iscoditor crede că are răspunsurile la toate întrebările și, trebuie să recunosc, de cele mai multe ori are dreptate, ceea ce face ca lucrurile să fie și mai dificile. Exemplu: eu vreau să mergem la un consilier financiar. El consideră că ar fi o risipă de bani și că el poate să se documenteze și să găsească soluții la probleme la fel de bine ca un expert". Acest tipar poate fi extrem de enervant și poate chiar să pună viața în pericol – de exemplu, dacă un Iscoditor hotărăște că mecanismele de siguranță ale unei unelte electrice nu sunt de fapt necesare.

Înclinația Iscoditorului către obținerea de informații și obsesia de a lua cea mai bună decizie pot împinge un cuplu spre analiză-paralizie. O cititoare a scris:

> Soțul meu este un Iscoditor și nu se poate face nimic ca lucrurile să se schimbe. De exemplu, am găsit o grădiniță despre care cred că ar fi potrivită pentru copilul nostru, dar soțul meu are îndoieli. În orice caz, ar trebui să facem niște pași concreți în sensul ăsta, dar el pune sub semnul întrebării programa grădiniței. Încerc să pun

lucrurile în mișcare, dar el îmi ridică la fileu atâtea întrebări încât renunț.

Ea ar putea să apeleze la strategiile folosite de obicei pentru a-i ajuta pe Iscoditori să scape de starea aceea de analiză-paralizie, cum ar fi stabilirea termenelor limită, solicitarea sfatului unui consilier de renume sau limitarea surselor de informații.

Ca și în cazul tuturor celorlalte tendințe, punctele tari ale Iscoditorului sunt, totodată, și puncte slabe. Iar partenerii au de-a face cu ambele fețe ale monedei.

Relaționarea cu un copil Iscoditor

Pentru un copil Iscoditor, formulări de genul: „Pentru că așa spun eu", „Am făcut întotdeauna așa", „Așa trebuie să faci" și „Aceasta este regula" sunt exprimări necâștigătoare și, cu siguranță, nu justifică conformarea.

Un Iscoditor are nevoie de motive. Dacă părintele dorește ca un astfel de copil să exerseze la pian, este vital să-i răspundă la întrebări de genul: De ce să cânt la pian? De ce este important să exersez? De ce să exersez un anumit număr de zile? De ce l-ai ales pe acest profesor? Dacă muzica este importantă, de ce nu este suficient doar să ascult, de ce trebuie să și cânt? Dacă un copil Iscoditor este mulțumit de explicații, este foarte probabil să accepte să exerseze în mod regulat. Dacă nu este mulțumit de explicații, poate să se împotrivească din toate puterile.

Părinții și profesorii se enervează când copiii Iscoditori refuză să aibă un comportament convențional. Ei întreabă: „De ce nu pot să mă duc în costumul de Halloween la școală?", „Unchiul Jimmy este nepoliticos cu mine, așa că eu de ce trebuie să fiu politicos?", „Ce rost are facultatea?" Un cititor a scris: „Fiul meu adolescent este un Iscoditor. Tocmai și-a luat permisul de conducere și l-am surprins conducând desculț când venea de la înot. I-am spus: „Încalță-te, este ilegal să conduci desculț" (eu sunt un Conformist) și el a întrebat: „Dar de ce este ilegal?" (Unii Iscoditori chiar au o problemă cu regulile de circulație.)

Învățătorii și profesorii sunt de regulă plăcut surprinși de întrebările logice ale Iscoditorului, deoarece generează dezbateri în clasă și demonstrează interesul elevului respectiv. Dar există și momente în care aceștia sunt de-a dreptul exasperați, fiindcă Iscoditorul încetinește ritmul dezbaterii, le contestă autoritatea, argumentează împotrivă, refuză să finalizeze sarcini sau direcționează greșit energia clasei.

Copilăria poate fi o perioadă dureroasă pentru Iscoditori, deoarece adulții se așteaptă mai mereu de la copii să facă lucruri doar pentru că ei „au spus să le facă". Un părinte de copil Iscoditor mi-a spus: „Fiul meu este foarte inteligent, dar se descurcă greu la școală. Excelează la examene, dar nu vede rostul temelor, așa că refuză să le facă".

Frustrările Iscoditorilor legate de școală pot avea un efect semnificativ asupra succesului lor academic; când ai de-a face cu un copil care refuză să îndeplinească o așteptare, este important să încerci să înțelegi motivul comportamentului lui. În timp ce un copil Rebel spune: „Nu mă poți obliga", un copil Iscoditor așteaptă să îi dau un argument convingător. Un Iscoditor își aducea aminte:

> Când eram copil, caligrafia mea lăsa de dorit, iar profesorii păreau mai preocupați de acest aspect decât de conținut. Eram un copil deștept și într-o zi mi-am dat seama că știam răspunsurile la toate întrebările din manuale, și nu exista niciun motiv pentru care trebuia să notez ceva. Dacă profesorii voiau să verifice ce știam, nu trebuiau decât să mă întrebe!
> Profesorii mă pedepseau, mă considerau leneș, încăpățânat și mocăit, dar nu mi-au dat niciun argument valid în acest sens. Abia când lucrurile s-au complicat suficient de tare încât a trebuit să notez ca să nu pierd șirul gândurilor, am început și eu să scriu.

Dacă un învățător s-ar fi obosit să afle motivul acestui refuz al copilului și să-i ofere explicațiile potrivite, acest conflict școlar s-ar fi putut rezolva mult mai devreme.

De fapt, copiii Iscoditori resping adesea ideea de autoritate. Mă încântă nespus să întâlnesc tipologiile specifice fiecărei tendințe: în viața reală sau în cărți, filme sau emisiuni de televiziune. Când am recitit *Jane Eyre* de Charlotte Brontë, am avut o astfel de experiență chiar *de la primele pagini ale* cărții: Mătușa ranchiunoasă a lui Jane, doamna Reed, folosește chiar termenul de „Iscoditoare" la adresa fetei, explicând de ce o găsește enervantă: „Jane, nu-mi plac cârcotașii și Iscoditorii". (A trebuit să caut în dicționar cuvântul „cârcotaș"; înseamnă „cineva care caută nod în papură".)

Deci, atunci când un copil Iscoditor pune la îndoială o sarcină sau o așteptare, profesorul sau părintele ar face bine să-i ofere o justificare detaliată. Dacă un elev Iscoditor întreabă: „De ce trebuie să știu lucruri despre Mesopotamia antică? Nu cred că-mi vor folosi vreodată", profesorul poate da un răspuns care să nu îl ajute cu nimic pe copil:

„Asta e programa școlară, așa că asta trebuie să înveți" sau poate da un răspuns care să îi fie de un real ajutor copilului: „Adevărat, ți se cere să înveți despre Mesopotamia, dar, făcând lucrul acesta, înveți de fapt mult mai mult. Înveți cum să analizezi rapid un material complex, cum să scoți ideile principale dintr-un text, cum să iei notițe în mod eficient și cum să explici ideile dintr-un text cu propriile cuvinte. Acestea sunt abilități importante care îți vor fi de folos".

Dincolo de asta, chiar și copiii pot intui răspunsurile „de bun simț". De ce să nu conduci desculț? Pentru că, dacă o faci, este posibil să fii nevoit să plătești o amendă mare sau există pericolul să ți se suspende permisul. De ce să faci cursuri care par inutile? Pentru că nu ne putem permite să plătim pentru facultate, iar cursurile sunt utile, dacă vei aplica pentru bursă. De ce să fii drăguț cu unchiul Jimmy? Pentru că îl iubești pe bunicul și el se va supăra dacă ești nepoliticos cu unchiul tău.

Relaționarea cu un pacient Iscoditor

Pentru orice profesionist din domeniul sănătății, este crucial (deși uneori nu este posibil) să răspundă la întrebările Iscoditorului. Odată ce Iscoditorii sunt convinși, nu au probleme cu îndeplinirea așteptărilor legate de sănătate. Vor lua medicamente, vor face kinetoterapie, își vor schimba obiceiurile alimentare și obiceiurile legate de băutură și se vor prezenta la controale. Dar, dacă nu sunt convinși, nu vor face nimic din toate astea.

De prea multe ori, profesioniștii din domeniul sănătății consideră că oferă justificări complexe pentru așteptările lor, dar, în realitate, ei lasă întrebări fără răspuns, astfel încât Iscoditorul nu acționează. De exemplu, un specialist în domeniul igienei dentare ar putea da următorul sfat: „Trebuie să vă spălați pe dinți timp de două minute, cel puțin de două ori pe zi, altfel se va depune tartru". Sună ca o justificare. Dar, de fapt, ce este tartrul? Care sunt consecințele depunerii de tartru? Și dacă tartrul este chiar o problemă, de ce nu o rezolvă specialistul? Niște explicații mai amănunțite ar putea duce la o respectare mult mai bună a regulii.

Merită menționat și faptul că Iscoditorii manifestă adesea o dorință puternică de a personaliza. Aceștia pot hotărî să urmeze instrucțiunile în felul în care cred ei că are cel mai mult sens – adică nu exact așa cum au fost concepute. Din acest motiv, este important să li se explice de ce ar trebui urmate cu exactitate: „Acest medicament trebuie luat în timpul mesei, pentru că altfel poate provoca greață severă".

Iscoditorii au nevoie de motive. De ce să reduci carbohidrații? De ce să mergi în sus și în jos pe culoarul unui avion? Au ei deplină încredere în autoritatea care îi îndeamnă să facă aceste lucruri? Dacă da, o vor face. Dacă nu, nu o vor face. Iscoditorii vor face ceea ce are sens pentru ei, ceea ce rezonează cu personalitatea lor. Un prieten Iscoditor a relatat:

> Când am fost diagnosticat cu diabet de tip 2, prietena mea a crezut că îmi va fi greu să mă descurc cu noul meu regim alimentar, dar eu știam că voi reuși. Totuși, ea a fost de părere că am întrecut măsura în cabinetul doctorului, fiindcă am pus prea multe întrebări. Simțeam că am nevoie de informații. Știu că, odată ce mă hotărăsc, mă țin de plan. Dar am fost sincer cu medicul meu. I-am spus: „În ceea ce privește mâncarea, o să țin

regimul cu sfințenie, dar o să beau șase beri pe săptămână. Asta este hotărârea mea".

„Trăsneala" asta a Iscoditorului (este un cuvânt dur, dar nu există un termen mai potrivit pentru cineva care trage concluzii nefiind expert) se manifestă adesea în raport cu sănătatea – poate că este combinația dintre abilitatea de a face cercetări amănunțite, de multe ori accesând site-uri îndoielnice, și tendința lui de a personaliza.

Iscoditorii pot avea propria lor teorie cu privire la cauza unei probleme de sănătate sau la tratamentul potrivit. Părerea mea este că, profesioniștii din domeniul sănătății ignoră adesea aceste teorii generate de pacienți și continuă să insiste pe propria viziune asupra cazului, așteptându-se ca pacientul să accepte în cele din urmă opinia expertului. De cele mai multe ori, această abordare nu funcționează. Este mult mai eficient să abordăm teoria pacientului și să explicăm de ce profesionistul nu este de acord cu ea.

Soțul Iscoditor al unei prietene s-a hotărât să urmeze propriul său tratament împotriva cancerului, spre disperarea soției și a medicilor. Îl întrebau mereu: „De ce crezi că ai ști tu mai multe decât o echipă de medici specialiști în cancer?" Dar el făcuse propriile cercetări și ajunsese la anumite concluzii, iar acest lucru a cântărit mai mult pentru el decât orice autoritate în domeniu. Pentru a-i schimba părerea, cei din jurul lui ar fi trebuit să examineze raționamentele pe care el le-a considerat convingătoare și să le combată cu argumente medicale pertinente, în loc să repete întruna: „Nu poți să-i asculți pe medici?"

Dacă este vorba despre îngrijirea sănătății (dar și despre orice altceva), atunci când încurajezi un Iscoditor să ia măsuri, ar fi util să îi spui: „Încearcă doar. Este un experiment. Dacă funcționează, continui. Dacă nu, încerci altceva". Această abordare face apel la tendința Iscoditorului de a aduna informații și de a personaliza totul. Iscoditorii ar putea, de asemenea, să ia exemplul unei persoane pe care o respectă și o consideră un model demn de urmat: „Dacă această abordare funcționează bine pentru el, s-ar putea să funcționeze bine și pentru mine".

Când un Iscoditor își alege cariera

Oamenii afirmă adesea lucruri de genul: „Sunt jurnalist, așa că, desigur, sunt un Iscoditor" sau „Iscoditorii sunt probabil mai predispuși să devină oameni de știință". Dar nu așa funcționează lucrurile.

Majoritatea locurilor de muncă ar putea fi ocupate de oameni de toate tendințele, deoarece sunt numeroși factorii care contribuie la succesul într-o anumită carieră. La urma urmei, tendința descrie doar modul în care o persoană răspunde la o așteptare, și nu abilitățile, personalitatea, inteligența sau interesele acesteia. Am o prietenă care este un medic genial și foarte analitic. Iubește cercetarea, pune multe întrebări, dar este o Binevoitoare. Pentru că, atunci când vine vorba de îndeplinirea așteptărilor, ea îndeplinește cu ușurință așteptările exterioare, dar se chinuie să le îndeplinească pe cele interioare.

Iscoditorilor chiar le plac informațiile și analiza, așa că fac performanță în medii care se bazează pe cercetare. Le place să îmbunătățească sisteme. Un Iscoditor a explicat:

> Sunt auditor intern pentru o mare corporație multinațională, și m-am întrebat timp de douăzeci de ani de ce compania procedează așa cum procedează, căutând permanent modalități de îmbunătățire a metodelor. Sunt respectat pentru că îmi fac mereu timp să explic de ce recomand să se facă lucrurile într-un anumit fel, rămânând în același timp deschis la ideile celorlalți. Mă îndoiesc că aș fi avut atât de mult succes în această carieră, dacă aș fi avut altă tendință.

Multe profesii beneficiază de accentul pe care îl pune Iscoditorul pe motiv și explicație. Un Iscoditor a explicat:

> Sunt un Iscoditor cu înclinații spre Conformist. Lucrez la planificarea utilizării terenurilor pentru o mică comunitate și mă ocup în special de noile amenajări. O parte din munca mea constă în a mă asigura că planurile de dezvoltare respectă regulile specifice unui oraș (de exemplu, o clădire poate avea o lățime maximă x, o înălțime maximă y și poate fi situată la maximum z metri de stradă etc.). Totuși, într-o mare măsură, toate aceste norme sunt interpretabile și se bazează pe aprecierea personală.
>
> Tendința mea ajută la detensionarea relațiilor cu dezvoltatorii – le cer să respecte doar lucrurile care au sens din punct de vedere practic pentru amplasament și pot explica amănunțit de ce investiția face toți banii. În schimb, colegul meu Conformist se cramponează să respecte întocmai regulile, indiferent dacă acestea sunt aplicabile sau nu, și ajunge deseori la conflicte cu dezvoltatorii, cu managerii noștri și cu consiliul municipal.

Iscoditorii se descurcă bine în medii care încurajează și recompensează această atitudine iscoditoare și în care lucrează cu persoane care acceptă cu ușurință să li se pună întrebări. Iscoditorii nu funcționează bine în preajma oamenilor care aduc argumente de genul: „Pentru că așa am spus eu" sau „Fiindcă așa am făcut întotdeauna".

Când este posibil, Iscoditorii ar trebui să se îndepărteze de șefii și colegii care interpretează interogarea constantă ca fiind de natură să submineze, necooperantă sau obstructivă. Un Iscoditor și-a amintit: „Am lucrat pentru un șef care dorea ca toți subalternii să fie *jucători în echipă*. Mă consider un jucător în echipă și o parte din valoarea pe care o aduc echipei constă în faptul că mă asigur mereu că facem cea mai bună lucrare în cel mai bun mod. Însă, ori de câte ori puneam întrebări, el considera că refuz rolul de jucător în echipă".

Deoarece Iscoditorii trebuie să înțeleagă de ce fac ceea ce fac, cei mai mulți își doresc să fie propriii lor șefi. Doar așa pot să facă cercetări pe cont propriu și pot lua propriile decizii.

Iscoditorii urăsc să facă vreun lucru arbitrar, irațional sau ineficient, așa că, indiferent de cariera pe care o urmează, ar fi înțelept să evite aceste circumstanțe. Persoanele care deliberează în exces se descurcă mai bine atunci când lucrează într-un loc în care termenele limită impun acțiunea sau în care au manageri sau colegi care îi pot ajuta să stabilească limite rezonabile pentru cercetarea lor.

REZUMAT: Relaționarea cu un iscoditor

Pune la îndoială toate așteptările și le îndeplinește numai dacă crede că sunt justificate, cu mențiunea că poate îndeplini doar așteptările interioare

Prețuiește mai mult rațiunea, cercetarea și informațiile

Ia decizii bazate pe informații și rațiune; uneori, motivul fiind că este important pentru altcineva

Urmează sfatul „autorităților" numai dacă are încredere în expertiza lor

Își urmează propria judecată – uneori chiar și atunci când este în contradicție cu opinia unor experți care (se presupune) că știu mai bine

Pune insistent întrebări, lucru care îl poate face să pară necooperant sau sfidător

Urăște orice este arbitrar; adică, reguli de genul: „Maxim cinci articole la cabina de probă"

Nu îi place să fie chestionat; își analizează acțiunile cu atenție, așa că i se pare obositor sau chiar jignitor să i se ceară să-și justifice hotărârile

Este posibil să aibă probleme în delegarea luării deciziilor, deoarece îi suspectează pe ceilalți că nu au o bază suficientă pentru a acționa

BINEVOITORUL

Poți conta pe mine și eu contez pe tine
să contezi pe mine

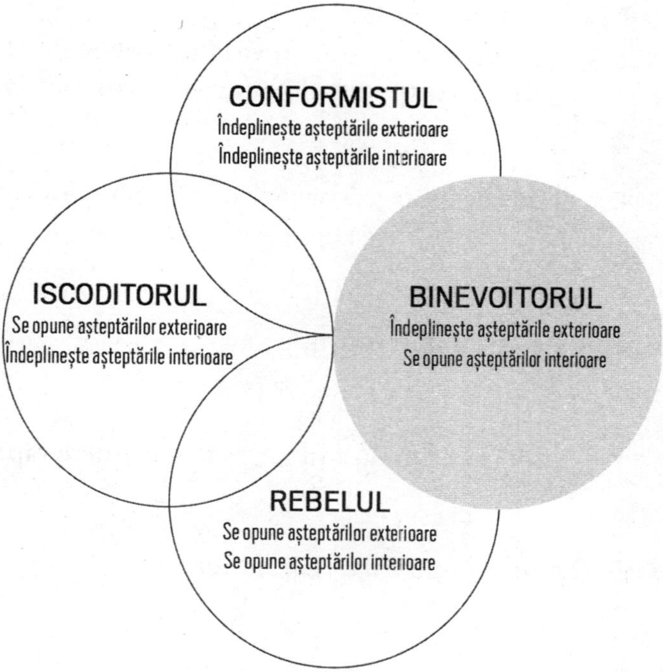

Poți conta pe mine, iar eu chiar contez pe tine că vei face asta.

„Slujind altora, îmi slujesc mie."

Dacă e vorba că trebuie, o voi face;
dacă e vorba să vreau, nu o voi face.

„Voi face tot ce îmi ceri.
Până în momentul în care n-o voi mai face."

„Avem nevoie de un angajament exterior pentru orice –
chiar și pentru a avea timp pentru noi înșine."

„Mulțumește-te cu mai puțin."

„Am un fitil lung, dar cu ardere rapidă."

Tratați-vă și pe voi înșivă așa cum îi tratați pe ceilalți.

„Cum pot să te ajut?"

„Nu vreau, dar totuși o voi face."

„Toți pentru unul și unul pentru toți."

7

Cum să înțelegi un Binevoitor

Voi face tot ce îmi ceri. Până în momentul în care n-o voi mai face.

Puncte forte (și puncte slabe) • Puncte slabe (și puncte forte) • Variații în cadrul tendinței • Modul în care Binevoitorii pot îndeplini așteptările interioare prin crearea unei responsabilități exterioare • Când dispare răspunderea externă • Cum își pot gestiona Binevoitorii avantajele și dezavantajele tendinței • Cum trec Binevoitorii de la așteptările exterioare la cele interioare • Cum să înțelegem și să ne protejăm împotriva reacției de rebeliune a Binevoitorilor

În viața noastră de zi cu zi, ne confruntăm cu o serie de așteptări: așteptările *exterioare*, cele pe care ni le impun ceilalți (sau încearcă să ni le impună) și așteptările *interioare*, cele pe care ni le impunem singuri (sau încercăm să ni le impunem).

Binevoitorii îndeplinesc cu ușurință așteptările exterioare, impuse de ceilalți, dar se chinuie să îndeplinească așteptările interioare, impuse de ei înșiși. Identificarea tendinței Binevoitorului mi-a dat în cele din urmă răspunsul pentru prietena mea, cea care mi-a spus: „Nu am lipsit niciodată de la antrenamente când făceam parte din echipa liceului, de ce nu mă pot mobiliza să alerg și acum?"

Când prietena mea avea un antrenor și făcea parte dintr-o echipă care conta pe ea – așteptări externe – nu a avut probleme să se prezinte la antrenament, dar propria ei așteptare interioară nu a fost suficientă pentru a o determina să alerge.

Prin urmare, Binevoitorii răspund la responsabilizarea externă. Se trezesc și se gândesc: „Ce trebuie să fac azi? Pentru cine?" Când o așteptare vine din exterior – de la un șef, un client, un membru al familiei, un medic, un antrenor, un grup, un coleg – Binevoitorii vor răspunde. În cele mai multe cazuri, respectă termenele limită, își țin promisiunile, execută sarcinile altora.

Cu toate acestea, Binevoitorii se luptă să facă ceva pentru ei. Pentru ei, așteptările interioare reprezintă o provocare. Indiferent cât de mult ar dori să îndeplinească o așteptare interioară – să facă mișcare, să participe la un curs online, să înceapă o afacere – aproape inevitabil, vor eșua. Este un lucru dificil de recunoscut, dar este adevărat.

Vestea bună este că acest tipar al Binevoitorului este ușor de remediat, dacă știe cum să o facă.

Și cum îndeplinește un Binevoitor o așteptare interioară? Prin *crearea unei responsabilități exterioare*. De îndată ce Binevoitorii realizează că răspunderea externă este elementul crucial care lipsește, soluția este foarte simplă și ușor de aflat.

Din acest motiv, Binevoitorii sunt cei care câștigă cel mai mult din cunoașterea cât mai profundă a tendinței lor. Chiar mai mult decât pe Conformiști, Iscoditori și Rebeli, cadrul celor Patru Tendințe îi ajută pe Binevoitori să își analizeze comportamentul și le arată cum să facă modificările dorite. (Și îi ajută și pe cei din jurul lor să înțeleagă cum să-i influențeze în mod pozitiv.)

Acest lucru contează mult, pentru că, dintre toate tendințele, cea a Binevoitorului este cea mai răspândită, atât în rândul bărbaților, cât și al femeilor.

Puncte forte (și puncte slabe)

Binevoitorul este stânca pe care se sprijină lumea. Atât la locul de muncă, cât și acasă, Binevoitorii nu numai că sunt cei mai numeroși, ci sunt și cei pe care ceilalți se bazează cel mai mult. Binevoitorii sunt mereu prezenți, răspund la apelul de la miezul nopții al clientului, își respectă termenele limită, își îndeplinesc responsabilitățile, fac voluntariat, ajută (până când nu mai ajută – o să discutăm mai târziu despre rebeliunea Binevoitorului). Atât la locul de muncă, cât și acasă, Binevoitorul reprezintă tendința care, cel mai probabil, își va aduce contribuția.

Mă pregăteam să vorbesc la o conferință despre cele patru tendințe și, chiar dacă de obicei nu folosesc prezentări în Power Point, organizatorul conferinței m-a sfătuit să le folosesc.

— Nu știu să fac prezentări în Power Point, am recunoscut.

— Nu-i nimic. Trimite-mi textul și le voi face eu, a spus organizatorul.

— Hmm..., am îngăimat, lăsând să se vadă clar că mă îndoiam cu privire la faptul că acest lucru chiar se va întâmpla.

— Sunt un Binevoitor, a adăugat el.

— Oh! am răspuns, în acest caz, mulțumesc. Le pot avea până vineri?

— Sigur, mi-a zis și am râs amândoi.

Binevoitorii excelează la îndeplinirea cerințelor și respectarea termenelor impuse de ceilalți. Datorită simțului lor de a se simți îndatorați față de ceilalți, sunt foarte buni lideri, buni membri de echipă, prieteni, rude. Binevoitorul este stâlpul oricărei comunități. Ei afirmă adesea: „Îmi pun pacienții / clienții / echipa de cercetare / familia înaintea mea". Binevoitorii sunt cei care se înțeleg foarte bine cu toate celelalte trei tendințe.

Atunci când Binevoitorii au motivația externă necesară ca să-și îndeplinească așteptările interioare, nu resimt niciun sentiment de limitare sau de frustrare – și, desigur, multe medii, cum ar fi serviciul, de exemplu, tind să ceară o mare responsabilitate. Când ceea ce alții așteaptă de la Binevoitori coincide cu ceea ce așteaptă și ei de la ei înșiși, atunci au viața pe care și-o doresc.

Mama mea este un exemplu excelent în acest sens. Ea este o Binevoitoare, parțial prin felul ei de a fi și parțial, probabil, din întâmplare. Ea găsește întotdeauna motivația externă pentru a îndeplini obiective importante pentru ea. De ani de zile, face exerciții fizice în mod regulat, mergând la sală cu o prietenă care locuiește alături. Îi place foarte mult să citească și face parte dintr-un grup de lectură. Binevoitorii asemenea mamei mele nu sunt frustrați de dificultatea cu care se confruntă în îndeplinirea așteptărilor interioare – ei s-ar putea să nu *conștientizeze* niciodată această dificultate – pentru că structura vieții lor le permite acest lucru fără să se agite prea mult.

Puncte slabe (și puncte forte)

În cazul Binevoitorilor, oricât de mult ar dori să își îndeplinească așteptările interioare, dacă nu au un fel de responsabilitate exterioară, nu vor putea să le îndeplinească. În cadrul eșantionului reprezentativ pe care l-am studiat, mai mult de două treimi dintre Binevoitori au concluzionat că, cel mai probabil, se simt frustrați fiindcă simt că „pot să-și facă timp pentru ceilalți, dar nu-și pot face timp pentru ei înșiși".

Din acest motiv, Binevoitorii se străduiesc să se auto-motiveze – să lucreze la teza de doctorat sau la un alt proiect, să participe la evenimente de socializare, să-și ducă mașina la service sau chiar să meargă la masaj. Aceasta poate fi o problemă serioasă. Un Binevoitor care visează să lanseze un startup, sau să-și schimbe cariera după mulți ani, sau să renunțe la fast food, se poate simți foarte frustrat din cauza incapacității sale de a îndeplini aceste obiective. Iată ce a concluzionat un Binevoitor: „Promisiunile pe care ți le faci ție pot fi încălcate. Promisiunile făcute altora nu ar trebui să fie încălcate niciodată".

Binevoitorii depind de responsabilitatea externă pentru a-și îndeplini atât așteptările exterioare, cât și pe cele interioare; dacă această responsabilitate lipsește, ei se luptă în van să reușească.

În același timp, însă, dacă povara așteptărilor externe devine prea grea pentru Binevoitori, poate să apară „rebeliunea Binevoitorului": îndeplinesc, îndeplinesc și iar îndeplinesc o așteptare, apoi brusc se scutură și refuză să o mai facă. Episoadele de rebeliune ale Binevoitorului pot fi scurte și simbolice sau lungi și distructive.

Binevoitorii au nevoie de răspundere externă pentru a îndeplini așteptările, dar trebuie totodată să nu permită acestor așteptări să îi facă să se revolte.

Variații ale tendinței

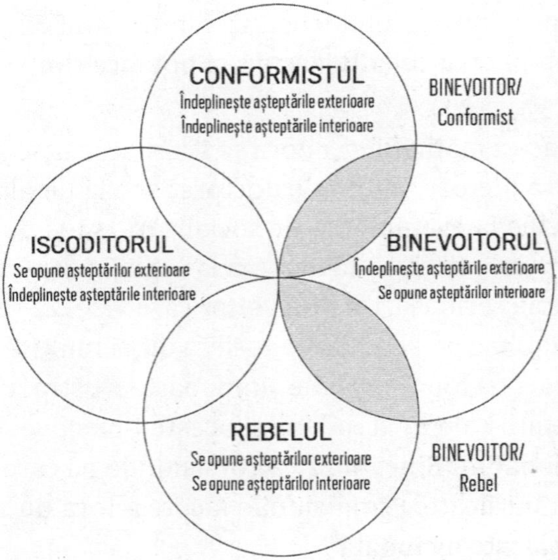

Toți Binevoitorii răspund la așteptările exterioare, dar diferă *enorm* cum și când o fac.

La fel ca și în cazul celorlalte tendințe, tendința Binevoitorului se suprapune cu alte două tendințe: cu cea a Conformistului (ambii îndeplinesc așteptările exterioare) și cu cea a Rebelului (ambii opun rezistență așteptărilor interioare).

Deși ar putea părea că BINEVOITORII-Conformiști simt mai mult presiunea de a satisface toate așteptările și, prin urmare, au mai multe resentimente și se simt epuizați, în realitate, lucrurile stau exact invers. Binevoitorii cu tendință de Conformiști conștientizează mai clar propria lor valoare și propriile dorințe. Ei au capacitatea de a spune nu, asemenea Conformiștilor.

Sora mea, Elizabeth, este o BINEVOITOARE-Conformistă. Ea este o Binevoitoare care îndeplinește cu ușurință așteptările exterioare, dar se chinuie să îndeplinească așteptările interioare; cu toate acestea, la un moment dat, este capabilă să spună: „Nu, îmi pare rău, nu pot face asta". Urăște să-i dezamăgească pe ceilalți, dar, dacă știe că nu va putea îndeplini o așteptare, poate să spună nu fără prea multe probleme. Ei nu îi este greu să zică: „Pentru a-ți spune ție da, trebuie să spun altcuiva nu, așa că, îmi pare rău, nu pot face asta". Nici eu și nici ea nu am putut să ne amintim de prea multe episoade de manifestare a rebeliunii Binevoitorului. (Deși îmi vin câteva în minte – de exemplu, momentul în care s-a oprit ca din senin la un Walgreens, a cumpărat o pungă cu chipsuri și le-a mâncat în parcare. „Nu am mai făcut așa ceva până acum", a spus ea. „Părea ceva ilegal".)

În schimb, BINEVOITORII-Rebeli se enervează mai tare în fața așteptărilor exterioare și au mai multe resentimente față de solicitările celorlalți. La fel ca Rebelii, ei se simt adesea împinși de la spate și le este greu să se bazeze pe ei înșiși. De asemenea, reacționează împotriva oricărei constrângeri. Bunăvoința lor presupune că le este greu să spună nu, dar este posibil să se simtă plini de resentimente și epuizați, și, prin urmare, este mai probabil să manifeste rebeliunea Binevoitorului. Îndeplinesc așteptările, dar, într-un anumit moment (și pot ajunge foarte repede în acel moment), izbucnesc. La fel ca și Rebelilor, le displace să trăiască după o rutină, să se ghideze după un plan stabilit și să respecte un anumit standard. Explicația unui BINEVOITOR-Rebel:

> Simt o presiune uriașă de a respecta așteptările altora, dar, în sinea mea, clocotesc de resentimente. Această stare mi se pare deosebit de epuizantă la locul de muncă: mă revolt pe dinăuntru de fiecare dată când primesc un e-mail în care mi se cere să fac ceva sau să planific un proiect, dar mă simt totuși obligat să îmi fac treaba. Știu că răspunderea externă mă va ajuta să stabilesc obiceiurile pe care mi le doresc, dar ideea de a crea sisteme de responsabilizare externă mă face să mă simt groaznic. Urăsc să mi se spună ce să fac.

De asemenea, unii Binevoitori se descriu ca fiind „pe placul celorlalți", însă ei au idei diferite despre ceea ce se simt „îndatorați" să facă. Unii se simt îndatorați să facă mult, unii foarte puțin. Este cineva obligat să trimită bilete de mulțumire scrise de mână? Să rămână peste program fiindcă a venit scadența raportului lunar al echipei? Să se ofere voluntar pentru misiunea pe care nimeni altcineva nu este dispus să o accepte? Unii Binevoitori se vor simți îndatorați să o accepte; alții nu.

Unii Binevoitori acceptă așteptările foarte ușor. La fel ca Binevoitorul care mi-a scris: „Știi că ești un Binevoitor atunci când primul tău gând este: «Fă Testul celor Patru Tendințe; ar trebui să o ajuți pe Gretchen cu cercetările ei»."

De fapt, unii Binevoitori acceptă așteptările atât de ușor încât se simt obligați să facă lucruri pe care nimeni nu le așteaptă de la ei. „Toată lumea se așteaptă să fac prezentarea în Power Point pentru întâlnire." (Chiar așa?) „Este total inacceptabil să lași vase nespălate în chiuvetă peste noapte." (Inacceptabil pentru cine?) „Toată lumea se bazează pe mine pentru organizarea conferinței." (Contează ei pe asta? Și de-ar fi așa, ce dacă?)

Acești Binevoitori pot resimți o presiune enormă pentru a îndeplini obligații externe pe care, în mod ironic, ei singuri și le-au impus. Chiar dacă astfel de așteptări sunt generate de ei înșiși, își iau forța tot din exterior. Cum a explicat singură o Binevoitoare:

> Pe măsură ce mi se pare din ce în ce mai evident că ceilalți așteaptă ceva anume de la mine, crește și probabilitatea de face respectivul lucru. Exemple: de câteva ori am strâns gunoiul înainte de ziua în care se ridică, când soțul meu venea târziu de la serviciu, și acum am preluat în totalitate această sarcină... nu pentru că soțul meu se așteaptă la asta, ci pentru că eu cred că se așteaptă la asta. Chiar dacă știu că nu e așa! Lucru valabil și pentru cursul de yoga... mi-am impus să mă duc de câteva ori și acum nu mai pot renunța, pentru că l-aș dezamăgi pe instructor.

Ea nu face aceste activități pentru că vrea să le facă; se simte îndatorată față de ceilalți, deși de fapt aceștia nu-i impun nimic.

În schimb, alți Binevoitori se simt mult *mai puțin* îndatorați. Aceștia nu se luptă prea mult cu povara așteptărilor sau cu „mulțumirea celorlalți". Dacă nu există nicio penalizare, nu se deranjează să îndeplinească o anume așteptare.

De asemenea, Binevoitorii diferă în ceea ce privește nivelul de energie. Binevoitorii cu un mai mare nivel de energie îndeplinesc mai ușor așteptările, în timp ce Binevoitorii cu nivel redus se pot simți epuizați mai repede.

Modul în care Binevoitorii pot îndeplini așteptările interioare prin crearea unei responsabilități externe

Deci, ce pot face Binevoitorii pentru a se mobiliza să îndeplinească o așteptare interioară? Este simplu și ușor – cel puțin teoretic.

Pentru a satisface așteptările interioare, *Binevoitorii trebuie să creeze structuri de responsabilitate exterioară.* Au nevoie de instrumente precum: supraveghere, penalizări pentru întârziere, termene limită, monitorizare și consecințe în caz de nerespectare a promisiunilor. Pentru Binevoitori, acesta este elementul *crucial*. Binevoitorii (și cei din jurul lor) nu se pot aștepta să fie influențați de motivația interioară sau să se teamă de consecințe; trebuie să simtă că sunt trași la răspundere din exterior.

Deîndată ce Binevoitorii conștientizează nevoia unei răspunderi exterioare, pot să se slujească de ea. Iată cum a explicat un cititor:

> M-am străduit să-mi creez o serie de obiceiuri benefice, dar, de cele mai multe ori, petreceam weekendurile având grijă de cei cinci copii ai surorii mele sau de cei șase copii ai fratelui meu, pentru ca ei să poată evada câteva zile cu partenerii lor – și de fiecare dată mă surprind în aceeași rutină automată: somn, masă, biserică.
> Am început să mă întreb: oare cum se face că îngrijirea acestor copii mă ajută atât de mult la capitolul obiceiuri bune?
> Conștientizasem acest lucru încă de când eram tânăr. Când aveam douăzeci și unu de ani, am slujit într-o

misiune de optsprezece luni pentru biserica mea (LDS*). O particularitate aparte a unei misiuni este să petreci 24 de ore din 24, 7 zile din 7 cu un însoțitor. Acest însoțitor trebuie să te aibă în fața ochilor în permanență. Ca misionari ai răsăritului, aveam un program strict. Participam la cursuri individuale sau de grup sau religioase, făceam sport și munceam de la 9.30 dimineața până la 9.30 seara. Am înflorit în această atmosferă.

Relația cu însoțitorul meu era una foarte strânsă și era de așteptat să facem aceleași lucruri în același timp în fiecare zi, iar asta presupunea responsabilitate și monitorizare.

Acolo, ne-am creat obiceiuri sănătoase: dormeam bine, mâncam bine, făceam sport, munceam și ne dezvoltaserăm spiritul de devotament. Dar, odată ajuns acasă, am pierdut această rutină. De multe ori mi-am dorit să mă pot întoarce în timp, la perioada în care aveam permanent un însoțitor, împreună cu care făceam absolut totul. Aveam inclusiv aceleași obiective. Săptămâna trecută am avut oaspeți și m-am trezit devreme ca să gătesc și să mai fac una-alta prin casă. Oaspeții mei au plecat în această dimineață, iar eu am rămas minunându-mă în urma lor de cât de curată era bucătăria mea, în ciuda a cât gătisem în ultimele zile. Apoi mi-am pregătit prânzul, dar nu am mai făcut ordine, fiindcă mi-am zis că oricum nu mai e nimeni în casă în afară de mine. Așa că m-am apucat să joc un joc în mintea mea, prefăcându-mă că aștept din nou

---

* Biserica lui Isus Hristos a Sfinților din Zilele din Urmă / Mormonii; în engleză *The Church of Jesus Christ of Latter-day Saints, LDS Church* sau *The Mormons*) este o Biserică Creștină restauraționistă întemeiată de Joseph Smith în anul 1830. (n. red.)

oaspeți; doar așa am reușit să mă urnesc să fac curat în bucătărie.

Secretul succesului? Binevoitorii trebuie să aleagă tipul potrivit de responsabilitate pentru ei. Din acest punct de vedere, ei sunt foarte diferiți.

Unii Binevoitori ajung să se simtă responsabili destul de ușor. Un e-mail generat automat sau o aplicație care evidențiază o sarcină neterminată de pe o listă de sarcini sau o alertă Fitbit ar putea fi suficiente.

În schimb, alții se simt responsabili doar dacă în ecuație apare o persoană reală. După cum a scris un Binevoitor: „Le-am spus tuturor că nu consum deloc zahăr, și în felul acesta a fost ușor să evit zahărul când eram în public. Singura dată când am dat greș a fost într-o după-amiază când am rămas singur". Pentru un Conformist, Iscoditor sau Rebel, nu ar fi contat că nu era nimeni prin preajmă, dar pentru Binevoitor este o condiție vitală.

Un Binevoitor a analizat modul în care au funcționat sau nu diferite metode pentru el:

> Știind că responsabilitatea externă este esențială pentru mine, am făcut trecerea de la „antrenamentul" de acasă (aproape inexistent) la înscrierea în programul de fitness QiFlow. Din cauza cererii mari, se solicită o rezervare online, iar anularea ei cu mai puțin de două ore înainte de ședință se penalizează cu o taxă de „anulare târzie" de 5 $. Ciudat este că nu taxa de 5 dolari mă împiedică să anulez, ci mai degrabă faptul că nu suport ideea de a rămâne un loc gol la oră; cel pe care ar fi trebuit să îl ocup eu.

De fapt, m-a frapat faptul că, pe cei mai mulți Binevoitori, perspectiva de a irosi bani nu îi responsabilizează. Un prieten Binevoitor mi-a spus: „Dintotdeauna mi-am dorit să fac yoga și am încercat ani de zile să mă apuc de un curs. În cele din urmă, am reușit să mă înscriu la unul, și m-am dus doar o dată. Cursul a costat 300 de dolari". Poate că, pe unii Binevoitori, pierderea banilor nu îi face să se simtă responsabili, dacă sunt ai lor; dacă sunt ai altcuiva, s-ar putea simți responsabili.

Pentru siguranță, unii Binevoitori sunt în stare să-și inducă ei înșiși un sentiment de responsabilizare „externă", prin crearea unor sisteme externe – liste de sarcini, notițe în calendar, memento-uri pe telefon – care determină acel sentiment de responsabilizare externă, chiar dacă este generat automat. Din exterior, acești Binevoitori arată ca niște Conformiști, deoarece par să urmărească îndeplinirea unei așteptări interioare. Dar pentru Binevoitori, așteptarea se simte impusă din exterior.

Unii Binevoitori cu imaginație pot chiar crea responsabilități exterioare gândindu-se la ei la persoana a treia. „Nu mă simt vinovată dacă nu fac lucruri pentru mine, cea de acum", mi-a spus o Binevoitoare, „dar mă simt vinovată dacă nu fac lucruri pentru mine, cea din viitor. Urăsc să merg la sală, dar *eu din viitor* aș vrea sigur să mă țin de antrenamente – chiar dacă *eu de acum* urăsc asta."

Cu toate acestea, majoritatea Binevoitorilor nu pot autogenera această responsabilitate exterioară; trebuie să găsească surse externe reale. Ei au nevoie de responsabilitate pentru a se simți *reali*. După cum a spus un Binevoitor:

> Nu prea reacționez la responsabilitatea „superficială". Daca cineva mă trage la răspundere sub pretextul că îmi face o favoare sau că mă ajută să ating un obiectiv, simt că nu am nicio obligație reală față de acea persoană. Când lucram la teza de doctorat, mă consultam frecvent cu îndrumătoarea mea, dar nu prea s-a văzut vreun progres. Amândoi știam că sunt în urmă, iar ea era dezamăgită, însă conștientizam că lipsa mea de progres nu conta pentru cariera ei. Nu existau consecințe pentru ea, doar pentru mine. În final, singurul lucru care a ajutat a fost să mă apropii de un coleg care se lupta cu aceeași problemă, a trasului de timp. Ne responsabilizam reciproc și știam că renunțarea sau absența mea l-ar fi afectat și pe el, în sensul că până la urmă ar fi renunțat și el din lipsă de responsabilizare externă.

Alte variații? Unii Binevoitori – în special cei introvertiți – preferă forme impersonale de responsabilitate, cum ar fi o aplicație sau un antrenor plătit care comunică prin e-mail.

De asemenea, pentru unii Binevoitori, responsabilitatea funcționează mai bine când este pozitivă. Memento-urile și supravegherea sunt percepute ca fiind cicălitoare, iar cicălirea poate declanșa revolta Binevoitorului. Acești Binevoitori fac lucrurile mult mai bine atunci când răspunderea ia forma laudei, a aclamării și încurajării. Un Binevoitor a explicat: „Când spun cuiva că iau răspunderea asupra mea, parcă îmi pun soarta în mâinile lui. Dar când îi cer să batem palma, mă simt susținut și, prin urmare, puternic. Simt că aplauzele sunt mai puțin invazive".

Iată deci întrebarea cheie: Cum creează Binevoitorii sentimentul răspunderii?

Partenerul cu care împarți răspunderea

Binevoitorii pot face echipă bună cu un partener cu care să împartă responsabilitatea: un coleg de clasă, un instructor, un consilier personal, un antrenor, un asistent medical, un profesor, un membru al familiei sau un prieten. Rezultatele unui studiu au arătat că persoanele care s-au înscris într-un program de slăbire împreună cu *un astfel de partener* au reușit în număr mai mare să-și mențină ulterior greutatea decât cele care s-au înscris singure.

Unii Binevoitori declară că își folosesc uneori copiii pe post de parteneri cu care să împartă responsabilitatea. Rezultatele studiului au arătat că, atunci când un grup de copii au fost instruiți să devină „agenți de schimbare", mamele lor au slăbit semnificativ mai mult și au făcut mai multă mișcare decât alte mame.

Din păcate, nu ne putem baza pe acest gen de parteneri. Dacă partenerul respectiv își pierde interesul, este distras sau nu vrea să joace rolul de executant, Binevoitorul se blochează. Un Binevoitor scriitor s-a plâns că „se simte foarte frustrat când partenera lui recunoaște că nu a mai lucrat la romanul ei, pentru că atunci se simte și el îndreptățit să facă la fel".

De asemenea, uneori, Binevoitorii încearcă să recruteze parteneri cu care să împartă răspunderea, dar aceștia nu cooperează întotdeauna. De exemplu, Conformiștii sunt mai mereu reticenți în a-i responsabiliza pe alții. După cum a explicat o Conformistă:

> Mă simt frustrată din cauza soțului meu Binevoitor. Vorbește încontinuu despre întoarcerea la școală, despre găsirea unui nou loc de muncă etc., dar nu mișcă un

deget. Și nu-l voi bate la cap, pentru că, dacă vrea cu adevărat ceva, să pună mâna să facă ceva. De ce nu o face? Cred că ar avea mai multe șanse de reușită, iar pe el probabil că nici nu l-ar deranja să-l cicălesc pe tema asta.

Pentru că de cele mai multe ori e dificil să găsești un partener de încredere cu care să împarți responsabilitatea în rândul prietenilor sau în familie, Binevoitorii se descurcă mai bine cu un profesionist. De exemplu, consilierii pe probleme de carieră, de sănătate, de viață pot transfera responsabilitatea prin stabilirea unor obiective concrete, a unor termene limită și prin supravegherea clienților. Sunt plătiți să facă acest lucru, astfel încât să nu își piardă interesul. Costă, desigur, dar poate fi cheia pentru descătușarea potențialului unui Binevoitor.

Grupuri de responsabilitate

Persoanele care nu doresc să plătească un profesionist sau să se bazeze pe un singur partener cu care să împartă responsabilitatea se pot alătura sau pot pune bazele unui grup. Un grup de acest fel ar putea fi format din prieteni, membri ai familiei, colegi de muncă sau necunoscuți pe care îi leagă o dorință comună de a se trage la răspundere reciproc. Așa cum demonstrează grupurile Alcoolicilor Anonimi, ale celor care vor să slăbească sau grupurile de studiu din cadrul Facultății de Drept, transferăm și primim răspundere, energie și idei, prin interacțiunile cu oamenii care au același obiectiv ca și noi.

Pentru mulți Binevoitori, interacțiunile față în față funcționează cel mai bine, iar când acest lucru nu este posibil, tehnologia poate fi de un real ajutor. Există o mulțime de platforme, aplicații și grupuri care-i ajută pe oameni să se tragă reciproc la răspundere – inclusiv aplicația mea, Better, care este concepută pentru a facilita formarea grupurilor de răspundere pe diverse teme. Responsabilitatea virtuală este mai puțin intensă, dar mai convenabilă.

Binevoitorii trebuie să aibă grijă atunci când înființează un astfel de grup. După cum mi-a spus un Binevoitor: „Înainte să-mi dau seama că sunt un Binevoitor, de multe ori mi-am depășit atribuțiile preluând conducerea unor grupuri și făcând eforturi ca ele să rămână închegate. Am ajuns la epuizare și s-a declanșat rebeliunea Binevoitorului. Oamenii care au alte tendințe au argumente diferite pentru aderarea la grupuri, așa că Binevoitorii trebuie să fie atenți cu cine formează grupuri".

Un client, un beneficiar sau un angajat

Clienții și beneficiarii impun răspunderea prin însăși natura relației. Un Binevoitor mi-a spus: „Am tot amânat crearea unui curs online care să ofere suport pentru podcastul meu de autoeditare. În ultimul episod, am anunțat că, atunci când va fi gata, voi oferi gratuit o copie a cursului primilor 25 de ascultători care se înscriu. Cum oamenii s-au înscris, chiar va trebui să fac cursul".

În mod similar, un Binevoitor a explicat: „Nu invitam pe nimeni la mine pentru că nu făceam curățenie. Așa că am hotărât să invit niște prieteni și în felul acesta m-am mobilizat să fac curățenie. Eram conștient de acest mecanism înainte de a vă citi cartea, dar mă gândeam la asta ca la un fel de «motivație a rușinii». Îmi place mai mult termenul dumneavoastră de „responsabilitate externă".

O prietenă mi-a spus că mama ei, care este o Binevoitoare, s-a mobilizat să facă sport devenind instructor de fitness. Am vorbit cu mulți astfel de Binevoitori care au căutat un loc de muncă sau chiar s-au hotărât să facă voluntariat ca strategie de responsabilizare.

Pe de altă parte, un Binevoitor poate angaja pe cineva pentru a se responsabiliza. „Mă folosesc de strategia «angajează un adolescent» ca să aranjez zona de depozitare, ca să rezolv ce a mai rămas nerezolvat prin curte și pentru alte activități de genul acesta", mi-a mărturisit un Binevoitor. „Angajarea cuiva mă obligă să stabilesc un program fix, fiind puțin probabil să mă răzgândesc; mai puțin în cazul în care ar fi vorba de un membru al familiei. Faptul că am de plătit un salariu mă responsabilizează."

Ce beneficii au ceilalți

De multe ori, Binevoitorii pot face pentru ceilalți lucruri pe care nu le pot face pentru ei înșiși, astfel că ei ar putea să îndeplinească un scop gândindu-se la beneficiul pe care l-ar avea pentru ceilalți, în loc să se gândească la propriul lor interes. De exemplu, mulți Binevoitori mi-au spus că au putut să renunțe la o căsnicie nereușită abia după ce și-au dat seama că trebuiau să-și protejeze copiii.

Iată ce a scris un Binevoitor: „Sunt inspector la o companie și, pentru a mă responsabiliza, condiționez angajamentele personale de angajamentele de la muncă: dacă dorm suficient, lucrez mai bine; dacă fac mișcare, am mai multă energie și merg mai rar la chiropractician".

O Binevoitoare mi-a spus: „Chiar dacă asta contrazice convingerile mele feministe, îi pregătesc prietenului meu (și mie, de altfel) pachetul pentru prânz în fiecare zi. Dacă n-aș ști că el contează pe mine, nu aș reuși să fac asta în mod constant".

Binevoitorii pot îndeplini o așteptare dacă este legată de datoria lor de a fi modele bune pentru ceilalți. Un Binevoitor a găsit o soluție creativă: „La noi în familie am făcut o regulă: atunci când sunt acasă și folosesc telefonul, și copiii au voie să le folosească pe ale lor".

Binevoitorii au găsit modalități ingenioase de a aduce beneficii celorlalți, pentru propriul lor beneficiu. Un Binevoitor mi-a spus: „Soției mele îi place să facă mișcare. Mie nu-mi place. Așa că am căzut de acord că, dacă eu nu fac mișcare într-o zi, nici ea să nu facă a doua zi. M-aș simți vinovat dacă s-ar întâmpla așa". Altcineva a explicat: „Cumnata mea și cu mine am făcut o listă cu obiceiurile sănătoase pe care vrem să le deprindem. Dacă amândouă respectăm planul, premiul va fi o zi la spa. Trucul este că, fiind amândouă Binevoitoare, ne străduim să câștigăm premiul una pentru cealaltă. Dacă nu reușesc să mă țin de plan, ea va rata ziua de spa, și invers. Ne-am dezamăgi reciproc, și noi nu ne-am dezamăgit niciodată una pe cealaltă".

Uneori Binevoitorii invocă viitorul pentru a-și induce sentimentul răspunderii. Multă vreme, eram nedumerit când oamenii îmi spuneau lucruri precum: „Țin acest jurnal pentru copiii mei, ca să aibă ceva de la mine când eu nu o să mai fiu" sau „Mă ocup de această grădină ca să rămână pentru copiii mei" – pentru că mă gândeam că acei copii nu vor fi niciodată interesați să citească jurnalul tatălui lor scris de-a lungul a cincisprezece ani și nu vor locui niciodată în casa aceea cu grădină mare. Dar acum îmi dau seama că strategia o-fac-pentru-copiii-mei îi poate ajuta pe Binevoitori să facă ceva util.

Mulți Binevoitori au rețineri să spună nu chiar și atunci când se simt foarte împovărați de așteptări. Pentru a depăși această reținere, Binevoitorii trebuie să conștientizeze că a spune nu cuiva le permite să spună da altcuiva. „Echipa din care fac parte și-a manifestat mereu dorința să lucreze până târziu", mi-a spus un prieten, „iar eu am fost de acord pentru că nu voiam să-i dezamăgesc. Dar am avut o discuție în familie despre faptul că ar trebui să luăm cina împreună, așa că acum pot să spun nu echipei, pentru că nu vreau să-mi dezamăgesc soția și copiii."

Un alt Binevoitor, un profesor foarte apreciat, a acceptat prea multe invitații de a ține prelegeri, până când într-o zi s-a gândit: „Dacă renunț la câteva, voi da și altcuiva șansa de a se remarca". Acest gând l-a încurajat să mai refuze din invitații.

În calitate de Conformist, când aud pe cineva spunând: „Mi-am dat seama că trebuie să fac asta pentru a fi un părinte /angajat /prieten mai bun", mă revolt: „Nu, fă-o pentru tine!" Dar pentru Binevoitori, a face ceva pentru ceilalți înseamnă, de fapt, a o face pentru ei înșiși.

Alte modalități creative de responsabilizare

Am fost uimită de creativitatea Binevoitorilor când vine vorba de răspundere. După o discuție pe tema acestei cărți, un tânăr mi-a relatat: „Alerg împreună cu un prieten și, după antrenamente, fiecare pleacă acasă cu unul din tenișii celuilalt. În acest fel, dacă a doua zi unul din noi lipsește, celălalt nu se poate antrena". Modalitatea de responsabilizare cea mai ingenioasă a venit de la un Binevoitor care mi-a spus: „Voiam să mă trezesc mai devreme, dar locuiesc singur. Așa că am conceput o postare jenantă care, prin intermediul aplicației Hootsuite, apare pe Facebook în fiecare dimineață la 8.00, dacă nu mă trezesc la timp să o dezactivez".

Indiferent de felul sarcinii pe care dorește să o îndeplinească și indiferent de temperamentul unui Binevoitor, există întotdeauna o modalitate de responsabilizare externă. Așa cum mi-a scris un profesor de muzică: „Am multe sugestii pentru studenții Binevoitori care i-ar putea ajuta să exerseze în mod constant: să se alăture unei formații sau unei orchestre (deosebit de eficient dacă elevul are o poziție cheie, cum ar fi clarinetul bas într-un cvartet); să devină mentor pentru un muzician mai tânăr; să organizeze sesiuni de practică în perechi, în care neprezentarea unei părți o afectează pe cealaltă; un pact cu o persoană dragă, prin care acelei persoane i se interzice o activitate care îi face plăcere, dacă Binevoitorul nu își onorează promisiunea".

Merită repetat, încă o dată: pentru a îndeplini așteptările interioare, Binevoitorii trebuie să găsească o sursă de răspundere externă.

Luați în considerare exemplul lui William Shawn, editorul legendar de la *The New Yorker*. În memoriile lui Lillian Ross, *Here But Not Here*, Shawn își dezvăluie tendința de Binevoitor.

Shawn era un editor de top, foarte apreciat, care a avut o viață dublă timp de patruzeci de ani, de care soția lui știa. A trăit în același timp cu soția lui și cu cei trei copii, dar și cu Ross.

Se pare că Shawn a avut exact viața pe care și-o dorea. Cu toate acestea, Ross afirmă că Shawn s-a simțit încorsetat de meseria de redactor – își dorea să fie scriitor – dar se considera responsabil pentru că: „Nu exista altcineva care să fie capabil să țină revista în viață... nu i-am putut abandona pe toți acei oameni." Câteodată îi spunea lui Ross: „Eu am trăit viața altcuiva". Deși Shawn și Ross au avut o relație pasională, el s-a împărțit între cele două familii. Ross scrie: „Am fost de acord să nu o părăsească pe Cecille... Cecille își dorea ca el să rămână cu ea, în orice condiții".

Așadar, cum ar fi putut Binevoitorul Shawn să aibă viața pe care și-o dorea? Dacă ar fi semnat un contract cu o editură pentru o carte, ar fi avut răspundere externă și niște termene limită și și-ar fi îndeplinit visul. Dacă și-ar fi spus: „Ar trebui să le dau redactorilor mei posibilitatea de a se afirma", ar fi putut să delege unele responsabilități și i-ar fi fost mai ușor. Dacă i-ar fi spus lui Ross: „Trebuie să mă ajuți să pun capăt căsniciei mele", ar fi putut să o facă – împreună.

Când dispare răspunderea externă

În ceea ce privește responsabilitatea externă, am auzit adesea argumentul potrivit căruia instituțiile autoritare, cum ar fi armata, demontează arhitectura interioară a autocontrolului. De exemplu, în autobiografia sa, *World Within World*, poetul Stephen Spender a observat: „Așa cum se întâmpla în cazul majorității soldaților, armata îl disciplinase cu prețul distrugerii oricărei forme de autodisciplină pe care ar fi putut să o manifeste vreodată. În afara garnizoanei, părea lipsit de voință și de scop, pentru că acestea îi fuseseră anihilate prin pedepse și exerciții".

Dar cred că Spender înțelege greșit dinamica. Bănuiesc că, atunci când o instituție este cea care îți furnizează această responsabilitate externă, nu anulează autodisciplina Binevoitorilor; pur și simplu, ei nu mai sunt nevoiți să-și dezvolte propriile sisteme de responsabilizare externă. În viața de zi cu zi, mulți Binevoitori realizează că au nevoie de răspundere pentru a reuși. Dar când o instituție transferă responsabilitatea externă, îi scutește pe Binevoitori de un efort suplimentar – și când sunt eliberați de acea responsabilitate, de cele mai multe ori se simt pierduți.

Eliberarea de așteptări exterioare bine stabilite – prin intermediul unui loc de muncă într-o corporație, al unui program de instruire, ordin religios sau școală – poate fi riscantă pentru Binevoitori. Într-un mediu care furnizează responsabilitate externă, Binevoitorii dezvoltă obiceiuri sănătoase și sunt foarte productivi, dar, când această responsabilizare dispare, ei se simt debusolați și se blochează. Un Binevoitor a scris: „La fostul meu loc de muncă, am condus o echipă numeroasă. Eram cunoscut ca tipul care poate face orice. Dar când am pornit pe cont propriu, fără să am în subordine angajați de care să răspund, am început să am probleme cu monitorizarea".

În aceeași ordine de idei, un prieten care lucrează în domeniul educației mi-a spus: „În unele școli, li se sugerează copiilor exact ce trebuie să facă: cu ce să se îmbrace, cum să învețe, cum să-și petreacă timpul liber. Și pentru unii dintre ei această abordare se potrivește mănușă, dar se simt dezorientați când ajung la facultate".

„Probabil că există o mulțime de factori", am spus, „dar mă întreb dacă într-adevăr este o problemă că acestor copii Binevoitori li se satisface nevoia de responsabilizare externă până ajung la facultate, unde oricum nimănui nu-i pasă de nimeni."

Altă variantă ar fi ca un Binevoitor să se descurce bine în facultate, dar să dea greș după absolvire. Planuri precum: „La toamnă mă voi înscrie la Facultatea de Medicină", „Voi trimite CV-uri", „Voi scrie un roman" sau „Voi solicita o subvenție" nu au nicio valoare dacă nu sunt susținute de punctarea unor acțiuni concrete: cursuri de urmat, lucrări de scris, note de obținut sau profesori de mulțumit.

În mod similar, un Binevoitor care renunță la un loc de muncă cu normă întreagă într-o corporație pentru a deveni antreprenor poate eșua lamentabil, un Binevoitor șomer se poate simți pierdut cu totul sau un Binevoitor părăsit de partener poate claca.

Soluția? Responsabilitatea externă.

Cum pot gestiona Binevoitorii avantajele și dezavantajele tendinței

Unii Binevoitori își iubesc tendința; o văd ca pe o virtute și ca pe o forță.

De exemplu, mulți Binevoitori afirmă cu mândrie că motto-ul lor este „clientul pe primul loc". Un Binevoitor mi-a spus răspicat: „Sunt prezent pentru clienții mei, orice ar fi. Nu există abatere. Așa sunt eu, așa vreau să fiu și asta este atitudinea pe care vreau să o aibă și angajații mei". Un altul a fost de acord: „Sunt o «mașinărie de angajat minunată». Consider că responsabilitățile față de companie, de colegii mei și de clienții noștri sunt sfinte și le pun mereu înaintea nevoilor mele personale".

Întâlnim această atitudine atât la locul de muncă cât și acasă. Mulți Binevoitori mi-au spus, cu aceeași satisfacție: „Nevoile familiei mele sunt întotdeauna pe primul loc".

Cu siguranță, religia încurajează calea Binevoitorului.

Dar, deși unii Binevoitori își apreciază tendința, este adevărat și că unii sunt în general mai predispuși decât Conformiștii, Iscoditorii sau Rebelii să afirme că ar fi vrut să aibă altă tendință. Oare de ce?

Pentru oamenii care aparțin celorlalte trei tendințe, o mare parte din frustrarea pe care o creează acestea nu cade asupra lor, ci asupra altora. Este posibil ca unii să fie deranjați de pedanteria Conformiștilor, sau de curiozitatea Iscoditorilor, sau de nonconformismul Rebelilor, dar asta este problema lor. În cazul Binevoitorilor, cei care suportă greul dezavantajelor tendinței lor sunt ei înșiși. Îi macină faptul că pot îndeplini așteptările altora, dar nu și pe ale lor.

Un Binevoitor a scris: „Nu întâmpin dificultăți în a-mi face treaba la serviciu și sunt un prieten grozav care este mereu dispus să ajute, dar, la sfârșitul zilei, mă întreb adesea: «Ce ai făcut astăzi ca să-ți îndeplinești visurile?» Și, din păcate, răspunsul este de cele mai multe ori hidosul «Nimic»".

Uneori, când le spun Binevoitorilor că responsabilizarea externă este secretul pentru îndeplinirea așteptărilor interioare, ei nu se simt deloc ușurați că soluția e atât de simplă; în schimb, le displace ideea de a fi dependenți de un sistem de responsabilizare externă.

La o prelegere despre cele patru tendințe, un Binevoitor m-a întrebat:

— Oare poate un Binevoitor să devină un Conformist? Eu vreau să mă ocup de propriile așteptări, nu vreau să depind de o responsabilizare externă. Mă simt neputincios.

— Ei bine, i-am spus cu blândețe, cred că este foarte greu să schimbi un aspect fundamental al naturii tale; de fapt, nici nu știu dacă acest lucru e posibil. Dar este foarte ușor să deprinzi modalitățile prin care poți obține responsabilitate externă. Așadar, de ce să nu alegi calea ușoară?

În loc să se concentreze pe dezavantajul tendinței lor, Binevoitorii pot găsi modalități de a contrabalansa prin responsabilizare.

Ei interpretează aceleași lucruri în moduri diferite; totul depinde de perspectiva din care privesc aceste lucruri. Iată ce spune un Binevoitor: „E adevărat că am nouă kilograme peste greutatea optimă, că nu fac deloc exerciții fizice și că ar trebui să merg la dentist, dar sunt spirt la birou, sunt un soț și un tată grozav, sunt mereu atent cu familia mea. Mă simt bine în propria-mi piele". O Binevoitoare spune: „Ei bine, sunt spirt la birou, sunt o soție și o mamă minunată care este mereu atentă cu familia ei, dar am nouă kilograme peste greutatea optimă, nici vorbă să fac exerciții fizice și ar trebui să merg la dentist. Mă simt prost în propria-mi piele".

Dar, indiferent dacă își acceptă sau nu tendința, Binevoitorii interpretează greșit tiparele de comportament. Chiar și atunci când conștientizează că pot să îndeplinească așteptările exterioare, dar nu și pe cele interioare, ei diagnostichează greșit motivul.

Unii Binevoitori consideră că de vină este dedicarea exagerată: „Nu pot face nimic pentru mine, dacă există ceva ce aș putea face pentru clienții mei – și întotdeauna există un astfel de lucru".

Alții sunt excesiv de mândri de faptul că pot merge până în pânzele albe pentru a îndeplini așteptările exterioare.

O cititoare mi-a povestit despre șefa ei Binevoitor: „Deși medicul i-a spus să rămână internată, ea s-a externat imediat după o intervenție chirurgicală la coloana vertebrală ca să participe la un dineu de afaceri. Întotdeauna face lucruri de genul ăsta".

Iar alții își atribuie virtutea sacrificiului de sine: „Întotdeauna îndeplinesc prioritățile altora în detrimentul propriilor mele priorități", „Nu îmi fac niciodată timp pentru mine", „Oamenii îmi spun că ar trebui să fiu mai egoist".

Sau Binevoitorii pot să presupună că atitudinea lor comportamentală se datorează stimei de sine scăzute, or lipsei de motivație, or unor defecte de caracter.

Un prieten care tergiversa începerea unui curs indispensabil pentru cariera lui, s-a justificat:

— Sunt leneș, asta e problema mea.

— Nu este adevărat! am protestat. Respecți toate termenele limită la muncă. Ești înscris într-un club de alergare. Corect?

— Ei bine, corect, a recunoscut el cu reticență.

— Problema ta nu e lenea. Este vorba despre altceva.

Tiparul Binevoitorului nu se remarcă prin sacrificiu de sine, stimă de sine, respectarea termenelor limită, motivație, îndeplinirea așteptărilor celorlalți sau disciplină exagerată, ci mai degrabă – și o spun încă o dată – prin nevoia de responsabilizare externă.

Pentru că Binevoitorii înțeleg de cele mai multe ori greșit tiparele comportamentului specific tendinței lor, sunt predispuși la o greșeală comună, de obicei gravă. Ei se așteaptă ca eliberarea de o așteptare exterioară copleșitoare – de exemplu, cerințele unei slujbe solicitante cărora trebuie să le facă față – ar putea să-i ajute să îndeplinească cu ușurință așteptările interioare.

Avertizare! În majoritatea cazurilor, fără presiunea unei oarecare responsabilități externe, absența așteptărilor exterioare nu îi ajută pe Binevoitori să-și îndeplinească așteptările interioare. După cum mi-a spus un Binevoitor: „Încercarea de a face loc pentru propriile obiective nu funcționează pentru un Binevoitor. Am făcut greșeala asta ani de zile".

Este crucial ca Binevoitorii să conștientizeze această nevoie de responsabilizare externă; altfel, pot face schimbări majore în viață, în speranța îndeplinirii așteptărilor interioare, iar acest lucru nu se va întâmpla. Iată, de exemplu, ce a scris o cititoare pe blogul meu:

> Am un doctorat (datorită numeroaselor mele calități de Binevoitor), dar am fost atât de epuizat după cinci ani de scris despre lucruri care contau doar pentru ceilalți și deloc pentru mine, încât m-am hotărât să îmi fac timp pentru mine și pentru scopurile mele. În principal, am vrut să slăbesc, să scriu a doua mea carte, să încep un blog, să-mi fac un plan de degrevare de sarcini și să termin de renovat casa. Până la momentul acesta, nu am început nici cartea, nici blogul, m-am îngrășat șase kilograme și am renunțat să fac planul de degrevare în viitorul apropiat. Cu toate acestea, renovarea casei merge destul de bine, pentru că știu cât de fericit îl face pe soțul meu acest lucru.

Un alt Binevoitor a scris pe blog despre experiența lui post-pensionare uimitor de asemănătoare:

După o carieră de succes de douăzeci și cinci de ani în serviciul public, plus creșterea a două fiice împreună cu soția mea, așteptam cu nerăbdare pensionarea. În sfârșit, puteam să mă ocup de ale mele. Am sacrificat chiar și niște bani, optând pentru pensionarea anticipată. Nu a trecut mult timp și am constatat că, de fapt, nu găseam motivația necesară să mă apuc de lucrurile pe care, până mai ieri, le așteptam cu nerăbdare: să particip la cursuri, să merg la sală, să fac unele îmbunătățiri în casă.

Nu am reușit decât un singur lucru: m-am înscris într-un club de drumeții și îmi dedic diminețile de miercuri și sâmbătă acestei activități. Abia acum mi-am dat seama că este vorba despre o așteptare externă: știind că alți oameni depind de mine, mă mobilizez să-mi pregătesc echipamentul de cu seară și să ies pe ușă a doua zi la ora 7.00.

Dar, cum nu reușeam să-mi îndeplinesc niciun alt obiectiv personal, eram din ce în ce mai dezamăgit de mine. Ce ușurare să afli despre cele patru tendințe. Până la urmă s-ar putea să găsesc o rezolvare.

Un Binevoitor a afirmat că Binevoitorii îi pun pe ceilalți pe primul loc. Abia m-am abținut să nu strig că nu e așa! Am reușit să rămân calmă și să zic: „Nu cred că se poate spune că Binevoitorii îi pun pe ceilalți pe primul loc, după care rămân fără timp și energie pentru ei înșiși. Problema este că, prin natura lor, reușesc să îndeplinească doar așteptările exterioare, și nu și pe cele interioare. Iar asta e cu totul altceva".

Odată ce Binevoitorii înțeleg cu adevărat tiparul tendinței lor, pot găsi modalități de a-și valorifica punctele forte și de a compensa punctele slabe. Un Binevoitor mi-a spus: „Acum, că știu că sunt un Binevoitor, în loc să mă lupt cu tendința mea, o las să-mi fie ghid".

Modul în care Binevoitorii trec de la așteptările exterioare la așteptările interioare

Binevoitorii răspund așteptărilor exterioare, dar se chinuie să îndeplinească așteptările interioare, iar linia de demarcație dintre cele două diferă de la caz la caz și e influențată de circumstanțe – de exemplu, familia.

Pentru mulți Binevoitori, partenerul de viață și familia sunt parte din ei înșiși, iar așteptările partenerilor devin așteptări „interioare" și, prin urmare, sunt ignorate. O Iscoditoare a scris cu frustrare: „Soțul meu mă tratează la fel de rău ca pe el însuși. Nu glumesc. Vreau să fie mai îngăduitor și cu el și cu mine".

Sora mea, Elizabeth, mi-a spus: „Mi-am dat seama că, dacă trebuie să trimit, de exemplu, un cec cuiva, cel mai bine este să îi trimit e-mailul cu solicitarea lui Adam, dar să am grijă să pară că a fost trimis direct de client și nu că i l-am retransmis eu. Reacționează mult mai prompt la solicitările din afară".

Uneori contextul stabilește dacă un membru al familiei este orientat către „interior" sau către „exterior". Am un prieten Binevoitor care este un tată grijuliu și care include responsabilitatea față de copiii lui în rândul așteptărilor exterioare, îndeplinind-o cu maxim de seriozitate. Cu toate acestea, când vine vorba de afacerea lui din domeniul serviciilor pentru clienți și când interesele clientului intră în conflict cu interesele familiale, clientul are întâietate, ca fiind cel mai „exterior".

Natura schimbătoare a ceea ce înseamnă interior versus exterior poate provoca probleme într-o căsnicie. O cititoare a scris:

> Sunt o Binevoitoare, iar conflictele din căsnicia mea apar atunci când suntem în preajma altor oameni. Acela e momentul în care pun dorințele celorlalți înaintea dorințelor soțului meu. Acest lucru îl tulbură pe el, fiindcă este obișnuit să-i îndeplinesc toate capriciile. De asemenea, îl tratez așa cum mă tratez și pe mine, ceea ce înseamnă că nevoile lui trec pe locul doi, pe primul loc fiind nevoile celorlalți. Ah, câte certuri am avut fără să ajungem vreodată la vreo concluzie!

De asemenea, dacă un Binevoitor consideră că așteptările familiei sunt așteptări „interioare", atunci nu le va considera niște surse eficiente de răspundere externă.

Un Binevoitor, om de afaceri de mare succes, mi-a spus: „De ani de zile, soția mea îmi tot zicea: «Fă-ți timp pentru tine, mergi la sală. Nu te ocupi decât de problemele de serviciu. Trebuie să mergi la doctor, bla, bla, bla.» Nu am ascultat niciodată. Cine are timp pentru așa ceva? Apoi, președintele consiliului de administrație mi-a spus: «Ed, anul acesta avem multe lucruri importante de rezolvat anul acesta și tu îmi dai impresia că ești pe punctul să ai un atac de cord. Prea multe depind de tine. Slăbește, fă mișcare, odihnește-te, mergi la doctor.» Așa am făcut".

Cum să înțelegi rebeliunea Binevoitorului și să te protejezi împotriva ei

Binevoitorii se simt adesea exploatați – și chiar *sunt*. Pentru că, la urma urmei, când avem nevoie de ajutorul cuiva, cui i-l cerem? Unui Conformist, unui Iscoditor, unui Rebel sau unui Binevoitor? Binevoitorului, desigur, pentru că, cel mai probabil, el o să ne dea o mână de ajutor. În eseul ei, *The Rage Cage*, scriitoarea Caroline Knapp spune o poveste foarte relevantă în acest sens:

> O prietenă mi-a cerut să-i plimb cățelușa, o favoare care pare destul de rezonabilă, dar care, de fapt, m-a înfuriat. M-au enervat motivele pentru care îmi cerea asta: partenerul ei avea gripă, așa că fusese nevoită să iasă numai ea cu cățelușa cu o zi înainte; avea de scris ceva pentru școală și perspectiva de a ieși din nou, doar ea, a doua zi, o îngrozea. O ascultam cum se plânge și mă gândeam: Stai puțin. Eu îmi plimb câinele de două ori pe zi în fiecare zi și nu am nicio problemă. Ceea ce mi se cerea acum mi se părea ridicol, chiar jignitor. Dar, în loc să-i spun să accepte situația și să-și plimbe cățelușa singură, am fost de acord să o plimb eu: luam cățelușa la 6.30, o plimbam cu conștiinciozitate în jurul Fresh Pond, apoi o duceam înapoi la stăpânii ei. Am continuat așa toată săptămâna, fără să spun nimic, dar simțindu-mă exploatată, folosită și – ei bine, furioasă.

Dacă respectiva prietenă i-ar fi cerut unui Conformist, unui Iscoditor sau unui Rebel așa ceva, s-ar fi lovit, cu siguranță, de un refuz. Un Conformist ar fi spus: „Îmi pare rău, dar trebuie să mă achit de propriile mele responsabilități". Un Iscoditor ar fi întrebat: „De ce ar trebui să-ți plimb eu cățelușa, când sunt și mai ocupat decât tine?" Un Rebel s-ar fi gândit: „Nu vreau să fac asta, așa că nu o voi face". Iată ce se întâmplă, de fapt: prietena a intuit că doar Binevoitorii sunt cei care te ajută să ieși dintr-o încurcătură și acceptă să îți plimbe câinele, chiar și atunci când au și ei câinii lor, munca lor și propriile termene limită.

Nu numai că celelalte tendințe ignoră așteptările pe care un Binevoitor se simte obligat să le îndeplinească, dar sunt adesea *nepăsătoare* față de Binevoitori. În timp ce Binevoitorii consideră că reacția lor este una admirabilă – „Am pus nevoile celorlalți înaintea nevoilor mele" – celelalte tendințe nu văd la fel lucrurile. Conformiștii, Iscoditorii și Rebelii spun lucruri de genul: „Dacă să cânți la chitară în fiecare zi este important pentru tine, nu mai tot vorbi despre asta și fă-o", „Păi, dacă nu vrei să faci asta, de ce nu ai refuzat din capul locului?", „Spui că trebuie să participăm la fiecare cină cu clienții, dar eu nu sunt de acord, așa că nu voi participa".

Din cauza unor astfel de atitudini, Binevoitorii se simt adesea plini de resentimente și neapreciați. Un Binevoitor consideră că un Conformist, un Iscoditor sau un Rebel este egocentric și egoist, iar Conformiștii și Iscoditorii chiar *sunt* egocentrici și egoiști, în sensul că obiectivele „sinelui", care sunt așteptări interioare, sunt în centrul atenției lor. Și Rebelii par egocentrici, dar din alte motive.

Un alt motiv pentru care Binevoitorii ar putea să se simtă epuizați și exploatați? Întâmpină de multe ori probleme în delegarea anumitor sarcini. Din anumite motive, numai de ei știute, de acestea nu se pot ocupa decât ei înșiși; nu pot fi externalizate sub nicio formă. Ei consideră că: „Nimeni altcineva nu poate face asta, așa că trebuie să o fac eu" sau „Nimeni nu poate face acest lucru la fel de bine ca mine".

După ce am menționat această particularitate a Binevoitorilor într-o discuție, un tip a venit la mine și mi-a spus: „Soția mea este o Binevoitoare și tocmai ai vorbit despre acest lucru care mă înnebunește. Insistă să invităm la masă toate rudele ei de Ziua Recunoștinței, apoi se plânge că are prea multă treabă – gătit, curățenie. Eu îi zic: «Hai să comandăm mâncarea și să chemăm pe cineva să te ajute la curățenie», dar ea refuză. Dar apoi vrea ca *eu* să o ajut! Nu vreau să gătesc sau să fac curat. Îi spun: «Dacă nu vrei să ai așa multă treabă de făcut, nu invita atât de mulți oameni. Sau plătește pe altcineva ca să te ajute. Sau dacă îi inviți și alegi să faci totul singură, nu te mai plânge! Și nu mă implica pe *mine* în asta!»"

I-am sugerat că ar putea aborda problema în felul următor: „Dacă o să ai prea multă treabă, nu vei avea timp să stai la povești cu familia ta, iar ei nu se vor simți bine. Îi vedem doar de câteva ori pe an. Să angajăm pe cineva care să te ajute, ca să poți sta și tu cu rudele tale". Sau: „Te obosești cu gătitul și apoi nu mai ai chef de nimic și devii morocănoasă. Ca să fie bine pentru toată lumea, hai să comandăm mâncarea. Voi fi dezamăgit dacă nu-mi vei lua în seamă sugestia".

Un prieten Binevoitor mi-a povestit cum a ajuns la o înțelegere cu soția în privința tendinței lui. „Soția mea mă înțelege perfect. Eu simțeam că ar trebui să tund singur peluza, deși urăsc să fac asta. Cum de multe ori trebuie să lucrez și în weekend, tot amânam, ceea ce pe ea o înnebunea. Deși eu nu făceam nimic, refuzam și să angajez pe cineva să facă ceva. Într-o zi, soția a venit acasă și a spus:

„L-am rugat pe fiul vecinului să vină să tundă gazonul. Are nevoie de bani pentru facultate. Nu vreau să dezamăgesc copilul".

Această problemă a Binevoitorului apare adesea la locul de muncă. Binevoitorilor le este greu să spună nu și pot avea probleme cu delegarea – lucru care poate duce la blocaje și epuizare. Ei ar trebui să fie atenți la acest tipar și să găsească modalități de a delega sau de a gestiona aceste responsabilități.

Deoarece este posibil să se simtă neglijați sau exploatați, Binevoitorii au uneori un comportament dramatic, dăunător. Dacă se simt copleșiți de o presiune externă implacabilă, *ei pot să devieze, ajungând să aibă așa-zisa rebeliune a Binevoitorului, moment în care pur și simplu refuză să îndeplinească o anumit*ă așteptare – adesea acest moment e dramatic și se produce fără avertisment. Rebeliunea aceasta presupune că un Binevoitor care a îndeplinit până atunci așteptările se hotărăște brusc să nu le mai îndeplinească.

Rebeliunea Binevoitorului poate fi o acțiune unică sau poate deveni o practică; poate lua forma unor refuzuri minore, aproape insesizabile, sau a unor explozii dramatice care schimbă viața.

Open, memoriile remarcabile ale superstarului Andre Agassi, ni-l prezintă ca pe un Binevoitor tipic, care trece prin rebeliunea Binevoitorului. El este capabil să îndeplinească așteptările altora (aspirația tatălui său de a excela în tenis; dorința prietenei lui, Brooke Shields, de a se căsători), dar se chinuie când trebuie să-și îndeplinească așteptările interioare. Rebeliunea Binevoitorului se deduce din atitudini nu foarte evidente, cum ar fi sfidarea tradiției tenisului prin purtarea pantalonilor scurți de blugi și părul lung, lucruri pe care le consideră „un mod de apărare împotriva lipsei de alegere din viața lui". Agassi demonstrează energia și realizările extraordinare pe care Binevoitorii le pot avea, precum și resentimentele care pot apărea din cauza sentimentului că depun un efort prea mare pentru așteptările altora.

Vorbind despre sportivi Binevoitori celebri, Tiger Woods este, de asemenea, un Binevoitor care a trecut prin-o rebeliune spectaculoasă. El le-a spus în repetate rânduri celor din anturajul lui că ar vrea să părăsească golful pentru a deveni Navy SEAL; ei s-au opus; el s-a răzvrătit.

Multe circumstanțe pot declanșa în cele din urmă rebeliunea Binevoitorului. Așteptări care:

- sunt ireal de ambițioase – „Poți bate recordul vânzărilor anul acesta!"
- sunt nedrepte, deoarece ceilalți nu își fac partea lor de treabă – „Dacă tot ești aici, ai putea verifica și raportul meu?"
- induc un sentiment de jenă – „Este jalnic să vezi cât de dezordonată este camera ta."
- sunt copleșitoare sau dezaprobatoare – „Te duci în sfârșit la sală astăzi?"
- implică sarcini dezagreabile sau nesatisfăcătoare – „Trebuie să începi să suni potențiali clienți pentru a spori vânzările."
- îl privează pe Binevoitor de obținerea recunoașterii pentru un succes personal – „Slăbești cu acest program deoarece eu îți spun ce să faci."

- sunt impuse de oameni greu de mulțumit sau care nu contează pentru Binevoitor – „Dacă aceasta este cea mai bună lucrare pe care poți să o faci, cred că va trebui să o trimitem clientului."
- declanșează senzația că indiscutabil el trebuie să facă un anumit lucru sau că e exploatat – „Vei rămâne târziu în seara asta, nu-i așa?"
- nu reflectă adevăratele obiective ale unui Binevoitor – „Cu aptitudinea ta pentru știință, ai fi un doctor excelent. Trebuie să dai la medicină."
- devin ultima soluție – „Ne reducem activitatea, așa că de-acum trebuie să te ocupi de încă zece clienți."
- induc sentimente de vinovăție sau de jenă – „Trebuie să comunici valoarea glicemiei întregului grup."

Binevoitorii sunt adesea surprinși de episoadele lor de rebeliune. Nu-și înțeleg comportamentul, nu-l pot controla, simt că acționează cum nu le stă în fire. Un Binevoitor a descris rebeliunea Binevoitorului ca „marele *Nu* care mi-a distrus viața pentru o vreme".

Un alt Binevoitor a spus:

> Sunt un doctorand ambițios. Mai am aproximativ un an până la terminarea doctoratului în biologie moleculară și, pentru prima dată în viața mea, am avut proiecte care au fost finalizate pe jumătate sau predate cu întârziere. Simt că un extraterestru mi-a invadat corpul. Am început să mă întreb: De ce acționez așa? Ce s-a schimbat? Sau cea mai înspăimântătoare și mai cinstită întrebare de până acum: De ce vreau să obțin doctoratul? Să realizez că sunt un Binevoitor m-a ajutat să conștientizez că doctoratul era de fapt o așteptare externă

– a soției mele, a familiei, a prietenilor și a consilierilor academici, și nu obiectivul meu personal.

Așa cum arată acest comentariu, rebeliunea Binevoitorului poate izbucni nu numai atunci când Binevoitorii se simt exploatați, ci și atunci când își dau seama că îndeplinesc așteptările stabilite de alții, care nu sunt cu adevărat mulțumitoare pentru ei înșiși.

Ce contribuie la rebeliunea Binevoitorului? De prea multe ori, ei nu protestează împotriva unei situații supărătoare – cum ar fi divizarea nedreaptă a muncii, exploatarea sau lipsa recunoașterii. Și de ce nu? Fiindcă ei cred că nu ar trebui să fie nevoie să protesteze; își imaginează că ceilalți trebuie să-și dea seama de greutatea poverilor impuse și vor acționa în consecință fără ca ei să spună ceva. Adică, *Binevoitorul se așteaptă ca ceilalți să-și tempereze așteptările din proprie inițiativă* și în felul acesta *să-l degreveze pe el.* Dar de foarte multe ori acest lucru nu se întâmplă, și atunci Binevoitorul devine furios pentru că ceilalți au lăsat acele așteptări pe umerii lui, speculând lipsa lui de reacție.

De ce nu ușurează ceilalți lucrurile? După cum s-a menționat, oamenii care au alte tendințe nu dau la fel de mare importanță așteptărilor exterioare, cum fac Binevoitorii, deci nu sunt conștienți de povara supărătoare pe care o impun; de asemenea, ceilalți au propriile lor modalități de a se opune așteptărilor exterioare, așteptându-se deci ca și Binevoitorii să opună rezistență: „Dacă nu ai vrut să o faci, de ce ai fost de acord?", „Dacă nu poți respecta termenul limită, de ce ai fost de acord să ți-l asumi?"

În cazul rebeliunii, în loc să le ofere altora oportunitatea de a remedia o situație, Binevoitorii persistă fără să protesteze, până când se răzvrătesc brusc. Rebeliunea

Binevoitorului îi poate determina pe oameni să renunțe la slujbe, la căsnicii și prietenii, fără niciun semn de avertizare. Iată ce și-a amintit un Binevoitor:

> Răzvrătirile mele au fost tăcute, letale și permanente. Două prietenii, un loc de muncă și o căsătorie au fost distruse din cauza rebeliunii Binevoitorului. Era ca și cum aș fi apăsat pe un comutator. După luni de zile în care îndeplinisem la locul de muncă ceea ce credeam eu că sunt așteptări nerezonabile și mă simțeam, pe deasupra, și neapreciat, într-o luni am sunat la un alt angajator și mi-am oferit serviciile. Nu mai departe de după-amiaza aceleiași zile am și demisionat. Nu am acceptat nicio discuție, nici chiar atunci când am fost întrebat: „Ce putem face ca să rămâi?"
>
> „Sunteți morți pentru mine acum" – exact așa simt, chiar și în cazul unei căsnicii de optsprezece ani. După mulți ani de eforturi susținute, m-am trezit într-o dimineață știind, cu certitudine absolută, că m-am săturat și că nu mai există cale de întoarcere.
>
> Deși nu regret niciuna dintre aceste rebeliuni, sunt recunoscător că există acest cadru conceptual, fiindcă văd beneficiile recunoașterii semnelor de avertizare. Și îmi dau seama că dorința mea de a mulțumi, de a prelua greul, vine cu acest risc.

Desigur, orice persoană, indiferent ce tendință ar avea, ar putea hotărî să înceteze o relație. Dar în cazul rebeliunii Binevoitorului, lucrurile se întâmplă brusc – Binevoitorul continuă să îndeplinească așteptările care i se par nerezonabile până la „explozie". Iată cum a descris un Binevoitor această rebeliune: „Sunt o bombă cu ceas și nu am control asupra momentului detonării". Alți Binevoitori folosesc cuvinte precum „clocot", „bășică", „ros", „izbucnire", „erupție" și „vulcan" pentru a descrie sentimentele care însoțesc rebeliunea Binevoitorului.

Rebeliunea poate fi foarte dramatică, dar poate lua și forma unor acte simbolice sau gesturi mărunte. Un Binevoitor a relatat o situație: „Am un coleg care comentează întotdeauna dacă întârzii câteva minute. Mă enervează atât de tare încât, uneori, stau special în mașină un minut în plus, în loc să mă grăbesc. Mă simt groaznic când întârzii, dar mă scoate din sărite că punctează mereu asta. Cu cât o spune mai des, cu atât mai puțin punctual sunt eu".

Notă ciudată: Întârzierea deliberată este o formă obișnuită de rebeliune a Binevoitorului. Îmi amintesc că cineva mi-a trimis pe Better linkul cu un tricou Superluxe care are imprimat un mesaj foarte potrivit pentru Binevoitorii care trăiesc experiența rebeliunea Binevoitorului:

Hey, îmi pare rău ca am întârziat.
Nu voiam să vin.

În timp ce unii Binevoitori reușesc să-și canalizeze rebeliunea în acte care, deși sunt de răzvrătire, nu vor provoca prea multe daune, alții se auto-sabotează. Un Binevoitor a explicat: „Prefer să fac lucruri care mă rănesc doar pe mine și nu și pe cei care mi le cer sau doar mă sfătuiesc să le fac. De exemplu, am participat la prezentări sau interviuri fără să mă pregătesc. Este ca și cum aș ajuta în timp ce mă răzvrătesc – nu rănesc pe nimeni în afară de mine".

Uneori, rebeliunea Binevoitorului are o serie întreagă de așteptări, deseori din sfera *sănătății.* Un Binevoitor a scris:

> Când vine vorba de muncă, biserică și alte organizații de voluntariat, interacțiuni sociale, creșterea copiilor, tind să fac ceea ce se așteaptă de la mine. Dar cel mai mic semn de tărăgănare a lucrurilor sau de constrângere când vine vorba de pierderea în greutate sau de exerciții fizice mă face să mă exteriorizez vulcanic și să renunț la orice înțelegere. Nu pot să-ți spun câți bani am topit la sala de sport și pe abonamente la clubul de slăbit – și nici măcar nu am călcat pe la sală, iar cei de la club nu cred că știu cum arăt, și, în plus, m-am și îngrășat.

Probabil că sănătatea este o țintă atât de frecventă a rebeliunii Binevoitorului pentru că este un domeniu pe care ceilalți pun presiune, din cauza căruia cicălesc și avertizează, astfel încât așteptările se simt impuse din afară. Totuși consecințele asupra sănătății revin în totalitate Binevoitorilor.

Pe măsură ce studiam rezultatele eșantionului reprezentativ, am fost intrigată să constat că Binevoitorii, alături de Rebeli, erau cei mai susceptibili să facă afirmații de genul: „Medicul meu mi-a spus de ce este important să fac o anumită schimbare în viață, dar nu am făcut-o". Este ușor de dedus de ce resping Rebelii „ordinele medicului", dar este surprinzător să auzi așa ceva din gura Binevoitorilor. Cred asta din două motive: unu, Binevoitorii nu au întotdeauna destulă motivație pentru a realiza acea schimbare; doi, în cazul Binevoitorilor poate izbucni rebeliunea Binevoitorului împotriva unei așteptări din sfera sănătății.

Dar, deși rebeliunea Binevoitorului le poate afecta uneori sănătatea, fericirea și succesul, poate fi și o formă importantă de auto-protecție. Ea poate acționa ca o trapă de evacuare în caz de urgență; îi permite Binevoitorului să scape de acel loc de muncă pe care îl urăște, de soțul insuportabil, de o relație dificilă sau de o obligație împovărătoare. Rebeliunea este supapa de siguranță care reduce presiunea excesivă care îl tensionează pe Binevoitor.

De obicei, după ce trece un timp, vraja rebeliunii Binevoitorului se risipește, chiar dacă nu s-a schimbat nimic. E mai bine, totuși, să ne protejăm împotriva ei, ajutându-i pe aceștia să evite în primul rând epuizarea și resentimentele.

Deci, ce se poate face legat de rebeliunea Binevoitorului?

Odată ce Binevoitorii devin conștienți de acest tipar de comportament, pot lua măsuri pentru a reduce presiunea, monitorizând semnalele care avertizează că resentimentele sunt în creștere și apoi *propunând lucruri concrete*: „Putem arunca o privire peste programul schimburilor suplimentare?", „Sunt deja în trei comisii. Nu pot să mai fac parte și din a patra", „O singură persoană nu poate gestiona programul ambilor copii în acest weekend, așa că trebuie să împărțim sarcinile".

Deoarece Binevoitorii sunt atât de susceptibili de epuizare, cei din jurul lor – familia, prietenii, colegii, profesioniștii din domeniul sănătății și așa mai departe – toți au un rol de jucat în a-i ajuta să evite această stare. Putem crea circumstanțe care să îi încurajeze să refuze, să delege, să facă pauze, să respingă cererile, să-și facă timp pentru ei și așa mai departe. O Iscoditoare a scris:

> Logodnicul meu este un Binevoitor și, de obicei, facem prea multe dintre lucrurile pe care le vreau eu și prea puține dintre cele pe care le vrea el. În ultima vreme, pentru a echilibra situația, sâmbăta dimineața trecem în revistă trei până la cinci lucruri pe care am vrea să le facem în weekend. Apoi, ne propunem să le realizăm pe toate. În felul acesta l-am determinat să spună ce vrea și i-am transferat și responsabilitate externă, de care are atâta nevoie.

Odată ce Binevoitorii alunecă pe panta rebeliunii Binevoitorului, au nevoie de degrevare, dar, paradoxal, această degrevare derivă din așteptări externe. Un manager care observă că un Binevoitor este suprasolicitat ar putea să elimine o responsabilitate din lista lui de sarcini sau să-i atenționeze pe colegii acestuia că pun prea multă responsabilitate în spinarea Binevoitorului.

Pentru că implică atât de mult dramatism, rebeliunea Binevoitorului este o temă des întâlnită în cărți și filme; probabil că cel mai faimos exemplu este filmul clasic de Crăciun *It's a Wonderful Life*. George Bailey (James Stewart) este un Binevoitor care, zi de zi, îndeplinește așteptările exterioare, dar nu și pe cele interioare. Când George ajunge în final să se revolte, această revoltă se îndreaptă către el însuși: e pe punctul de a se arunca de pe un pod. Dar, din păcate, în viața reală, majoritatea Binevoitorilor nu au un înger cum e Clarence care să-i ajute. George Bailey întruchipează, de asemenea, un model obișnuit de Binevoitor care crede că e de datoria lui să îndeplinească o anumită așteptare. De ce nu ar fi la fel de indicat ca fratele mai mic al lui George, Harry, să se ocupe la rândul lui de Bailey Building & Loan, după cum s-a convenit de la bun început sau, dacă Harry nu voia să o facă, de ce nu era asta problema lui Harry?

REZUMAT: BINEVOITORUL

PUNCTE FORTE PROBABILE:

Șef bun, lider receptiv, jucător în echipă

Se simte responsabil de îndeplinirea așteptărilor celorlalți

Responsabil

Dispus să facă lucruri suplimentare

Răspunde pozitiv la responsabilitatea externă

PUNCTE SLABE PROBABILE:

Predispus la suprasolicitare și epuizare

Poate să alunece pe panta distructivă a rebeliunii Binevoitorului

Exploatabil

Poate deveni plin de resentimente

Nu poate să refuze și să impună limite

8

Relaționarea cu un Binevoitor

Acceptă mai puține lucruri.

Muncă • Partener • Copil • Pacient • Alegerea unei cariere

Relaționarea cu un Binevoitor la locul de muncă

În cele mai multe cazuri, Binevoitorii sunt colegi și șefi excelenți. Își fac treaba, sar în ajutorul celor care au nevoie, fac voluntariat pentru activități opționale, sunt flexibili atunci când lucrurile trebuie să se schimbe.

Binevoitorii răspund așteptărilor specifice locului de muncă: termene limită, evaluări și rezultate. În cazurile mai rare, în care răspunderea nu apare în mod firesc, este crucial să fie atribuită din afară. Îndemnurile vagi nu au, de cele mai multe ori, niciun efect.

Un prieten scriitor, Binevoitor, își amintea:

— Când am semnat contractul pentru autobiografia mea, i-am spus redactorului: „Pot să scriu numai când știu că am un termen limită. Te rog pe tine să te ocupi de asta". Dar el mi-a răspuns: „Nu îți face griji, cartea va fi excelentă, vei reuși, bla, bla". Și a continuat să fie foarte înțelegător".

— Și ce s-a întâmplat? am întrebat.

— Am scris totul în ultimele trei săptămâni înainte de termenul limită. Ar fi putut să iasă mult mai bine dacă aş fi început mai devreme.

Din considerente greșite, editorul refuzase să transfere responsabilitatea. Dacă ar fi înțeles că acest scriitor era un Binevoitor, ar fi știut că trebuie să adopte o abordare diferită.

Când oamenii solicită răspundere în orice context, ar trebui să o obțină; ei o cer pentru că știu că au nevoie de ea. Un Binevoitor mi-a zis: „I-am spus supervizorului meu că am nevoie de un șef dur, exigent. Lucrez mult mai bine așa".

Deoarece Binevoitorii pun un preț atât de mare pe îndeplinirea aşteptărilor exterioare, ceilalți pot profita de ei. Iar dacă se simt exploatați și suprasolicitați, Binevoitorii pot cădea pradă foarte uşor rebeliunii, care este greu de gestionat pentru manageri și supraveghetori. Mai jos avem relatarea unei Binevoitoare:

> Sunt asistentă medicală, iar unitatea mea are probleme cu personalul din cauza angajaților care sună mereu să anunțe că sunt bolnavi, a schimburilor solicitante etc. Lucrez aici de trei ani și șeful meu simte care dintre noi este Binevoitor și abuzează de acest lucru, solicitându-ne în permanență să facem ore suplimentare. Este foarte frustrant, pentru că unele asistente, care „lipsesc mereu pentru că sunt bolnave", stau toată ziua pe Facebook în timp ce noi muncim în locul lor. Mult timp am fost dispusă să ajut, dar asta m-a dus la epuizare, iar acum sunt într-o fază de rebeliune totală și refuz toate solicitările.

Așa cum demonstrează acest exemplu, Binevoitorilor le ia mult timp până reușesc să spună nu, însă, când reușesc, e un NU categoric, ceea ce poate fi o reală problemă.

Deoarece Binevoitorii sunt de obicei angajați foarte valoroși, este crucial ca managerii să fie atenți la nevoile lor, pentru a se asigura că evită rebeliunea . Doar în felul acesta se poate reduce riscul ca un angajat valoros să ajungă la saturație și să demisioneze brusc, fără să anunțe în prealabil.

Pentru a evita rebeliunea unui Binevoitor, un șef, un angajat sau un coleg îl poate ajuta pe acesta să stabilească anumite limite și delimitări:

- **Reamintiți-i Binevoitorului că refuzarea unei sarcini poate însemna acceptarea uneia mai importante**: „Am nevoie de raportul tău până vineri și, dacă ești mereu târât în tot felul de ședințe, vei rata termenul limită".
- **Restabiliți limitele pentru a preveni epuizarea și rebeliunea Binevoitorului**: „Ai dreptul la concediu și mă voi asigura că ți-l vei exercita".
- **Opriți-i pe ceilalți să-l exploateze pe Binevoitor**: „Cu toții suntem aproape de termenul limită, așa că toată lumea din această echipă trebuie să-și facă propriile corecturi finale".
- **Subliniați datoria Binevoitorului de a fi un model**: „Dacă rămâi până la ora 21.00 la muncă, dai un exemplu prost echipei tale".
- **Preluați din sarcinile Binevoitorului, dacă acesta s-a înhămat la prea multe**: Un prieten care

> conduce o firmă de finanțe mi-a spus: „Am un angajat foarte valoros. Este cel mai bun. Toată lumea vrea să lucreze cu el, pentru că îi ridică pe oameni, dar nu poate continua să accepte cererile tuturor. Nu este sustenabil. La ultima evaluare, i-am spus: «Muncești prea mult, prea bine și spun asta ca pe o critică sinceră». El nu poate delega și nu poate să transfere din responsabilitate. Așa că i-am luat de pe cap un cont important și se descurcă mult mai bine acum".

Binevoitorii sunt șefi minunați și lideri puternici, chiar vizionari, fiindcă simt că au o mare responsabilitate față de organizația lor; sunt receptivi și responsabili. Totuși, la fel ca în cazul tuturor tendințelor, acestora le este dificil să înțeleagă modul de gândire al oamenilor cu alte tendințe. Un Binevoitor a menționat: „Sunt un Binevoitor și ca manager e greu să accept când oamenii îmi spun nu sau pun la îndoială părerea mea", Este dificil să ai de-a face cu oameni care nu gândesc ca tine, și primul pas este să conștientizăm aceste diferențe.

Instinctul de a îndeplini așteptările exterioare îi poate aduce necazuri șefului Binevoitor. Un prieten Conformist mi-a descris frustrarea pe care o resimțea la noul loc de muncă. „Șefa mea este în mod clar un Binevoitor extrem", mi-a spus el. „Ea este directorul general, dar se implică mereu în relațiile cu clienții sau dintre angajați și ne distruge productivitatea. În final se alege praful de tot."

Binevoitorii se confruntă cu provocări deosebite atunci când vor să lucreze singuri. Ei pot fi extrem de productivi în echipă, dar, când încearcă să acționeze pe cont propriu, se blochează din cauza lipsei de responsabilitate externă. Deci, dacă Binevoitorii vor să-și pornească propria afacere, trebuie să stabilească, chiar de la bun început, un sistem de responsabilizare. Responsabilitatea poate proveni de la un consilier de afaceri, de la un mentor, de la beneficiari, clienți sau studenți (chiar dacă nu plătesc, încă), sau de la un grup din aplicația Better – nu contează prea mult de unde, dar ea trebuie să vină de *undeva*.

Odată consacrați ca antreprenori, Binevoitorii pot îndeplini ușor angajamentele externe – respectarea termenelor limită impuse de clienți, plata impozitelor, să răspundă la telefon – dar încă se luptă cu sarcinile interne, cum ar fi relaționarea, dezvoltarea afacerii sau refuzul cererilor care duc la irosirea timpului sau la pierderea clienților prea exigenți. Ca întotdeauna, soluția este să găsească sisteme externe care să impună termene și limite.

Relaționarea cu un partener Binevoitor

Binevoitorii sunt foarte buni parteneri de cuplu pentru că pun foarte mult preț pe îndeplinirea așteptărilor celorlalți. Cu toate acestea, este important ca partenerii să le recunoască tiparele de comportament.

De exemplu, dacă un Binevoitor îi solicită partenerului să împartă responsabilitatea, acesta ar trebui să accepte să joace rolul respectiv sau să propună un alt mod de satisfacere a nevoii lui. O Binevoitoare a explicat: „Reușesc să mă antrenez în fiecare zi, deoarece știu că soțul meu o să mă întrebe despre asta când va ajunge acasă. În cazul în care nu reușesc mă încurajează foarte mult, așa că mă simt și mai motivată a doua zi. Sănătatea este importantă pentru el și acest lucru mă motivează și pe mine. Este o nebunie, pentru că, deși sunt conștientă că este un fel de truc pe care singură l-am pus la cale, simt nevoia să duc la bun sfârșit sarcina, doar pentru că el își manifestă interesul".

Partenerii au și rolul de a-și ajuta jumătatea să evite stare de epuizare și de rebeliune a Binevoitorului, prin generarea de responsabilizare externă. Binevoitorii sunt dependenți de asta. „Ai nevoie de un pui de somn. Te rog du-te să te întinzi, dragul meu."

O Binevoitoare a relatat: „Soțul meu se oferă să aibă grijă de copii ca eu să pot merge sâmbătă dimineața la o oră de spinning care îmi place foarte mult, dar, nu știu de ce, nu mă pot mobiliza să mă duc". Cred că o exprimare ca aceasta ar ajuta mult mai mult: „Nu vrei să dai un exemplu bun copiilor în ceea ce privește sănătatea, respectându-ți angajamentul luat?" Sau: „Este plăcut pentru mine și copii să avem în fiecare săptămână puțin timp doar pentru noi". Apelând la valorile Binevoitorului, îl ajuți să reușească în ceea ce își propune.

O ascultătoare a podcastului mi-a scris:

> Să aflu că soțul meu este un Binevoitor a fost o adevărată revelație. Este minunat că e atât de amabil, dar mi-am dat seama că trebuie să-i „protejez" angajamentele personale. Dacă i-aș cere, el ar renunța cu ușurință la un angajament personal ca să mă ajute pe mine. Trebuie să am grijă să nu renunțe la lucrurile importante pentru el. Fosta lui soție a profitat de această latură a personalității lui, așa că nu vreau să fac aceeași greșeală. De asta îi stabilesc niște limite.

„Stabilind limite" pentru soțul ei, ajutându-l să spună nu (chiar și ei) și împiedicându-i pe ceilalți să-l exploateze, această soție ajută la contracararea unei posibile rebeliuni a Binevoitorului. Oamenii din jurul Binevoitorilor pot ajuta la evitarea rebeliunii lor anticipând-o. Dacă cineva pleacă într-o lungă călătorie de afaceri, iar partenerul Binevoitor rămâne să se ocupe de cei trei copii, ar fi înțelept ca cel care a fost plecat să spună la întoarcere ceva de genul: „Te-ai ocupat singur de copii și apreciez tot ce ai făcut. Vreau să profiți de sfârșitul acesta de săptămână ca să te relaxezi... fă-ți programul așa cum îți dorești și eu mă voi ocupa de copii".

Deoarece Binevoitorii simt o anumită presiune de a satisface așteptările externe, partenerii lor trebuie să aibă grijă să nu le scape vreun comentariu deranjant. N-ar fi indicat ca soția să-i arunce soțului Binevoitor o replică de felul: „Poate ar trebui să antrenezi Liga Juniorilor". Zbang!

Relaționarea cu un copil Binevoitor

Din câte observ, este dificil de spus dacă un copil este un Binevoitor sau nu. Conformiștii și Rebelii au personalități extreme, iar trăsăturile caracteristice tind să apară destul de devreme, dar copiii nu sunt independenți în felul în care sunt adulții. Adulții controlează viața copiilor într-o foarte mare măsură, așa că poate fi greu să identificăm caracteristicile Binevoitorului.

Când este clar că un copil este Binevoitor, părintele ar trebui să țină cont de această tendință. Copiii Binevoitori – ca toți Binevoitorii – răspund la responsabilitate. Dacă un copil Binevoitor ar trebui să exerseze la pian, ar fi util să se respecte un orar al ședințelor de pregătire, pe care profesorul sau părinții să-l stabilească împreună cu el. Memento-urile blânde ajută și ele: „Este ora 16.00, este timpul să exersezi". Sau profesorul ar trebui să explice: „Pot să îmi dau seama dacă ai exersat sau nu".

Dacă un copil Binevoitor își dorește să îndeplinească o așteptare interioară, părinții ar trebui să-l ajute să găsească un sistem de responsabilitate externă. Un părinte și-a amintit: „Fiica mea dorea să îl învețe pe cățelușul ei diverse trucuri. Așa că i-am spus: «Super! Hai să vă înscrieți la expoziția de câini pe care o va organiza primăria anul ăsta»".

Cu toate acestea, feriți-vă de așteptările care pun presiune – „Super! Hai să vă înscrieți la expoziția de câini. Sunt sigur că tu și Barnaby puteți câștiga panglica albastră!" – deoarece copilul poate resimți această presiune extrem de puternic, ceea ce poate duce la rebeliunea lui.

Și mai important este să vă asigurați că acești copii nu depun un efort atât de mare pentru a-i mulțumi pe ceilalți (inclusiv pe voi, părinții lor), încât să ajungă la epuizare sau să piardă din vedere ceea ce îi face să se simtă fericiți și împliniți.

Indiferent de context, atunci când oamenii cer responsabilitate, este important să o obțină. După ce am ținut un discurs la un eveniment, o femeie mi-a zis: „Fiica mea îmi tot spune: «Vreau să iau examenul de grad și pentru asta trebuie să fac un curs». Iar eu îi tot răspund: «Prostii, îți poți cumpăra cărțile necesare și să studiezi singură» Abia acum îmi dau seama că are dreptate. Ar trebui să facă acel curs".

Oamenii care cer responsabilitate știu că au nevoie de ea.

Relaționarea cu un pacient Binevoitor

Dintre cele patru tendințe, cea a Binevoitorului este cea mai răspândită, ceea ce înseamnă că profesioniștii din domeniul sănătății vor avea de-a face cu foarte mulți Binevoitori. În general, Binevoitorii înregistrează progrese atunci când sunt monitorizați de un medic, asistent medical, kinetoterapeut, nutriționist, antrenor sau profesor. Un instructor de sport, de exemplu, i-ar putea anunța pe elevi că vor primi un e-mail de avertizare dacă ratează un antrenament sau că ține o evidență a prezenței sau, pur și simplu, că va fi dezamăgit și supărat dacă Binevoitorul nu se prezintă la oră.

Am ținut un discurs despre cele patru tendințe antrenorilor de la o sală de sport cunoscută din New York. După eveniment, o antrenoare mi-a spus:

- Ni s-a sugerat că, pentru o mai bună responsabilizare, să folosim numele oamenilor cât de mult posibil.

— E o idee grozavă! am exclamat.

— Dar mi-am dat seama că pot face și altceva, a adăugat ea. De obicei, la plecare, spun: „Voi fi aici săptămâna viitoare". De acum în colo voi spune: „Ne vedem aici săptămâna viitoare". În acest fel, oamenii vor avea sentimentul că îi aștept.

— Genial! am exclamat din nou.

Ca întotdeauna, ori de câte ori oamenii solicită să fie responsabilizați, este înțelept să se întâmple întocmai, dacă este posibil. Un Binevoitor și-a amintit: „I-am spus dentistei mele că o rog realmente să apeleze la promisiunea mea de a folosi ața dentară și să îmi ceară socoteală la următorul control, dacă își va da seama că nu am folosit-o! Ea a râs, dar a acceptat să o facă. De atunci folosesc ața dentară în fiecare seară".

An de an, apar pe piață tot mai multe dispozitive, aplicații și servicii care îi ajută pe oameni să fie mai responsabili în legătură cu sănătatea lor. Deși acestea pot fi extrem de eficiente, este important ca sistemul de responsabilizare să i se potrivească Binevoitorului. Pentru unii Binevoitori, este suficient să primească un memento prin e-mail ca să ia un medicament sau să folosească un dispozitiv de monitorizare a activității fizice zilnice; pentru alții ar fi utilă o aplicație care impune o pedeapsă. În aplicația Better, oamenii pot crea cu ușurință grupuri de responsabilitate pentru a induce acel sentiment de responsabilitate personală. Cei mai mulți beneficiază de faptul că se simt responsabili față de o persoană reală.

Cercetările arată că mulți oameni sunt dispuși să plătească în plus pentru un dispozitiv de monitorizare a angajamentelor. De fapt, dacă aș fi antrenor, le-aș spune cursanților mei: „Politica noastră este ca, în cazul anulării rezervării cu mai puțin de 24 de ore înainte de ședință, să vă taxăm oricum. Dacă preferați, vă vom taxa de trei ori". Mai mulți Binevoitori mi-au spus că ar opta pentru taxa triplă.

Adesea, Binevoitorii fac pentru ceilalți ceea ce nu pot face pentru ei înșiși, așa că este mai probabil să urmeze instrucțiunile legate de sănătate atunci când li se amintesc beneficiile pe care le-ar putea avea ceilalți. Și invers. Iată ce mi-a scris o Binevoitoare:

> Sunt însărcinată în șase luni și, timp de cinci luni, mi-am luat conștiincioasă vitaminele prenatale, zilnic. Nu am uitat niciodată de ele. Sunt dispusă să fac tot ce trebuie pentru sănătatea copilului meu. În urmă cu o lună, am citit un articol care explica că bebelușului nu-i vor lipsi niciodată vitaminele necesare, deoarece și le ia oricum

de la mamă. Deci vitaminele prescrise de medic pentru perioada sarcinii sunt mai mult pentru sănătatea mamei. De când am aflat treaba asta, și corelez vitaminele mai degrabă cu sănătatea mea decât cu a bebelușului, abia dacă îmi mai amintesc să le iau o dată la două zile.

Cei din jurul Binevoitorilor ar trebui să ofere o responsabilitate serioasă, dar ar trebui, de asemenea, să evite declanșarea rebeliunii lor. Nu ar trebui să pună presiune pe ei, nici să îi cicălească prea tare sau să stabilească obiective intimidante; în schimb, ar trebui să caute să-i ajute să se simtă încurajați, susținuți și responsabili în limite rezonabile. Ușor de zis, greu de făcut.

Alegerea unei cariere de către un Binevoitor

Binevoitorii pot să facă aproape orice – dacă au răspundere exterioară și dacă se feresc de starea aceea de rebeliune. Atunci când aleg să urmeze o carieră, Binevoitorii ar trebui să-și amintească că au mai mult succes dacă au un job care presupune responsabilitate exterioară. Un Binevoitor a explicat:

> De curând, am ales o carieră mai potrivită pentru un Binevoitor. Am început să-mi desfășor activitatea în mediul academic și m-am descurcat extrem de bine la început, când aveam obligația față de coordonatorul meu de doctorat să fac cercetări detaliate și să scriu lucrări originale. În orice caz, pe măsură ce am început să mă îndrept spre acele etape din carieră în care singura mea obligație era față de mine și față de propriul meu studiu, mi se părea din ce în ce mai dificil. De puțin timp, am părăsit mediul academic pentru un post de profesor și îmi place foarte mult. Fiecare zi îmi oferă oportunitatea de a satisface așteptările celorlalți.

Un șef Binevoitor mi-a explicat: „Binevoitorul se potrivește perfect cu cultura organizației mele axate pe misiune și echipă".

Atunci când iau decizii în privința carierei, Binevoitorii trebuie să-și stăpânească impulsul de a satisface așteptările celorlalți în detrimentul propriilor aspirații. Pentru că această problemă se află în centrul tendinței Binevoitorului, persoanele de acest fel trebuie să găsească modalități de a-și identifica dorințele interioare și apoi să dezvolte structuri externe pentru a induce răspunderea. Dacă nu, se pot trezi după ani buni că au ales o carieră nepotrivită și, de multe ori, acela este momentul în care izbucnește și revolta lor.

Dacă, într-un mediu potrivit, Binevoitorii pot reuși în aproape orice carieră, mulți dintre ei mi-au spus că perspectiva specifică lor este practic o cerință în domeniul în care activează: în profesii precum drept corporatist, asistență socială, managementul averii private și medicină. „Echipa mea scrie coduri toată noaptea", mi-a spus un Binevoitor. „Din când în când, cineva se ridică brusc și spune: «Îmi pare rău, nu mai fac asta.» Și acea persoană se elimină singură din echipă."

După ce mi-am prezentat teoria în fața unui grup de oameni de afaceri, unul dintre ei m-a întrebat: „Acum, că am aflat despre aceste tendințe, voi angaja numai Binevoitori. Vreau angajați care să îndeplinească așteptările de serviciu, cu orice preț. Îmi puteți furniza un set de întrebări cu ajutorul cărora să identific tendințele candidaților în timpul interviului?" Am fost uimită. Nu cred că se gândea la binele Binevoitorilor.

REZUMAT: Relaționarea cu un binevoitor

Ei îndeplinesc cu ușurință așteptările exterioare, dar se chinuie să îndeplinească așteptările interioare.

Pun mare preț pe îndeplinirea angajamentelor față de ceilalți.

Reușesc atunci când li se conferă responsabilitate, supraveghere, termene limită, monitorizare și alte forme de responsabilizare, precum datoria de a fi un bun exemplu.

Este posibil să întâmpine probleme în stabilirea limitelor cu privire la cererile celorlalți.

Este posibil să aibă probleme cu delegarea sarcinilor, fiindcă simt că unele așteptări nu pot fi îndeplinite decât de ei.

Trebuie să dispună de sisteme de răspundere exterioară pentru a îndeplini așteptările interioare.

Pot fi exploatați de oameni care profită de ei și din această cauză...

Se pot simți supărați sau epuizați, caz în care...

Este posibil să aibă nevoie de ceilalți pentru a diminua așteptările sau se pot răzvrăti.

REBELUL

Nu mă poți obliga și nici eu nu pot.

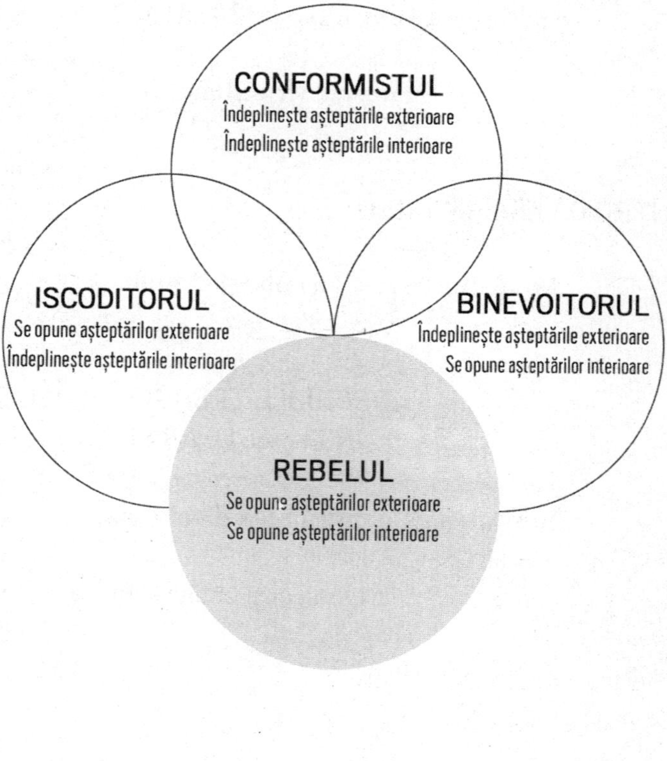

Este atât de greu când trebuie și atât de ușor când vreau.

„FIE CA PODURILE CĂRORA LE DAU FOC
SĂ ÎMI LUMINEZE CALEA!"

Nu ești șeful meu.

„Fac lucrurile numai în felul meu;
e o binecuvântare și e un blestem."

„Cere iertare, nu permisiune."

„Fac ce vreau."

„PENTRU CĂ AȘA AM CHEF."

„Nu te uita în jos, sari pur și simplu."

„REGULILE TREBUIE ÎNCĂLCATE,
ÎNSĂ... ASTA AR FI O REGULĂ?"

„Libertatea este unica mea disciplină."

„Nu mă poți obliga și nici eu nu pot."

„Când nu e ordin, cu plăcere."

„NU POȚI SĂ SCRII *REBEL* FĂRĂ SĂ SCRII *BE*[*]."

---

* Joc de cuvinte: în lb. engl., *to be* înseamnă „a fi". (n. red.)

9

Cum să înțelegi un Rebel

Este atât de greu când trebuie
și atât de ușor când vreau.

Puncte forte (și puncte slabe) • Puncte slabe (și puncte forte) • Variații în cadrul tendinței • Cum pot fi influențați Rebelii pentru a îndeplini o așteptare • Cum se pot influența Rebelii pe ei înșiși pentru a îndeplini o așteptare • De ce pot fi atrași Rebelii de o viață care presupune reglementări maxime

Zilnic, de dimineața până seara, fiecare dintre noi se confruntă cu așteptări exterioare și așteptări interioare, cu faptul că trebuie să hotărâm dacă ar trebui să îndeplinim o anume așteptare sau să refuzăm.

În cazul Rebelilor, răspunsul este întotdeauna clar: Rebelii se opun *tuturor* așteptărilor, atât exterioare, cât și interioare. Fac doar ce vor ei, în felul lor și în ritmul lor, iar dacă cineva le cere sau le spune să facă ceva, refuză. Nici măcar nu vor să-și clarifice în minte ce *trebuie* să facă – rezistă așteptărilor interioare cu același stoicism cu care rezistă și celor impuse din exterior.

Rebelii vor să simtă că beneficiază de libertate de alegere și de exprimare. Când se trezesc dimineața, primul lucru care le trece prin cap este: „Ce am chef să fac acum?" Ei se împotrivesc oricărei forme de control, chiar și autocontrolului, și de multe ori le face plăcere să sfideze regulile, așteptările și convențiile.

Rebelii nu pot fi convinși cu argumente de genul: „Oamenii contează pe tine", „Ai plătit deja pentru asta", „Eu am făcut asta, faci și tu aia?", „Cred că este foarte important, așa că hai să ne punem de acord că de acum încolo o vom face", „Lucrurile ar trebui să fie așa", „Ai o programare", „Ai spus că o vei face ", „Calea asta e mai eficientă", „Cineva va fi deranjat", „Este împotriva regulilor", „Este o tradiție", „Acesta este termenul limită" sau „Este nepoliticos".

Sunt mult mai receptivi la argumente de genul: „Va fi distractiv", „Este exact ce vrei *tu*", „Îmi fac griji pentru asta, crezi că poți să o faci tu?", „Acest lucru este foarte important pentru mine, ce zici?" Rebelii pot face orice *vor* să facă.

Pentru Rebeli, nevoia de a ști că pot alege este atât de importantă încât uneori fac o alegere – chiar și atunci când contravine propriului interes sau nu reprezintă cu adevărat ceea ce își doresc – doar pentru a-și reconfirma că ei *pot* să facă această alegere.

În timpul studiului meu, când îi întrebam pe oameni cum își păstrează obiceiurile bune, Rebelii răspundeau: „De obicei aleg să nu mă angajez în avans pentru nimic".

Dintre cele patru tendințe, aceea de Rebel are cei mai puțini reprezentanți. Este un grup care cu siguranță se face remarcat, dar nu este numeros.

Puncte forte (și puncte slabe)

Rebelii fac lucrurile pe care *aleg* să le facă, și, în felul acesta, sunt scutiți de multe dintre presiunile la care sunt supuse celelalte tendințe.

Rebelii se bucură de îndeplinirea provocărilor, atunci când le pot face față în felul lor. Un antreprenor Rebel a explicat:

> Fiind un Rebel, provocările mă impulsionează. „Crezi că nu-mi pot deschide propria afacere? Hai să vedem." Ori de câte ori mă trezesc spunând „nu pot... " sau „nu aș putea niciodată...", mă simt obligat să încerc. M-am mirat că am reușit să fac unele lucruri care păreau imposibile, doar pentru a-mi demonstra că pot. Cred că ar fi periculos să încerci să „provoci" un Rebel să facă ce trebuie, dar afirm cu mâna pe inimă că probabil ar funcționa în cazul meu.

Rebelii găsesc o mare satisfacție în sfidarea așteptărilor celorlalți. După cum a relatat un Rebel: „De când mi-a spus cineva că aș putea fi jefuit dacă merg pe aleea înverzită de pe lângă casa noastră, am luat-o mai mult pe acolo. Poate că acesta nu este cel mai bun exemplu de obicei sănătos, dar uite că funcționează". Un Rebel care a renunțat la alcool a explicat: „Mulți mi-au spus că nu aș putea să renunț niciodată la băutură și îmi place să le scot ochii cu asta și să le demonstrez cât de mult s-au înșelat". De fapt, în sondajul pe care l-am efectuat, Rebelii au fost mai predispuși decât celelalte tendințe să fie de acord cu afirmația: „Nu mă deranjează să încalc regulile și convențiile – de cele mai multe ori chiar îmi face plăcere".

Când fac ce doresc, Rebelii depun foarte mult efort, mai ales dacă e vorba să se gândească: „Ei bine, lasă că îți arăt eu". Iată ce mi-a scris o Rebelă:

> Testul a arătat că sunt o Rebelă și, la început, am crezut că nu poate fi adevărat. Sunt culturistă și particip frecvent la concursurile de frumusețe din domeniu (divizia de bikini). Sunt foarte strictă cu dieta și antrenamentele mele. M-am gândit: „În niciun caz un Rebel n-ar face asemenea alegeri". Dar fac asta, pentru că vreau eu și o fac exact cum vreau eu. O fac în ciuda faptului că soțul meu nu e de acord și că prietenii mei consideră că este o ciudățenie extrem de solicitantă. Îmi face o plăcere deosebită să observ fețele oamenilor când le spun că sunt culturistă (par slabă, nu voluminoasă) sau când le spun că am fost mecanic în marină. Mă impulsionează să sfidez așteptările. Rebelul din mine e foarte evident acum.

Rebelii sfidează cu ușurință obiceiurile și convențiile. De exemplu, am întâlnit mai multe cupluri de Rebeli în care soția întreținea familia, și, când am citit un articol din *New York Times* despre tiparele căsniciilor, ale divizării muncii în gospodărie și câștigului, m-am gândit la Rebeli. Articolul spunea că „femeile care câștigă mai mult [decât partenerii lor] fac și mai multe treburi casnice și se dedică mai mult timp îngrijirii copiilor decât partenerii lor, poate pentru a-i face pe ei să se simtă mai puțin amenințați". Altă variantă ar fi că, pe acești bărbați, fiind niște Rebeli, nu-i deranjează convenția socială conform căreia ar trebui să câștige mai mult decât partenera de viață. În plus, de felul lor, Rebelii nu se dau în vânt după treburile casnice pe care le consideră plictisitoare. Nu este o chestiune de masculinitate, ci o chestiune de tendință.

Uneori, tendința de a fi Rebel este extrem de valoroasă pentru societate. După cum a subliniat un Iscoditor: „Cea mai de preț însușire a Rebelului este că își exprimă dezacordul. Nu ar trebui să încercăm să-l dezvățăm de asta, să-l excludem sau să-l condamnăm. El ne protejează, de fapt, pe toți". Mulți „Rebeli cu o cauză" își folosesc spiritul Rebel pentru a-și susține principiile și scopurile în care cred. Iată ce explicație mi-a dat un Rebel: „Am simțit întotdeauna impulsul de a sfida autoritatea. Îmi folosesc puterea în slujba binelui. Am adus mereu argumente împotriva regulilor și uneori chiar le-am încălcat deliberat, în numele celor care au fost nedreptățiți". Ori de câte ori aud despre oameni care urmează calea neconvențională – cum ar fi, să zicem, despre prima femeie care a lucrat pe o platformă petrolieră – mă gândesc, hmmm, mai mult ca sigur avem de-a face cu un Rebel.

Un Rebel a vorbit elocvent despre ce înseamnă această rebeliune:

> Un Rebel în misiune este o forță a naturii, un superstar. Nu are nevoie de liste de verificare, de rutine, reguli sau obiceiuri. Nevoia de a găsi o cauză, ceva în care să creadă cu adevărat și pentru care să lupte, este vitală. Credința interioară este atât de puternică, încât va rezista la orice presiune externă. Un Rebel crede cu tărie în unicitatea și superioritatea lui. Există cu siguranță un fel de aroganță în genele lui. Dar, dacă Rebelii găsesc o cauză care să-i motiveze, atunci i se vor dedica în întregime.

Într-un moment de inspirație, un Rebel care se mândrea că este Rebel i-a catalogat pe non-Rebeli drept Încuiați*.

---

* *Muggler*, în original. În seria Harry Potter, sunt persoanele fără abilități de a face magie. (n. red.)

Rebelii pun mare preț pe autenticitate și autodeterminare și își doresc ca viața lor să fie o permanentă exprimare a valorilor lor. Alți oameni (în special Binevoitorii) se simt foarte liberi alături de Rebeli, deoarece aceștia știu foarte bine ce vor și refuză fără probleme obligațiile.

Rebelilor le place să hotărască ei singuri modul în care vor acționa. O prietenă care se pregătea să-mi prezinte pe cineva, mi-a șoptit înainte: „Să știi, el este genul care dă noroc cu pumnul". Ce? m-am întrebat. Dar, când am vrut să-i strâng mâna, el mi-a întins efectiv pumnul, de parcă voia să-mi aplice un croșeu. Nu avea de gând să facă chestia asta așa cum o face toată lumea. Fiul Rebel al unui prieten a refuzat să se înscrie la facultate până când nu a cercetat toate școlile internaționale despre care nimeni nu auzise nimic vreodată; a ales una dintre ele și a fost foarte fericit că a găsit exact ce își dorea.

Rebelii se descurcă de multe ori mai bine atunci când nu există deloc așteptări. O Rebelă mi-a spus că a avut cele mai bune note în ultimul semestru de liceu, după ce a fost admisă la facultate, și în ultimul an de facultate, când avea deja un loc de muncă asigurat. Un alt Rebel a menționat: „Scriu o carte și am de gând să o termin înainte să încerc să semnez un contract cu o editură, pentru că, în clipa în care mi se va impune un termen de predare, o să-mi piară cheful de scris".

În calitate de Conformist, am învățat enorm studiind oameni „opuși" mie, adică oameni Rebeli. Ei mi-au arătat că *suntem mai liberi decât credem*. Dacă aș refuza să mă trezesc în fiecare dimineață înainte de 10.00, familia și colegii mei s-ar obișnui cu asta. Dacă aș decide să port pantaloni de yoga și adidași în fiecare zi, pentru tot restul vieții, ar fi în regulă.

Suntem mai liberi decât credem.

Puncte slabe (și puncte forte)

Cu toate că tendința Rebelilor are multe beneficii, atât pentru Rebeli, cât și pentru noi, ceilalți, de multe ori, ei ajung să frustreze pe toată lumea, inclusiv pe ei înșiși.

Dacă unui Rebel i se cere sau i se spune să facă ceva, este foarte probabil să refuze din start, iar această reacție instinctivă poate crea probleme: pentru partenerul de viață, cei care lucrează în domeniul de îngrijire a sănătății, pentru părinții, profesorii, șefii de birou. Cu cât presiunea este mai puternică, cu atât mai multă rezistență opun Rebelii. Am izbucnit în râs când un prieten Rebel mi-a spus că nimeni nu-i poate spune să facă ceva. De curând, primise un e-mail cu titlul: „Vă rugăm să citiți"; l-a șters imediat".

Rebelii opun rezistență aproape oricărui lucru pe care îl percep ca pe o încercare de control asupra lor – un telefon care sună, o invitație la o petrecere sau o întâlnire mai lungă. Au această reacție chiar și atunci când își dau seama că rezistența lor este autodistructivă, contraproductivă sau contrară propriilor dorințe. Un Rebel mi s-a confesat: „Știu că zahărul e nociv pentru sănătate, dar mă ambiționez să nu renunț la el deoarece, pur și simplu, refuz să accept ideea că ceva îmi este interzis". Un alt Rebel mi-a povestit că, în liceu lua Ritalin pentru deficit de atenție, iar puterea lui de concentrare crescuse considerabil. Dar în minte i-a încolțit imediat un gând: „Cu ce drept îmi controlează acest medicament personalitatea? Crede că poate să mi se strecoare în gură și să mă facă să mă descurc mai bine la școală? Nu că n-ar fi exact ce îmi doresc. Așadar, puterea mea de concentrare a crescut, dar notele au rămas aceleași".

Un Rebel, student la drept, a scris:

> Am o viață frumoasă, dar întotdeauna sunt în conflict cu câte o normă. Toată lumea se așteaptă ca eu, fiind student la drept, să lucrez toată noaptea și să trăiesc în bibliotecă; prin urmare, eu lucrez după-amiaza la cafenea. La facultatea la care merg, se așteaptă ca, după absolvire, studenții să aplice pentru joburi în corporații, deoarece acestea sunt cele mai bine plătite locuri de muncă; așadar eu am hotărât că mă voi specializa în dreptul constituțional. Însă, în unele situații, tendința mea Rebelă îmi face probleme. În prezent, neglijez să trimit o foaie de prezență de luni de zile și mă sustrag de la o mulțime de evenimente sau cursuri obligatorii.

Această auto-descriere ilustrează un paradox interesant: în obsesia lor pentru libertate, Rebelii pot ajunge să fie controlați. Acest student se hotărăște să se specializeze în dreptul constituțional nu pentru că l-ar interesa domeniul, ci pentru că nu vrea să se conformeze așteptărilor. Revolta este opusul conformării, dar nu este sinonimă cu libertatea.

Mi-am reamintit de acest aspect când un Rebel mi-a spus că „presiunea colegilor asupra lui are opusul rezultatului dorit. Dacă cineva încearcă să îl convingă să facă ceva, se revoltă automat și refuză". Nu își dădea seama că el, de fapt, *răspundea* la presiunea colegilor, însă contrar așteptărilor.

Rebelii vor să facă lucrurile în ritmul lor – și daca cineva îi presează să se grăbească, se încăpățânează și fac exact pe dos. Cei din jurul lor îi pot acuza de „tărăgănare", dar pe nedrept; ei nu tărăgănează lucrurile, doar urăsc să li se impună ce să facă. De fapt, insistența nu funcționează în cazul Rebelilor.

Desigur, acest tipar poate fi foarte frustrant pentru cei din jur. O Binevoitoare și-a amintit de soțul ei Rebel:

Aveam tendința de a interveni în numele lui atunci când nu putea începe sau duce la bun sfârșit o sarcină. Așteptam și șase luni până la finalizarea unui proiect, doar ca să realizez într-un final că ar fi fost mai ușor să îl fac singură. El se apăra spunând că nu totul se poate face în ritmul meu. De exemplu, i-a luat un an de zile să finalizeze un mic proiect de renovare a casei, care ar fi trebuit să fie gata în cel mult două săptămâni. De fiecare dată când aduceam asta în discuție, se enerva. A fost deranjat de faptul că mă așteptam să termine mai repede lucrarea, percepându-l ca pe o formă de control, iar eu am fost deranjată că a tărăgănat atât de mult lucrurile.

Când m-am gândit mai bine la ce îmi povestise femeia, mi-am dat seama că, probabil, soțului i-a luat un an să termine renovarea pentru că ea îl cicălea încontinuu.

Rebelii nu pot respecta un program fix. Programările îi fac să se blocheze, și de multe ori le anulează în ultimul moment.

Ei refuză sarcinile repetitive, plictisitoare – cum ar fi să ducă gunoiul în fiecare zi sau să facă rapoarte de cheltuieli – cu excepția cazului în care consecințele ar fi serioase. Mulți Rebeli menționează că apelează la plata automată a facturilor, și, atunci când își permit, sunt dispuși să plătească pentru externalizarea tuturor obligațiilor de rutină. De asemenea, ei au observat că, atunci când pur și simplu refuză să facă ceva, o vor face alții în locul lor.

Desigur, atunci când *trebuie* să facă ceva, fac. Cu toate acestea, găsesc și atunci o cale Rebelă. Am întrebat o prietenă Rebelă cum a reușit să-și plătească facturile la timp, și, fără să ezite, mi-a răspuns că făcea plățile de la birou, când, în mod normal, ar fi trebuit să muncească. Un lucru similar se întâmpla și când unui alt prieten Rebel i se impunea participarea la ședințe, iar el dezlega cuvinte încrucișate pe iPad, în mod ostentativ. Organizația putea să-l oblige să participe la ședințe, dar nu putea să îl facă să fie atent.

Chiar și atunci când Rebelii conștientizează motivul unei restricții, le vine greu să o accepte. Un Rebel mi-a spus că era căsătorit de cinci ani și își iubea soția, dar că avea o problemă cu ideea de monogamie. Nu îi plăcea să i se impună lucruri. Voia să se bucure de libertatea de a experimenta și să-și atingă potențialul complet, iar asta excludea ideea de „un singur partener pentru toată viața". (După un timp a divorțat.)

Rebelilor nu le place să fie etichetați, nici măcar pe bună dreptate. De exemplu, unii Rebeli se mută sau își schimbă slujba frecvent, de teama încadrării într-o anumită categorie. Unii Rebeli se contrazic în afirmații, deoarece nu vor să fie sclavii unei anumite viziuni; se vor răzgândi chiar în privința unei sarcini pe care și-au asumat-o singuri, pentru că nu vor să fie constrânși nici măcar de propriul angajament. Rebelilor nu le pasă de reputație, ba mai mult, s-ar putea să le facă plăcere să fie considerați dificili sau diferiți (această atitudine poate fi atât un punct forte, cât și un punct slab, în funcție de context).

Rebelii opun rezistență ori de câte ori *altcineva* are putere de decizie în ceea ce îi privește. Am observat un tipar interesant: când se înscriu la școală, Rebelii aleg din capul locului *o singură școală*. Știu de la bun început unde vor să învețe și nu acceptă ca alții să le hotărască viitorul.

Deși se opun oricărei așteptări impuse de alții, nu se sfiesc să-și impună propriile așteptări altora. După cum a remarcat la un moment dat Samuel Johnson, cu oarecare duritate: „S-a observat că cei care vociferează puternic în numele libertății, de cele mai multe ori o obstrucționează". Un Rebel s-a autoironizat cumva spunând că ar vrea ca ceilalți să facă ce vrea el, în aceeași măsură în care și el ar vrea să poată face ce vrea el.

Când ai de-a face cu Rebeli, este crucial să accepți că revolta face parte din natura lor; nu este o etapă, nu este ceva ce vor depăși. Un cititor mi-a scris într-un e-mail un lucru care mi s-a părut concludent la adresa Rebelilor: „Cu siguranță, Rebelii își vor da seama în cele din urmă că nu putem face doar ce vrem – adulții nu pot acționa așa". Adulții *pot* acționa așa, iar Rebelii *chiar* acționează așa. La bine și la rău.

Variații ale tendinței

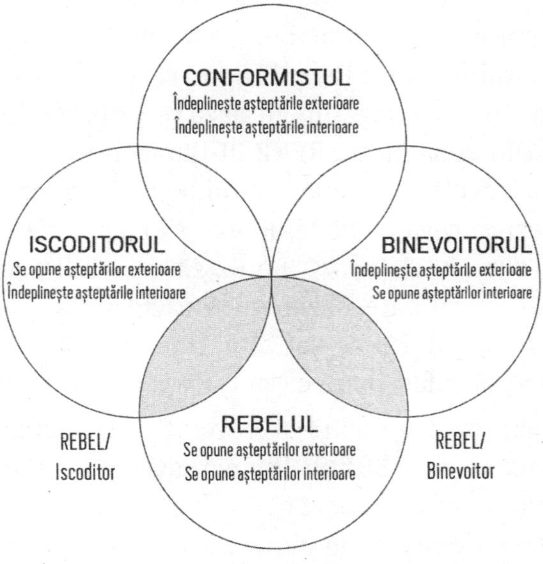

Ca și în cazul celorlalte tendințe, tendința Rebelilor se suprapune cu alte două Tendințe – cea a Iscoditorului (ambii se opun așteptărilor exterioare) și cea a Binevoitorului (ambii se opun așteptărilor interioare). Asemănările cu una sau cu cealaltă Tendință influențează foarte mult modul în care acționează Rebelii.

REBELII-Iscoditori se concentrează mai mult pe îndeplinirea propriilor dorințe decât pe rezistența la așteptările exterioare; spiritul de rezistență al Rebelilor rămâne puternic, dar sunt mai concentrați să facă ceea ce doresc decât să-i sfideze pe ceilalți. Ei întâmpină mai puține probleme în a opune rezistență propriilor așteptări; un REBEL-Iscoditor mi-a spus că e foarte liniștit când nu are motive de revoltă. Pentru că știe că nimănui nu-i pasă dacă el merge la sală sau nu, nu ratează nicio ședință. Îi place să lucreze pentru el, dar să lucreze pentru alții e un chin.

În schimb, REBELII-Binevoitori au o doză mai mare de încăpățânare – de a da înapoi, de a evita controlul. Ambii, atât Binevoitorii cât și Rebelii, opun rezistență așteptărilor interioare, o stare care alimentează resentimentul și împotrivirea. Din acest motiv, REBELII-Binevoitori sunt mai predispuși la revoltă („Nu mă poți obliga!") – chiar dacă este vorba despre ceva ce Rebelul *vrea* să facă. De exemplu, în eseul ei din *The Atlantic,* „Refuz să fiu adult", scriitoarea REBELĂ-Binevoitoare, Elizabeth Wurtzel declară vehement: „Fac ce vreau eu. Nu ce vor alții. Uneori nu fac lucruri pe care vreau să le fac, pentru că alții vor prea mult să le fac".

Aprobarea sau încurajarea venită din partea altora îi ambiționează pe REBELII-Binevoitori să acționeze exact pe dos. Un Rebel a explicat că atenția iubitoare a părinților lui i-a afectat obiceiurile bune: „Dacă încerc să-mi formez obiceiuri sănătoase (să mă trezesc mai devreme, să mănânc mai sănătos), simt că părinții mei sunt mulțumiți, așa că renunț imediat!"

În concluzie, deviza REBELILOR-Iscoditori este: „Fac doar ce vreau eu", iar cea a REBELILOR-Binevoitori este: „Refuz să fac ce vor alții să fac".

Desigur, tendința Rebelului presupune și alte trăsături de caracter. Un Rebel care este prin natura lui atent cu ceilalți se va comporta diferit față de un Rebel care nu are această calitate. Un Rebel ambițios va avea o traiectorie diferită în viață față de un Rebel căruia nu-i pasă de realizarea profesională. În cazul unor Rebeli, răzvrătirea este puternică și evidentă; în cazul altora, pare mai mult o agresivitate pasivă – un refuz liniștit, nonconflictual, de a face ce vor alții.

Unii Rebeli adoră să fie Rebeli. Un Rebel a declarat:

> Am făcut lucruri despre care alții ziceau că sunt imposibile. Rebelii sunt vizionari, revoluționari și găsesc mereu soluții inedite. Rebel fiind, le dau încredere celorlalți să iasă în afara zonei lor de confort și a regulilor stricte care le îngrădesc libertatea.

Cu toate acestea, dacă Binevoitorii sunt cei mai vehemenți în dorința lor de a aparține altei tendințe, următorii sunt Rebelii. Mulți Rebeli s-au autodefinit „Rebeli reticenți". Ei se simt izolați și frustrați și se află mereu într-o stare conflictuală. Un Rebel a explicat:

> Invidiez celelalte tendințe. De multe ori, simt că toți cei din jurul meu au trecut cu brio examenul de majorat, numai eu l-am picat. Mă frustrează că nu pot să-mi fructific ideile mărețe. Sunt extrem de creativ și, în ultima vreme, câștig mulți bani din fotografie. Cererile curg, iar eu mă simt presat de gândul că trebuie să fac față. Din

cauza asta mi-e groază să mai pun mâna pe cameră. Mă tem că, dacă continui tot așa, o să ajung să urăsc fotografia.

Când Rebelii își înțeleg tendința, își pot gestiona dezavantajele pentru a-și face viața mai ușoară și mai fericită.

Cum pot fi influențați Rebelii să îndeplinească o așteptare

Rebelii fac doar ce vor, din propriile motive. Dacă cineva le cere sau le spune să facă ceva, mai mult ca sigur vor refuza; prin urmare, cei din jurul lor trebuie să se ferească de declanșarea accidentală a spiritului lor de opoziție. Ușor de spus, greu de făcut.

Un Rebel simte nevoia să i se confirme mereu că el a fost cel cu ideile. Ceilalți speculează această nevoie a Rebelilor și, ca să nu intre în conflict cu ei, îi asigură mereu că toate ideile le aparțin.

Deci, care este cea mai potrivită abordare în cazul Rebelilor? Pe scurt, Rebelii răspund cel mai bine unui ciclu faptic care presupune *informații, consecințe, alegere*. Trebuie să le oferim informațiile de care au nevoie pentru a lua o decizie în cunoștință de cauză; să-i avertizăm cu privire la consecințele acțiunilor pe care le-ar putea întreprinde; apoi să le permitem să aleagă, fără discursuri sau amenințări.

- Un părinte ar putea să își sfătuiască astfel copilul: „O plimbare într-o zi caniculară se poate solda cu arsuri solare care ustură, supurează și apoi lasă o cicatrice urâtă în urmă. Copiii care pățesc asta trebuie să stea închiși în casă în timp ce prietenii lor se joacă pe afară. Cel mai bine ar fi să te dai cu cremă de plajă sau să-ți iei pe tine o bluză cu mânecă lungă".

- Un profesor ar putea spune: „Pentru a absolvi liceul, elevii trebuie să efectueze o sută de ore de voluntariat. Bobocii și studenții din anul doi au la dispoziție mai multe propuneri de proiecte din care pot alege. Ei pot alege și perioada în care vor să se ocupe de ele. Dar cu cât se hotărăsc mai greu, cu atât se reduc opțiunile. Au fost elevi din anii mai mari care și-au pierdut vacanța de primăvară din cauza acestor ore de voluntariat. Ușa mea este mereu deschisă oricui are nevoie de un sfat în privința unui proiect de voluntariat".
- Iată ce i-ar putea spune un soț soției lui: „Din cauza programului aglomerat al copiilor, familiile lor planifică activitățile cu mult timp înainte. Dacă nu anunți cu o săptămână mai devreme familiile cu copii înscriși la Clubul Cercetașilor care este calendarul întâlnirilor, s-ar putea să nu poată participa. Iar fiul nostru se va simți umilit. Tu ești liderul, de tine depinde".
- Iată ce ar putea spune un medic: „Cercetările au demonstrat că acest tip de exerciții sunt benefice persoanelor cu vârsta de peste șaizeci de ani. Oamenii care fac mișcare sunt mai independenți și sunt mai puțin predispuși la accidentări grave. Dacă sunteți interesat, acest pliant vă oferă mai multe sugestii pentru diferite tipuri de exerciții".
- Iată ce ar putea spune un șef: „Clientul ne-a stabilit un buget și un termen limită de o lună pentru a finaliza acest proiect. Dacă va fi mulțumit la final, o să devină clientul nostru permanent, ceea ce înseamnă mai multe proiecte și mai mulți bani pentru noi toți. Cum îți sună asta?"

Rebelii fac mereu ce vor ei, dar, dacă anticipează că o acțiune va avea consecințe neplăcute, vor renunța la idee. Și chiar și atunci când, inițial, amână să facă ceva în urma unei replici de genul: „Este alegerea ta, dar te-ai gândit la... ?", ulterior, se vor gândi de două ori înainte să ia o decizie.

Pentru ca sistemul informații-consecințe-alegere să funcționeze, Rebelii trebuie să simtă pe pielea lor niște consecințe neplăcute pentru sănătatea, reputația sau interesele lor. Aceste consecințe sunt foarte neplăcute și, din păcate, îi pot afecta și pe alții. Cu toate acestea, dacă ceilalți preiau sarcinile Rebelilor, ei nu mai au niciun motiv să acționeze.

Discutam cu un prieten Binevoitor această problemă a consecințelor și îmi spunea că cel mai tare îl deranjează că el este victima colaterală a consecințelor acțiunilor soției sale Rebele. Dacă ea nu plătește factura de cablu, nu se mai pot uita la televizor. Dacă ea hotărăște în ultimul moment că nu vrea să meargă la concert, pierd banii dați pe bilet (bani comuni).

I-am spus, încercând să nu par prea dură, că avea două posibilități: fie să găsească o modalitate de a pune problema care să rezoneze cu natura Rebelă a soției, fie să-și asume consecințele negative.

Cu altă ocazie, un prieten mi-a povestit cum o prietenă comună Rebelă a fost invitată la un eveniment de caritate și a refuzat să confirme participarea. Organizatorii au tot insistat să primească un răspuns, argumentând că trebuie să știe câte porții de mâncare să comande la firma de catering, dar ea nu a catadicsit să dea un răspuns. A apărut în cele din urmă la eveniment și s-a plâns toată noaptea de locul care i se repartizase.

„Vezi", am spus, neputând să renunț la șansa de a ține o mică prelegere despre cele patru tendințe, „organizatorii nu și-au ales bine argumentele! Ar fi trebuit să-i dea mai multe detalii și variante și să-i menționeze și consecințele: «Dacă ne confirmați acum, puteți alege masa la care doriți să stați, alături de prietenii dumneavoastră. Dacă nu avem confirmarea în timp util, mai mult ca sigur aceste locuri se vor ocupa și vor rămâne disponibile doar locuri izolate la mese cu necunoscuți. Anunțați-ne când luați o decizie.»"

Informații, consecințe, alegere. Fără prelegeri sau cuvinte pompoase.

În mod ironic, natura controversată a Rebelilor îi face ușor de manipulat. Ceilalți pot exploata impulsivitatea lor, exprimată prin: „Nu mă poți obliga!" sau „O să-ți arăt eu!" sau „Ia aminte la mine!". O prietenă era îngrijorată că fiica ei Rebelă se uita prea mult la televizor și a pus problema în felul următor: „Ai fost destul de stresată în ultima vreme, ar trebui să te relaxezi. Stai acasă câteva zile și uită-te la televizor". În acel moment, fiica ei s-a ridicat de pe canapea, a oprit televizorul și a ieșit pe ușă.

„Nu cred că poți să termini raportul până vineri", „Nu cred că poți să renunți la zahăr" sau „Nu cred că îți va plăcea" sunt replici care ar putea declanșa spiritul de contradicție al Rebelului (deși, e adevărat că unii dintre ei se prind imediat). O formulare de genul: „Văd că nu te duci la sală azi" ar putea genera răspunsul: „Oh, ba da, mă duc", în timp ce una de genul: „Nu crezi că ar trebui să te duci astăzi la sală?" va genera exact opusul răspunsului anterior: „Nu mă duc".

De fapt, unii psihoterapeuți folosesc „intervenția paradoxală" cu pacienții lor. Asta înseamnă că le recomandă chiar comportamentul care trebuie schimbat. Există diverse explicații cu privire la motivul pentru care funcționează acest lucru, dar pun pariu că cel mai bine funcționează în cazul unui Rebel. De exemplu, dacă un copil face o criză de furie de fiecare dată când i se spune să-și facă patul, părinții ar putea să îi dea următorul sfat: „Înainte să îți faci patul, țipă cât de tare poți câteva minute".

Un Rebel a explicat cum s-a asigurat că nu va cădea în această capcană a împotrivirii. „Prima mea reacție când cineva îmi cere să fac ceva – sau mai rău, mă controlează – este să spun «Nu» sau «Lasă-mă în pace». Când se întâmplă așa, încerc să mă conving că nu este în regulă să mă împotrivesc doar pentru că cineva mi-a cerut să fac un lucru. A nu-l face doar pentru că cineva își dorește este la fel de greșit cu a nu-l face pentru că cineva îți impune."

În ciuda impulsului de a se împotrivi dacă li se cere sau li se spune să facă ceva, *Rebelii pot face anumite lucruri din dragoste* – atunci când acționează din dorință, nu din obligație. Dacă cineva drag are o așteptare, Rebelul va simți nevoia să o îndeplinească, să-și demonstreze dragostea. Dar este o alegere. Un adolescent Rebel mi-a povestit o întâmplare din viața lui. Intenționa să-i facă o surpriză plăcută mamei lui și să facă ceva treabă prin casă în timp ce ea era plecată. Dar, exact când ieșea pe ușă, ea i-a cerut să facă asta și vraja s-a rupt. „În niciun caz!" a fost primul lui gând. „Era distractiv, cât aveam de gând să-ți fac o surpriză, mamă, dar acum, când a devenit o sarcină, nu mai e."

De fapt, atunci când medicii, părinții, partenerii, profesorii, prietenii sau șefii pun presiune pe Rebeli, ei îi fac să se împotrivească.

De exemplu, chiar și o recompensă pentru un comportament bun, „dacă îți termini treaba, poți pleca mai devreme", este o formă de control care poate avea un efect negativ asupra Rebelilor. Lauda sau alte încercări de a-i încuraja sau de a-i motiva pe Rebeli pot să aibă efect contrar. Un Rebel mi-a povestit:

> Vara trecută, am lucrat din greu în cadrul unui program Couch to 5K*. După ce am alergat primul meu kilometru, am postat pe Facebook. Am primit atât de multe încurajări, atât de mulți oameni m-au îndemnat: „Ține-o tot așa!" sau „Ne vedem la 5K la toamnă!", încât moralul meu era la cote maxime. Dar nici n-am mai alergat vreodată! Dădeam vina pe vremea nefavorabilă sau pe faptul că trebuia să plec în delegații, dar, de fapt, mă răzvrăteam împotriva așteptărilor celorlalți.

Un alt Rebel a avut o experiență similară:

> Eram la facultate, studiam ce îmi dorisem dintotdeauna să studiez și mă descurcam destul de bine (obținusem 95 de puncte la examen), când profesorul m-a chemat în biroul lui și mi-a spus că „se poate și mai bine". De atunci, notele mele au scăzut. Am simțit că, dacă obțineam punctajul maxim, așa cum sugerase el, câștigul ar fi fost cumva al lui.

Rebelii nu vor să primească indicații de la nimeni, nici măcar dacă e vorba despre ceva care le face plăcere. O cititoare ne-a povestit:

> La începutul căsniciei, nu puteam să înțeleg cum de soțul meu nu sărea pe mine de fiecare dată când îmi puneam o lenjerie sexy. Cu timpul, mi-am dat seama că lenjeria

---

* Pierdere de greutate prin alergare. (n. red.)

> intimă neagră de dantelă este garanția unei seri romantice ratate. Soțul meu este atât de Rebel, încât nici sex nu-i place să i se spună când să facă. După aproape douăzeci de ani de căsătorie, am învățat să fac avansuri subtile și doar ocazional, astfel încât el să aibă impresia că a fost hotărârea lui, nu a mea.

Din acest motiv, atunci când un Rebel propune să preia o sarcină, cel mai bine este să nu intervii cu un plan „mai bun":

> Dacă și când soțul meu Rebel are chef să facă ceva care mă avantajează, mai bine accept pe loc, pentru că s-ar putea să nu se mai întâmple altădată! De exemplu, pe vremuri, dacă el ar fi spus brusc într-o seară, în timpul săptămânii, la ora 21.00: „Mă duc să fac curățenie în garaj", aș fi zis: „Să așteptăm până în weekend, când avem mai mult timp și putem să ducem lucrurile care nu ne mai trebuie la fundația Goodwill. Cred că ar fi mai bine să ne culcăm devreme în seara asta". Acum spun doar: „Super!"

Cei aflați în jurul unui Rebel pot încerca să-l ajute, să-l încurajeze, să-i amintească că ar trebui să acționeze. Dar ei se crispează când Rebelii îi refuză. În realitate, insistența lor este cea care blochează lucrurile, deoarece insistența provoacă rezistența Rebelilor. O Rebelă mi s-a plâns:

> Eram pe punctul de a începe să-mi caut de lucru, când soțul meu (Binevoitor) s-a apucat să-mi pună tot felul de întrebări. Mi-a spus inclusiv că nu încerc destul de mult. În consecință, am amânat căutarea. Nu am putut să continui, pentru că mă simțeam blocată și monitorizată. El spunea că vrea să mă ajute dar, de fapt, nu avea încredere în competențele mele. Totul ar fi fost bine dacă m-ar fi lăsat în pace.

Deși Rebelilor nu le place să li se spună ce să facă și nici să fie constrânși de un program, uneori fac compromisuri; de exemplu, în loc să le impui Rebelilor o oră fixă, lăsă-i să aleagă o oră care le convine dintr-un interval mai mare de timp. S-ar putea să fii abordat de un coleg de muncă în felul următor: „Șeful a început să țină prelegerile lui plicticoase despre cum trebuie să arate bugetul pe anul viitor. Așadar, cândva, săptămâna viitoare, oricând simți că este un moment bun, hai să ne uităm împreună peste simularea bugetului pentru anul viitor". Sau de un prieten: „Următoarele câteva luni vor fi o nebunie, dar sunt prin preajmă weekendul ăsta. Mi-ar plăcea să ne vedem, așadar sună-mă dacă ai chef".

Informații, consecințe, alegere.

Cum se pot autoinfluența Rebelii pentru a îndeplini o așteptare

Rebelii se chinuie să stabilească ce trebuie să facă. Ei îi frustrează pe ceilalți, dar și pe ei înșiși cu o încăpățânare care îi duce până în punctul în care se opun propriilor lor dorințe. O Binevoitoare mi-a relatat:

> I-am pus soțului meu câteva întrebări din test, fără să-i menționez că ar fi vorba despre un test (nu l-ar fi făcut dacă aș fi sugerat eu asta!), iar el a răspuns ca un Rebel adevărat. Nu vrea să se simtă legat de ceva sau cineva, se răzgândește frecvent dacă i se impune să își ia un angajament și, în general, face opusul a ce se așteaptă de la el. Se luptă cu frustrarea rezultată din incapacitatea de a se mobiliza să facă lucrurile pe care și le propune și despre care știe că l-ar face fericit. Urăște că nu merge la sală. Se simte rău când alții îl consideră

nestatornic sau neserios. Tenacitatea și consecvența sunt niște calități extraordinare, dar ce te faci când ele acționează împotriva ta?

Rebelii sunt fideli propriei voințe, dar sunt deseori distruși de propria încăpățânare. Ei resimt programele fixe și planurile ca pe niște obligații și le resping din start, chiar dacă acestea nu îi deranjează cu nimic ci, din contră, îi avantajează. (Totuși, unora dintre ei le plac planurile, agendele, precum și alte lucruri de acest gen, care cu siguranță nu se înscriu pe lista de obiceiuri specifice Rebelilor, dar cu condiția să nu contravină *dorinței* lor.)

Ei se supără foarte tare când încearcă să-și creeze obiceiuri bune, cum ar fi să facă mai mult sport, să trimită la timp facturile clienților, să sune cât mai mulți clienți pentru a le prezenta serviciile companiei, și se blochează din cauza firii lor. Strategiile de a reuși ce își propun, pe care le folosesc persoanele care au celelalte tendințe, nu funcționează și în cazul Rebelilor.

Așadar ce pot face ei? Rebelii care nu suportă planurile, programele fixe, obiceiurile și angajamentele, pot acționa în stilul lor. Ceea ce trebuie să își spună mereu un Rebel este: *Pot să fac orice vreau să fac.*

De exemplu, Rebelii pot îndeplini așteptările care le permit să-și exprime *identitatea* (adică să fie exact cine vor ei să fie și să acționeze în consecință). Un Rebel mi-a explicat:

> Ca scriitor, dacă îmi propun un maraton de 30 zile de scris non-stop, e ca și cum mi-aș semna propria sentință. Cel mai neinspirat lucru pe care îl pot face este să anunț public, pe blogul meu, ceva de genul ăsta. Negreșit, tot eu voi fi acela care se va opune din răsputeri. În schimb,

dacă îmi iau angajamentul doar față de mine însumi, lucrurile se schimbă. Îmi propun să fiu genul de scriitor care scrie în fiecare zi. Îmi imaginez cum m-aș trezi în fiecare dimineață și m-aș apuca de scris, cum m-aș simți când aș termina cartea și... chiar mă apuc de treabă.

Deoarece Rebelii pun mare preț pe sinceritatea față de ei înșiși, ei reușesc să-și creeze acele obiceiuri care le exprimă *identitatea*. Un Rebel a explicat că, dacă un obicei îl reprezintă, atunci acesta nu îl va trage în jos ci, dimpotrivă, îi va permite să fie autentic. Pentru a-și îndeplini obiectivele financiare, un Rebel s-ar putea baza pe abilitatea caracteristică tendinței sale de a face alegeri inteligente, iar acest lucru i-ar asigura o libertate pe termen lung. Un alt Rebel și-a dat seama că, de fapt, el se respectă foarte mult și vrea să aibă grijă de corpul lui, așadar nu are rost să-și propună obiective de felul: să mănânce sănătos, să facă mișcare, să folosească ață dentară etc. Acestea fac parte din identitatea lui și le face în mod firesc.

Unii Rebeli creativi jonglează cu ideea de identitate. Un Rebel mi-a spus: „Când trebuie să fac chestii repetitive, totul în mine se revoltă: «Nuuu!». Așa că joc un joc pe care îl numesc «ca și cum». Mă prefac că sunt altcineva – un majordom impecabil, un bucătar, un designer de interior, un poet celebru, un om de știință ager la minte – și mă filmez în timp ce joc aceste roluri. Sună ciudat, dar funcționează".

Un Rebel a combinat această strategie a identității cu nevoia de provocare a Rebelilor. El mi-a explicat: „Ca să reușesc în ceea ce îmi propun, îmi păcălesc mintea cu o provocare. Îmi spun: «Sunt un Rebel care se poate ține de o rutină». Această provocare mă entuziasmează. Este rebel să fii un Rebel disciplinat care face lucruri ne-rebele".

În mod similar, Rebelii pot lega o activitate de valorile lor profunde, privind-o ca pe o expresie a personalității lor. „Am reușit să îmi formez obiceiul de a face mișcare înscriindu-mă la un maraton care era organizat în scop caritabil, pentru o cauză în care credeam cu tărie", și-a început relatarea un Rebel. „Legând alergarea de nevoia mea puternică de a «face ceva» pentru această cauză, am reușit să-mi mențin obiceiul."

Pe de altă parte, un alt Rebel a recomandat specularea aversiunii Rebelului de a fi blocat într-o singură identitate, chiar dacă este vorba despre identitatea lui proprie, de Rebel. El a afirmat: „Știu foarte bine cum se manifestă revolta Rebelului și atunci (aceasta este partea importantă) mă revolt împotriva firii mele Rebele și aleg răspunsul care mă va ajuta să-mi îndeplinesc obiectivul".

O identitate Rebelă poate fi, de asemenea, modelată de ceva negativ – Rebelii pot alege să-și anuleze obiceiurile din cauza a ceea ce *nu*-și doresc să fie. „Nu sunt genul de antrenor care întârzie la antrenamente și îi face pe copii să aștepte", a afirmat un Rebel. „Identitatea mea este una de om «responsabil», probabil pentru că mama, împotriva căreia m-am răzvrătit cel mai mult, m-a numit mereu iresponsabil", afirmă un altul.

Rebelii folosesc modalități ingenioase pentru a evita declanșarea spiritului lor de rezistență, deseori prin introducerea unui element de joc, a unei provocări sau alegeri. Un Rebel spunea că a strecurat provocarea în cele mai strategice și de lungă durată proiecte (pentru mine, plictisitoare): „Am să dau gata toate documentele companiei în materie de integrare a liber-profesioniștilor până lunea viitoare". Un alt Rebel a transformat perspectiva de a îndeplini sarcini de rutină, programate, într-un joc:

> În loc să-mi fac o listă de sarcini, notez fiecare sarcină pe un bilețel de hârtie. Pun toate bilețelele într-un castron, apoi aleg unul și îndeplinesc sarcina scrisă pe el. Nu trec la o altă sarcină până când nu o finalizez pe cea începută. Acest lucru pare un joc de noroc distractiv, iar imaginea bilețelelor este mai puțin descurajantă decât o listă cu sarcini.

Un alt Rebel a reușit să folosească cu succes o listă cu lucruri de făcut printr-o simplă înlocuire de cuvinte. A înlocuit „de făcut" cu „ar putea fi făcute". Diferența constă în faptul că lucrurile „de făcut" induc ideea impunerii, pe când lucrurile care „ar putea fi făcute" induc ideea alegerii.

În unele cazuri, Rebelii pot reformula situația astfel încât, în loc să se gândească la o sarcină ca la o așteptare din partea cuiva – ceea ce i-ar face să se opună – să considere că persoana respectivă îndeplinește, de fapt, o așteptare a lor. În același fel poate fi perceput și un job, nu ca o sarcină de îndeplinit, ci ca o oportunitate pentru Rebel de a-și dezvolta abilitățile. Un prieten Rebel mi-a spus: „Brokerul care se ocupă de ipoteca mea mi-a cerut să îi trimit niște informații și am tot amânat până când am conștientizat că, de fapt, ea lucrează pentru mine, îmi refinanțează ipoteca, așa că de ea depinde câți bani vor ieși din buzunarul meu și vor intra în buzunarele băncii. Și... i-am trimis imediat informațiile".

Antipatia Rebelilor față de constrângere se poate concretiza în ceva pozitiv. Ei reușesc să reziste tentației de a fuma, de a consuma junk food sau alcool, de a se folosi în exces de tehnologie sau de a face lucruri care le-ar putea crea dependență sau sentimentul că sunt controlați. Un Rebel mi-a scris:

> Când încercam să țin o dietă, mă gândeam mereu: „Nu pot face ce vreau", și asta mă făcea să mă revolt împotriva ei. Acum cred invers: „Pot face oricând ce vreau și ceea ce vreau este să țin această dietă".
> Mi se pare că marile corporații încearcă să ne impună un stil de viață nesănătos. Alimentele sunt pline de chimicale, grăsime, zahăr și sare și sunt total lipsite de substanțe nutritive. Prin utilizarea a tot felul de substanțe chimice, ei încearcă să ne facă dependenți de aceste alimente, să ne inducă pofta și în final să ne facă sclavii lor. Ei bine, luați-vă toate mizeriile astea scumpe și băgați-vi-le undeva! Asta cred despre toate prăjiturelele, biscuiții, chipsurile, făina albă, zahărul rafinat și chiar despre produsele hippie-dippie*, care încearcă să pozeze în alternative sănătoase. E suficient de Rebel pentru tine?
> Nu mă simt privat de la nimic pentru că, în calitate de Rebel, îmi încalc de obicei propriile reguli și mănânc ce vreau, când vreau. Doar că de cele mai multe ori mă revolt împotriva industriei alimentare nesănătoase.

Rebelilor nu le place să fie legați de un program, așa că se descurcă mai bine când fac ce vor, când vor, fără așteptări care le-ar putea declanșa împotrivirea. De exemplu, în loc să-și pună pe smartphone memento-uri ca să facă mișcare – lucru care ar putea declanșa împotrivirea – un Rebel ar putea strânge pliantele tuturor cursurilor de activități sportive din cartier și, când are chef, să-l aleagă pe cel care îi face cu ochiul.

Rebelii pot face orice vor să facă și de cele mai multe ori ei își vor inventaria în minte motivele pentru care ar

---

* Ceva unic, ciudat, extraordinar, ieșit din comun. (n. red.)

vrea să evite consecințele negative ale acțiunilor lor. Un Rebel mi s-a confesat: „Îmi plătesc impozitele la timp, fiindcă problemele cu Fiscul îmi creează mai multă bătaie de cap decât pot să duc. O știu din experiență. Semnalizez când schimb direcția, nu pentru că mă supun regulilor rutiere, ci pentru că nu vreau să mă bușească vreun idiot".

Unii Rebeli folosesc consecințele negative ca pe o modalitate de a-și impune lor înșiși să acționeze. Am auzit de o scriitoare Rebelă ambițioasă care s-a menținut în top pentru că, imediat ce câștiga banii, îi dona. Știa că, dacă ar fi rămas fără motivația de a face bani, nu ar mai fi putut să scrie.

Când Rebelii își înțeleg tendința, o pot pune în slujba obiectivului lor, acela de a face doar ce vor ei.

De ce Rebelii sunt atrași de o viață care presupune reglementări supreme

Tendința Rebelă presupune paradoxuri surprinzătoare. De exemplu, unii Rebeli optează pentru instituții unde există multe așteptări și reguli, cum ar fi armata, poliția, corporațiile mari și comunitățile religioase.

Pentru Rebeli, acest lucru reflectă o nevoie profundă de scop. Un Rebel a explicat: „Cred că un Rebel își dorește să ajungă în armată sau în cler, deoarece acest lucru îi creează sentimentul că are un scop în mijlocul acestui haos permanent care este viața noastră. Un Rebel care lucrează într-un birou (ca mine) se simte închis într-o cușcă". Un alt Rebel a venit cu explicații suplimentare: „Îi întâlnești pe Rebeli printre miniștri și militari, fiindcă au descoperit ceva suficient de important să merite toată energia și devotamentul lor".

De asemenea, mulți Rebeli își iau energia din rezistență, iar mediile foarte strict reglementate furnizează Rebelilor reguli și limite de ignorat, convenții de încălcat. Un Rebel a scris:

> Ca fost membru al Marinei Militare, sunt de acord că există o incidență ridicată a Rebelilor în armată. Observația mea, fiind eu însumi un Rebel, este că acest lucru este adevărat, deoarece deseori Rebelii pot intra în încurcătură fiindcă refuză să respecte regulile impuse de societate, și este posibil să ajungă să aibă de ales între închisoare și armată (doi apropiați de-ai mei au fost în această situație). Armata presupune o mulțime de reguli de urmat, lucru care generează o gamă largă de opțiuni de încălcare a lor. Eu așa am supraviețuit rigidității marinei. Multe reguli nu puneau viața în pericol, așa că am încălcat multe dintre ele. Cu toate acestea, am avut o carieră de succes și am obținut multe recompense.

Posturile care presupun un mare grad de disciplină pot fi potrivite pentru Rebelii care consideră că prea multă libertate i-ar face să dea greș. După cum a spus un Rebel: „Mă revolt împotriva instituției, dar vreau să fiu acolo, ca să am motiv de revoltă".

Când am studiat atracția Rebelilor față de reglementări maxime, am fost uimită de exemplul lui Thomas Merton. Merton a fost un călugăr trapist ale cărui scrieri au fost foarte influente între anii 1950 și 1960; în 2015, Papa Francisc a vorbit despre el, considerându-l un american a cărui operă a fost o sursă de inspirație până în zilele noastre. Merton face foarte multe referiri la natura Rebelului: impulsul de a se opune, nevoia de libertate, determinarea de a face lucrurile în felul său.

Pentru Rebeli, libertatea reprezintă valoarea primordială, iar pentru Merton, libertatea vine odată cu acceptarea totală a voinței lui Dumnezeu. O acceptare care oferă în schimb eliberarea de revolta continuă, obositoare, care îi mistuie pe Rebeli și de egoul lor controversat care îi aruncă într-un șir lung de frământări și le provoacă durere.

În 1941, Merton a devenit călugăr trapist la Mănăstirea Gethsemani din Kentucky, dar a făcut-o în stilul lui propriu. Deși trapiștii respectă un program strict în cadrul comunității lor, Merton l-a convins pe stareț să-i permită să construiască un „schit", și odată ce s-a mutat în acel schit, a fost absolvit de aproape toate obligațiile monahale și de munca colectivă; și nu numai atât, eliberat de orice supraveghere, „schitul" său a devenit locul unde s-a întâlnit cu zeci de vizitatori.

Cea mai spectaculoasă rebeliune a lui Merton a avut loc în 1966 când, după o operație, s-a îndrăgostit de o asistentă care era încă studentă, M. Merton nu a ezitat să încalce regulile. El și M. s-au întâlnit de multe ori „pe furiș", și-au scris scrisori și au vorbit la telefon, iar Merton și-a dezamăgit prietenii cerându-le să-l acopere și să-l ajute să se întâlnească cu iubita lui. Lui Merton îi era clar că Dumnezeu aproba orice voia să facă.

Tendința Rebelă este o tendință a puterii și a paradoxului.

REZUMAT: REBELUL

PUNCTE FORTE PROBABILE:

Gândire independentă

Gândire creativă

Nu este guvernat de înțelepciunea convențională

Dorește să meargă pe calea proprie, să înlăture convențiile sociale

În contact cu dorințele lui autentice

Spontan

PUNCTE SLABE POSIBILE:

Refuză când i se cere sau i se impune să facă ceva

Necooperant

Nechibzuit

Are probleme cu îndeplinirea sarcinilor repetitive

Nu respectă regulile general acceptate

Neliniștit; poate fi dificil să rămână fidel
unui loc de muncă, unei relații, unei comunități

Luptă cu rutina și planificarea

Nu îi pasă de reputație

10

Relaționarea cu un Rebel

Nu ești șeful meu!

Muncă • Partener • Copil • Pacient • Alegerea unei cariere

Relaționarea cu un Rebel la locul de muncă

Rebelii pot aduce un plus de valoare semnificativ la locul de muncă prin tendința de a nu respecta convențiile, prin capacitatea de a gândi creativ, prin conexiunea cu interesele și dorințele lor autentice.

Un Rebel mi-a trimis imaginea de mai jos, însoțită de un motto care se potrivește de minune cu viziunea Rebelului:

> Dacă ar fi să mă descriu folosind
> o singură expresie, aceasta ar fi
> „nu urmez instrucțiunile".

Rebelii prosperă la locul de muncă, atunci când munca pe care o fac este conformă cu obiectivele lor.

Rebelii pot fi foarte productivi, dar numai dacă li se permite să-și facă treaba în felul lor. Cu cât sunt mai puțin exploatați și supravegheați, cu atât mai bine, însă este adevărat că, paradoxal, unii Rebeli au nevoie de un sistem pe care să îl ignore și căruia să i se împotrivească.

Mulți Rebeli răspund bine la o pretenție sau la o provocare și prosperă într-un mediu în care își fac munca în felul lor. Un Rebel a explicat:

> Prima mea slujbă, după facultate, a fost la o firmă mare de consultanță. Am avut un șef extraordinar. Mi-a dat un proiect complicat și a spus: „Uite, avem o mare problemă. Nu știu cum să o rezolv, ocupă-te tu. Revino peste trei luni cu un răspuns. Sună-mă dacă întâmpini greutăți". A fost perfect pentru mine. Mi-a plăcut enorm. Dar apoi a plecat, și m-am ales cu un nou șef care dorea să mă monitorizeze. În final, am renunțat și mi-am înființat propria companie.

Reține că abordarea *fără intervenții* a primului șef, deși foarte eficientă pentru un Rebel, s-ar putea să nu funcționeze în cazul unui Binevoitor.

Rebelii iubesc provocarea, dar urăsc sarcinile banale, repetitive, care pot sau nu să fie o mare problemă, în funcție de locul de muncă. O Rebelă și-a descris comportamentul în felul următor: „Pentru a compensa eșecul cu sarcinile de rutină, lucrez intens la lucrurile care îmi plac, care implică provocări interesante. Am mult succes, dar cred că ar trebui să am și mai mult, luând în considerare cât de mult efort depun. O mare parte din munca mea compensează pentru deficiența activităților de rutină". Poate că ea și șeful ei ar putea redistribui câteva sarcini de rutină, care nu se realizează oricum, astfel încât Rebelul să se poată concentra pe provocări cu adevărat importante.

Deși, în general, Rebelii nu se împacă bine cu ordinele și instrucțiunile, unii dintre ei colaborează bine cu celelalte tendințe când ocupă un post de conducere. Un Rebel a explicat că își dorește ca toți să facă lucrurile în felul lor, de la angajați până la copii. Conștientizează că este deranjant să fii așa și să nu vrei să te conformezi la nimic, așa că alege angajați care pot coopera cu o persoană de acest fel.

Un prieten Rebel, profesor respectat, mi-a spus:

— Domeniul academic îi atrage pe Rebeli.

— Dar ce zici de un post de titular? am întrebat.

— Ca să obții un post de titular trebuie să publici ceva: o carte, două, mai multe articole. După ce obții postul, tot ce trebuie să faci este să îți ții cursurile și ai toată libertatea din lume să faci asta cum consideri. Decanul nu îți va atrage niciodată atenția că au trecut mai bine de zece ani de la ultima ta carte, chiar dacă asta gândește. Deci scriu pentru că vreau să scriu, nu pentru că mă obligă cineva.

În calitate de șefi, Rebelii sunt lideri incitanți, creativi, determinați și au dorința de a-și urmări viziunea. Dar poate fi și foarte greu să lucrezi cu ei.

Iată ce mi-a povestit un Iscoditor:

> Când mi-am dat seama că fosta mea șefă era o Rebelă, am înțeles în sfârșit un tipar de comportament pe care eu, ca Iscoditor, nu l-am putut înțelege multă vreme. Dacă primea o sarcină de la șeful ei, găsea mereu ceva de obiectat, chiar dacă era vorba despre un lucru pe care chiar ea plănuise să-l facă. Stabileam un proces de lucru și ea renunța la el după o săptămână.

> În calitate de Iscoditor, a fost foarte incomod să lucrez pentru o Rebelă. Nu am înțeles de ce a făcut alegerile pe care le-a făcut sau de ce nu s-a putut ține de o decizie. Niciodată nu părea să existe un raționament logic în spatele deciziilor ei.

În relația cu angajații Rebeli, este util să furnizezi informații, să prezinți sincer consecințele posibile și să le permiți să aleagă cum să acționeze. Informații-consecințe-alegere: „Întâlnirea săptămânală a personalului reprezintă momentul în care luăm multe hotărâri importante și în care împărțim sarcinile. Dacă ratezi o întâlnire, nu vei mai avea niciun cuvânt de spus despre hotărârile luate și s-ar putea să te trezești cu sarcini care să nu-ți fie tocmai pe plac".

Un Rebel, care se vrea un lider redutabil, un vizionar autentic sau un șef înțelegător, va alege să acționeze în armonie cu acea identitate. „Când participi la întâlnirile lunare, angajații simt că ești interesat să le asculți ideile și frustrările. Când nu participi, pari inabordabil, ca și cum nu ți-ar păsa de opiniile lor."

Rebelii își doresc adesea să-și înceapă propria afacere sau să fie liber profesioniști pentru că vor să muncească pentru ei, în felul lor, după propriul lor program, fără ca nimeni să le spună ce să facă. Dar de multe ori ajung să se frământe pentru că nu reușesc să-și spună lor *înșiși* ce să facă. Nu suportă termenele limită, refuză să îndeplinească sarcini plictisitoare sau repetitive, nu vor să fie blocați într-un program.

Din acest motiv, antreprenorii Rebeli fac adesea parteneriate, de obicei cu Binevoitorii care se asigură că sarcinile esențiale sunt realizate. Am vorbit cu un Rebel care a lansat un site de internet de succes: „Eu furnizez viziunea, sunt vocea brandului, generez ideile care asigură continuitatea", a spus el. „Am zile când mă duc la birou și zile când nu mă duc. Partenerul meu se ocupă de publicitate, gestionează personalul și supraveghează situația financiară."

Așa cum fac parteneriate cu Binevoitorii în muncă, Rebelii fac adesea parteneriate și cu membrii familiei. O explicație poate fi aceea că un membru din familie are mai multă înțelegere, experiență și toleranță față de un Rebel.

Relaționarea cu un partener Rebel și modelul cuplului Rebel-Binevoitor

Din cauza provocărilor legate de relația de cuplu cu un Rebel, mulți m-au întrebat dacă este mai puțin probabil ca Rebelii să reziste într-o relație pe termen lung. Studiile efectuate pe eșantionul reprezentativ au demonstrat că Rebelii au aceleași șanse ca și celelalte tendințe să aibă relații de lungă durată.

Conștientizarea apartenenței la tiparul de Rebel face ca justificările comportamentului acestuia să fie mult mai clare. O prietenă din facultate mi-a spus că, de când știe că soțul ei este un Rebel, se simte mult mai bine în relația cu el. Nu o mai ia ca un afront când el hotărăște unilateral să facă sau nu ceva. Ea nu consideră că asta reflectă cât de mult o iubește sau cât de reușită este căsnicia lor. El așa se comportă cu toată lumea.

Pentru Rebeli, ca și pentru noi toți, consecințele pot fi uneori suficient de grave pentru a-i determina să acționeze. O Conformistă a descris modul în care soțul ei Rebel, pus în fața divorțului, și-a schimbat comportamentul, din dragoste:

> Adevărul este că, la început, făceam eu toată treaba. Relația noastră s-a deteriorat în decurs de un an. Dar soțul meu m-a convins să facem psihoterapie de cuplu și am învățat să ne respectăm reciproc.
> În calitate de Conformist, am o mulțime de motivații. Dar soțul meu Rebel nu are decât una: IUBIREA. El face lucruri din dragoste și numai din dragoste. El și-a dat seama de lucrurile care contează pentru mine și face eforturi pentru a mă susține doar pentru că mă iubește. Combinația noastră particulară de personalități ne-a oferit un stil de viață unic. Eu am o afacere de succes, iar el are grijă de copii.

Care este lucrul cel mai important pe care trebuie să-l știe partenerul de viață al unui Rebel? *Cu cât rogi mai mult un Rebel să facă ceva, cu atât se va opune mai mult.* Am cunoscut pe cineva care forma un cuplu cu un Rebel și care spunea că i-au trebuit douăzeci de ani să realizeze că, cu cât cerea mai puțin, cu atât primea mai mult.

S-a demonstrat că, *dacă un Rebel se află într-o relație de succes pe termen lung, acasă sau la serviciu, partenerul de cuplu sau de muncă este de obicei un Binevoitor.*

Puțini Conformiști sau Iscoditori pot colabora cu Rebelii. Conformistul consideră că Rebelul este impulsiv și iresponsabil, iar Rebelul consideră că Conformistul este rigid; Iscoditorul consideră că Rebelul este impulsiv, iar Rebelul consideră că Iscoditorul analizează prea mult.

Binevoitorii, mult mai mult decât Conformiștii sau Iscoditorii, găsesc satisfacție în acțiunile Rebelilor și pot înțelege și obține beneficii de pe urma perspectivei Rebelilor.

Spre deosebire de Conformiști și Iscoditori, care sunt tulburați de atitudinea Rebelilor de a nu satisface așteptările,

Binevoitorii pot beneficia și se pot bucura (cel puțin uneori) de refuzul acestora de a se îndrepta spre așteptările exterioare. Pentru un Binevoitor, care resimte o presiune extraordinară în a îndeplini așteptările exterioare, este o ușurare să aibă pe cineva alături care le ignoră cu nonșalanță. O Binevoitoare căsătorită cu un Rebel și-a amintit o întâmplare: „Soțul meu a primit o invitație la un eveniment pentru scriitori care se ținea într-un loc exotic. Am acceptat invitația și, odată ajunși acolo, am participat la dezbateri și am mers la petreceri. I-am spus soțului meu: «Ne-au invitat și acum plătesc pentru toate astea, ar trebui să le întoarcem favorul». El mi-a răspuns: «În niciun caz, nu trebuie să facem absolut nimic». Și nu am făcut absolut nimic din ce nu am vrut să facem".

O altă Binevoitoare (cu înclinații spre Rebel) a explicat de ce i-a plăcut compania Rebelilor:

> Noi, Binevoitorii, avem acea urmă de rebeliune – de exemplu eu ador. De aceea îi iubim pe Rebeli. Ei ne spun că este în regulă să ne bucurăm de această asemănare cu tiparul Rebelului, și asta ne oferă eliberarea de anumite obligații. Soțul meu și cea mai bună prietenă a mea sunt Rebeli. Alături de ei viața e mai distractivă. Ei consideră că stilul meu „ciudat" este mișto. În plus, îmi reamintesc când este timpul să iau o pauză ca să nu ajung la epuizare. În timp ce Iscoditorii și Conformiștii (fratele și tatăl meu vitreg) mă tot întreabă de ce mi-am asumat atâtea responsabilități dacă „nu le pot face față".

De fapt, Rebelii îi pot salva pe Binevoitori să nu cadă în capcana rebeliunii Binevoitorului, deoarece un Rebel îl va încuraja întotdeauna pe Binevoitor să se opună unei așteptări exterioare. După cum a spus un Binevoitor: „Să trăiești cu un Rebel poate fi uneori o mare provocare, dar de un lucru poți să fii foarte sigur: că înțelege ce înseamnă un refuz. Pentru el, este normal să nu ai chef să faci ceva și nu se așteaptă ca eu să spun da tot timpul. Întrucât simt că a *nu fi binevoitor* este adesea mai greu decât *a fi binevoitor*, acest lucru îmi oferă mai mult spațiu de exprimare". Această permisiune poate acționa ca o supapă de siguranță la presiunea așteptărilor pe care le resimt Binevoitorii.

În cadrul unui parteneriat Rebel / Binevoitor, Binevoitorul îi ușurează Rebelului partea cu ignorarea așteptărilor zilnice, pentru că Binevoitorul preia sarcina Rebelului. O Rebelă a explicat: „Aș spune că soțul meu este un partener excelent care îmi face viața mai tihnită preluând din treburile casnice, dar sper că este de părere că și eu îl ajut să trăiască momentul și să se bucure de călătorie". Căsnicia funcționează dacă ambii parteneri sunt de acord că acesta este un compromis acceptabil.

Un prieten Binevoitor mi-a spus: „În zona în care locuim, avem nevoie de o etichetă autocolantă pentru mașină. I-am cumpărat soțului meu Rebel o astfel de etichetă și i-am spus să o lipească pe parbriz, dar a pierdut-o, iar acum are o grămadă de amenzi de plătit".

— Nu ești supărată că a irosit banii familiei? am întrebat.

— Nu, el știe că voi contacta autoritățile și că voi declara că am cumpărat eticheta, dar că era deteriorată și, în cele din urmă, vom fi scutiți de amendă. Iar asta e o treabă pe care eu trebuie să o fac, fiindcă el urăște ideea că i se impune să plătească taxa respectivă.

În calitate de Conformist, trebuie să recunosc că am fost *uimită* de această poveste.

O altă Binevoitoare care avea un partener Rebel și-a amintit că, înainte de a se căsători, au fost în vizită la un prieten și pe frigiderul acestuia se afla o listă de sarcini împărțită în două rubrici: „ale lui" și „ale ei". A fost îngrozită și și-a jurat că ei nu-și vor face niciodată o astfel de listă. Au căzut de acord că nu își doreau să aibă genul de căsnicie în care să țină scorul. Pentru ei, armonia era cel mai important lucru. Ar fi preferat sarcini în plus decât să monitorizeze ce și cât face partenerul.

Mie, în calitate de Conformist, raționamentul ei nu mi se părea corect. M-aș supăra dacă Jamie mi-ar impune sarcini fără ca el să-și asume vreuna. Dar poate că altora le-ar putea părea că eu sunt genul de persoană care ține scorul, exact cum nu voia să fie femeia Binevoitoare de mai sus.

Un prieten a concluzionat, cu oarecare tristețe, că: „Rebelii sunt oamenii de care avem grijă cu toții". Și acesta este aspectul paradoxal al acestui tipar. Rebelii devin dependenți. Eliberarea lor de responsabilitățile unei vieți normale este posibilă doar pentru că ceilalți le iau asupra lor.

În mod similar, în timp ce refuzul de a face planuri îi face pe Rebeli să se simtă liberi, de multe ori comportamentul lor le permite celorlalți să planifice lucruri. O Rebelă a explicat: „Mă distrez cel mai mult când soțul meu nu îmi dezvăluie dinainte itinerariul pe care îl are deja planificat. Trecem de la o activitate la alta și este distractiv fiindcă pare spontan". Ei bine, pare spontan și se simte ca și cum ea ar face alegerile, doar că altcineva stabilește itinerariul.

Când Rebelii fac parteneriate cu Iscoditorii sau Conformiștii, relațiile pot necesita mult mai mult efort. O Iscoditoare cu soț și copil Rebel a scris:

> Înțeleg de ce spiritul Rebel s-ar fi identificat perfect cu Rezistența Franceză. Dar acum trăim alte vremuri. Regret că m-am căsătorit cu un Rebel. El a fost mult mai receptiv la solicitările mele înainte de căsătorie. Odată ce ne-am căsătorit, și-a schimbat radical comportamentul. Putem încerca să o scoatem la capăt, dar ar fi fost mult mai bine dacă mă căsătoream, să zicem, cu un Binevoitor. Recunosc că și eu îl înnebunesc cu întrebările mele.

Nu toate parteneriatele sunt atât de dificile. De exemplu, la cină, am stat lângă un soț Conformist care avea o soție Rebelă. Când l-am întrebat, mai pe ocolite, cum o suportă, el mi-a explicat că lucrurile funcționează pentru că ea este o persoană foarte atentă și iubitoare cu cei din jurul ei. „Interesant", m-am gândit. Un bun exemplu pentru a observa că o tendință este doar un aspect al personalității unui individ.

— Dacă îi cer să facă ceva, a continuat el, prima ei reacție este să spună nu. Dar după aproximativ o săptămână, ea va propune mai mult ca sigur o soluție care ține cont de punctul meu de vedere.

— Cum ar fi?

— De exemplu, ea a propus să mobilăm veranda, iar eu am spus că s-ar putea să arate înghesuit. Ea a spus: „Nu, te înșeli, va arăta foarte bine", dar o săptămână mai târziu, mi-a arătat noul ei plan care presupunea mai puține obiecte de mobilier.

— Corect, am aprobat din cap. A refuzat vreodată să facă ceva despre care amândoi credeați că e foarte important?

— Oh, desigur. După nuntă, a refuzat să scrie bilete de mulțumire. A fost o problemă destul de neplăcută.

— Nu puteai să scrii tu biletele? am întrebat.

— Puteam! Dar, când mi-am dat seama de problemă, era prea târziu, desfăcuserăm deja o grămadă de cadouri fără să ținem cont de la cine erau. Încă mă enervez când mă gândesc la asta, a oftat el.

O altă Conformistă căsătorită cu un Rebel a explicat dinamica mariajului lor:

> Eu și soțul meu ne-am întâlnit în facultate, iar tendințele noastre erau clare de la început; la facultate, eu am excelat, în timp ce el aproape că a fost exmatriculat. Deși soțul meu este incredibil de inteligent, atunci când avea de făcut ceva care nu-i plăcea, alegea să facă cu totul și cu totul altceva. El a învățat după propriile reguli, iar notele erau pe măsură. Se poate spune că nu a fost un student tipic (a început facultatea la 24 de ani), pentru că făcea lucrurile în ritmul lui. Eu sunt o adeptă a regulilor, cu două diplome.
>
> Mi-a luat ceva timp să înțeleg că soțul meu va face în mod frecvent opusul a ceea ce îi recomand sau îi cer eu. Cu toate că mulți oameni ar putea găsi acest comportament dificil, eu apreciez independența soțului meu.
>
> Tendința lui de Rebel ne-a ajutat să avem un stil de viață mai neconvențional. Deoarece eu sunt mai orientată spre carieră, el a acceptat să se mute de mai multe ori de dragul meu, iar eu sunt în prezent cea care susține financiar familia. Am ales să nu avem copii. Soțul meu lucrează de acasă. Scrie un roman. El m-a susținut financiar (și emoțional) când îmi făceam masteratul și doctoratul și a demisionat imediat ce a fost posibil, ca să poată scrie. Împărțim sarcinile casnice și gătim pe rând.

> Am ajuns să consider că tendința lui de Rebel înseamnă să mă scutească pe mine de efortul de a-l convinge de ceva când vine vorba de alegerile lui de viață (deși poate fi dificil atunci când acestea nu se suprapun cu ale mele) deoarece literalmente nu-l pot determina să facă nimic din ce aș dori eu.

La fel ca în cazul tuturor combinațiilor de relații, succesul vine atunci când ne putem concentra asupra aspectelor pozitive ale persoanei iubite.

Relaționarea cu un copil Rebel

Surprinzător, mulți Rebeli mi-au povestit despre momentul în care și-au dat seama, în copilărie, că nimeni nu îi putea obliga să facă ceva. „Stăteam în fund, pe podea, și mama încerca să mă facă să mă încalț", a scris un Rebel. „Și m-am gândit: «Ea nu mă poate obliga!» Și am refuzat să mă încalț. Am stat acolo două ore."

Copiii Rebeli pot fi o provocare. Când li se cere sau li se spune să facă ceva, tind să se opună. Vor să-și aleagă propria cale; nu vor ca alții să le stabilească așteptările. Un prieten mi-a spus că a anunțat-o pe fiica lui Rebelă că va veni să o culce în cinci minute. „Ce zici de patru?" a fost replica ei.

Deși părinții, profesorii și antrenorii încearcă adesea să-i forțeze pe copiii Rebeli, aceasta este o strategie sortită eșecului. Un adolescent Rebel de cincisprezece ani a explicat astfel lucrurile:

> Am locuit cu mama, care era rezonabilă și mi-a oferit libertatea de care aveam nevoie, timp de doisprezece ani, până când m-am mutat cu tata, care era conservator,

> restrictiv, obsedat de disciplină. Dacă făceam ceva care îi convenea lui, era foarte mulțumit și spunea ceva de genul: „Măcar dacă ai face asta mai des". Când nu spunea asta, aveam o relație excelentă, dar, când o spunea, opuneam rezistență. El nu înțelegea deloc cum funcționez și credea că sunt leneș și lipsit de respect.

Din păcate, acest tată nu și-a dat seama că a spune unui copil Rebel ce să facă nu funcționează. Este posibil să determini un copil să facă ceva, desigur, prin stabilirea faptului că va avea de suportat niște consecințe care să-l usture, dar este foarte dificil de aplicat asta pe termen lung.

Deci, ce funcționează? Aceeași formulă care funcționează și la adulți: informații, consecințe, alegere – fără cicăleală sau hărțuire.

Este greu. Poate părea o nebunie să le permiți copiilor Rebeli să facă ceea vor, dar, din moment ce să-i forțezi să urmeze un anumit curs se întoarce împotriva ta de cele mai multe ori, este mai eficient să ai încredere în propria lor judecată (oricât de riscant ar părea asta).

Tatăl unui copil Rebel a explicat: „Cel mai bun mod de a convinge un copil Rebel este să îi oferi toate informațiile necesare pentru a lua singur o decizie și să-i prezinți situația ca pe o întrebare la care el singur își poate da răspunsul. Apoi să-l lași să ia o decizie și să acționeze fără să îți ceară părerea. Lasă-l să ia o hotărâre fără să te implici. Implicarea presupune așteptări. Dacă el crede că nu ai așteptări, nu se va răzvrăti împotriva așteptărilor tale".

O problemă serioasă? Un copil Rebel care vrea să renunțe la școală. Am auzit o întâmplare de la o persoană care avea în familie un copil Rebel și care s-a hotărât să se adapteze la caracterul lui rebel:

Sora mea, Lynne, este în mod clar o Rebelă. E o răzvrătită încă de la grădiniță, dar întotdeauna a dat dovadă de inteligență. Pe tot parcursul liceului, a vorbit despre abandonarea lui. Vara asta, chiar părea că așa se va întâmpla (cu doar un an înainte de absolvire).

Înainte ca părinții mei să discute cu ea despre asta, i-am sugerat mamei să o lase pe Lynne să renunțe. I-am explicat tendința Rebelă a lui Lynne și i-am spus că va găsi negreșit o modalitate de a face ce voia ea. Mama a fost de acord, dar cu reticență.

După câteva săptămâni, Lynne a început să vorbească despre terminarea liceului online, în loc de renunțare. Astăzi, mi-a spus că se întoarce la școală. I-au refăcut orarul pentru a se potrivi mai bine nevoilor ei.

Fără îndoială că, lăsând-o pe Lynne să ia propriile hotărâri, părinții mei au determinat acest rezultat. Ea s-a simțit bine să aibă controlul și să hotărască singură pentru ea (ceea ce este și adevărat, de altfel). Nu pot să nu mă întreb ce s-ar fi întâmplat dacă ar fi forțat-o să rămână la școală.

În aceeași ordine de idei, iată și relatarea unui profesor:

Sunt profesor la o închisoarea regională. Predau cursuri generale (GED*) și ajut deținuții care nu și-au dat bacalaureatul să-și echivaleze studiile. De curând am avut o elevă care își tăia singură craca de sub picioare, certându-se cu gardienii și refuzând sarcini. Am crezut-o când a spus că își dorește cu adevărat să obțină diploma de bacalaureat, și totuși nu făcea progrese.

---

* General Educational Development. Testul GED constă din patru examene concepute de Consiliul American pentru Educație pentru a măsura „cunoștințele și abilitățile la un nivel de complexitate și niveluri de dificultate care sunt acoperite în mai multe clase de liceu". (n. red.)

Mi-a trecut prin cap gândul că este o Rebelă. I-am vorbit despre teoria ta și acest lucru a ajutat-o să se perceapă într-un mod nou, mai pozitiv. Am încetat să-i mai cer să-și facă temele și am lăsat-o să hotărască în fiecare zi cum vrea să studieze: pe calculator, lecții de grup, independent sau deloc. În timp ce scriu acest lucru, ea a trecut toate cele cinci teste din cinci câte erau și a obținut astfel diploma mult dorită.

Rebelii pot face orice *vor* să facă.

Deoarece este foarte probabil ca micii Rebeli să opună rezistență dacă un adult le cere sau le spune să facă ceva, este foarte important să acorzi atenție limbajului și să eviți orice lucru care poate fi perceput ca un ordin. Pentru un părinte, o adresare de felul: „Iubito, spune-i mătușii Jane ce bine te-ai simțit" poate să nu pară o comandă, dar este. Copilul Rebel poate intenționase să spună ceva politicos, dar nu o va mai face. O abordare corectă a părintelui ar putea fi: „Chiar dacă nu este prea distractiv să o vizitezi pe mătușa Jane, nu uita să-i mulțumești de fiecare dată când o vezi. Dai dovadă de înțelepciune prin felul în care vorbești cu ea". Apoi lasă copilul să hotărască singur cum să se comporte.

Un profesor de muzică a explicat cum și-a schimbat abordarea în cazul unui elev Rebel:

Am încercat să ajut un elev Rebel să devină mai degrabă un lider decât un „perturbator". Așa că i-am cerut să facă unele lucruri, cum ar fi să împartă instrumentele sau să-l ajute pe colegul de lângă el. Vedeam că voia și îi plăcea să aibă responsabilități... așadar de ce nu profita de șansa de a prelua poziția de lider și de a-i ajuta pe cei din jur? Am aflat că, fiind Rebel, refuza doar fiindcă voia ca decizia de a fi responsabil și de a ajuta să fie a lui, nu a mea. Așa că m-am adresat clasei: „Cântați-mi partea voastră din cântec și bateți măsura cu toții în același timp. Vreau să văd cine face o treabă bună, ca să pot numi un responsabil”. Acum, are de ales: va încerca din răsputeri sau va evita? Ei bine, a încercat din răsputeri. Așadar l-am întrebat: „Vrei să fii responsabil pentru grupa ta?” Nu i-am cerut, ci l-am întrebat. El a spus da. Chiar era entuziasmat să răspundă de grupă!

Pentru a canaliza energia și interesele unui copil Rebel este util să subliniem cât de mult îi place o activitate, astfel încât copilul să poată alege să o facă în continuare. „Se pare că îți place să scrii articole pentru ziarul școlii, este distractiv să-ți vezi numele tipărit și să petreci timp cu cei care lucrează la ziar.” „E plăcut să-ți văd numele pe lista celor mai importanți oameni din comunitatea noastră.”

Părinții și profesorii îi pot ajuta pe copiii Rebeli să identifice motivele pentru care ar putea dori să îndeplinească o așteptare. De exemplu: „Copiii care obțin note bune în acest semestru se vor califica pentru excursia cu clasa la Casa Albă din primăvara anului viitor”. Un profesor de muzică Rebel a explicat: „Pentru a-i motiva pe elevii Rebeli, subliniez oportunitățile incredibile pe care le-ar putea avea dacă se străduiesc să cânte bine. Asta a funcționat pentru mine... șansa de a fi admirat!”

Rebelii reacționează mult mai bine atunci când o acțiune este descrisă ca reprezentând o opțiune care presupune libera alegere și exprimare de sine în loc de constrângere și datorie. „Când o să vrei să înveți să mergi pe bicicletă, ai să te descurci cu siguranță și o să poți pleca cu prietenii în aventuri distractive”, în loc de: „Prietenii vor râde de tine dacă nu poți să mergi pe bicicletă”.

Cu copiii Rebeli, este crucial să fim sinceri cu privire la consecințele nerespectării unei așteptări. Și să le permitem să resimtă aceste consecințe. Dar acest lucru poate fi dureros, atât pentru părinte, cât și pentru copil. Un Rebel a explicat:

> În calitate de Rebel, aș putea afirma următoarele: Rebelii învață cel mai bine atunci când suferă consecințele hotărârilor lor. Vă pot asigura că îmi plătesc facturile la timp și că totul în casa mea este în stare de funcționare. Dacă crești un copil Rebel, este posibil să trebuiască să suferi împreună cu el, în timp ce suportă consecințele deciziilor lui. Dar cu cât permiți mai repede să se întâmple acest lucru, cu atât mai repede va învăța ce este rezonabil și ce nu.

De asemenea, Rebelii sunt puternic motivați de identitate, deci poate fi util să legați o acțiune de identitatea pe care o apreciază copilul. Iată ce și-a amintit un Rebel:

> Cea mai eficientă abordare este să le oferi Rebelilor o variantă care rezonează cu identitatea lor. De exemplu, punctualitatea a fost o sursă de tensiune ani de zile între mine și mama.
> Mă cicălea, îmi amintea cu blândețe, țipa, dar nimic nu ajuta. Până când, într-o zi, mi-a spus: „Uite, în momentul ăsta, simt că nu mai pot să am încredere în tine sau să mă bazez pe tine. Iar atunci când mă faci să aștept, simt că îmi transmiți că timpul tău este mai prețios decât al meu. Dacă așa vrei să fii – o persoană pe care ceilalți nu se pot baza și care îi face să se simtă lipsiți de importanță, e treaba ta. Sau poți fi o persoană în care oamenii să poată avea încredere, pe care să se poată baza și care îi face pe ceilalți să se simtă apreciați. E alegerea ta". A fost

ca și cum ar fi apăsat butonul unui comutator. Fiindcă mi-a dat de ales, am rezonat imediat cu ideea. Apoi a fost ușor.

De asemenea, dacă ceva este plăcut, este mult mai probabil ca Rebelul să facă respectivul lucru. În cazul unui copil Rebel (și acest lucru este valabil pentru majoritatea copiilor, desigur), poate ajuta dacă faci ca activitățile să fie mai distractive. „Ca să-l fac pe fiul meu să se spele pe dinți, inventam tot felul de jocuri", își amintea un tată. Se prefăcea că era medic veterinar și curăța dinții unui urs sau mecanic care spăla un motor. Un copil Rebel s-ar putea bucura de o provocare: „Pun pariu că nu poți să-ți depășești vechiul record și să fii gata în mai puțin de două minute?"

Un exemplu elocvent de cum să faci față unui copil Rebel apare într-una din cărțile mele preferate, *These Happy Golden Years,* de Laura Ingall. La doar șaisprezece ani, Laura (o Iscoditoare, apropo) predă la o școală și elevul ei, Clarence, este un Rebel care refuză să învețe. El nu suportă să i se spună că trebuie să îndeplinească sarcini școlare și le refuză, chiar dacă este un băiat deștept care, de fapt, vrea să învețe.

Când Laura cere sfatul părinților, Ma îi spune: „Mai bine nu încerca să-l obligi să facă ceva, pentru că nu ai să poți". Așa că Laura își schimbă abordarea. După ce împarte sarcinile celorlalți elevi, i se adresează lui Clarence: „Pentru tine nu e valabil, Clarence; ți-ar lua prea mult... Spune, cât crezi că poți învăța? Ar fi prea mult trei [pagini]?"

În felul acesta, ea face două lucruri deodată. În primul rând, lasă la alegerea lui Clarence cât să învețe și îi dă libertatea de care are nevoie. În al doilea rând, ea îi oferă genul de provocare la care Rebelii reacționează foarte bine de cele mai multe ori. Când i se sugerează că probabil nu o să reușească să învețe trei pagini, iar el conștientizează că ceilalți colegi i-o vor lua înainte, își spune: „Lasă că le arăt eu". Rezultatul? În decurs de o săptămână, Clarence ajunge din urmă restul clasei.

Este crucial să ne amintim că, pentru Rebeli, cel mai important lucru este să simtă că fac ce vor ei, nu ce vor alții. Un Rebel a scris: „Dacă îmi spui să fac ceva, mă simt prizonierul tău. Dar dacă îmi spui: «Uite, ai patru posibilități, hotărăște singur», atunci, cel mai probabil o să aleg una dintre ele".

Am observat că copiii Rebeli tind să aibă relații neobișnuit de strânse cu bunicii. Probabil, alături de bunici, găsesc satisfacția unei legături familiale strânse, cu mai puține așteptări.

Deoarece le înțeleg perspectiva, Rebelilor le va fi mai ușor să crească un copil Rebel. O mamă Rebelă mi-a relatat: „Fiica mea de patru ani este și ea o Rebelă. Îi plac alegerile și hotărârile proprii și le consideră un avantaj nu numai pentru ea, ci pentru noi toți. Și o înțeleg perfect, așa că am lăsat-o să-și aleagă singură hainele, ba chiar să mi le aleagă și pe ale mele, să aleagă somnul în loc să ajungă la timp la grădiniță, să mănânce spaghete la micul dejun și ouă la cină". Desigur, această abordare are și riscuri. Un prieten Rebel mi-a spus oftând: „Când suntem la restaurant, mă abțin să-i fac observație fiului meu să nu mai sufle muștar prin pai peste masă. Și eu aș vrea să fac asta".

Dacă îi identificăm tendința, putem comunica mai eficient cu o persoană. Oricât de mult am iubi pe cineva, dacă nu știm cum să-i ajungem la suflet, cele mai bine intenționate cuvinte și acțiuni ale noastre vor eșua.

Relaționarea cu un pacient Rebel

Tendința Rebelă este responsabilă pentru multe probleme serioase de sănătate.

Deoarece Rebelii opun rezistență când li se spune să facă ceva, multe strategii care funcționează în cazul Conformiștilor, Iscoditorilor și Binevoitorilor nu funcționează și în cazul lor. Acest tipar poate fi foarte frustrant pentru cei care încearcă să-i ajute pe Rebeli să-și rezolve problemele de sănătate. Sfaturile bine intenționate, încurajările, memento-urile și îndemnurile, toate acestea îi pot împinge pe Rebeli să facă exact contrariul a ceea ce ar fi bine pentru ei. Chiar și starea lor de sănătate în sine se poate transforma într-un motiv de revoltă. Un Rebel a explicat:

> Sufăr de diabet tip 1 și nu pot să accept ideea că această problemă de sănătate îmi influențează dispoziția și acțiunile. Știu că ar trebui să am grijă de mine și să „preiau astfel controlul asupra diabetului", în loc să fie invers, dar nu reușesc să fac asta. Foarte rar îmi verific glicemia, iau insulină cu acțiune rapidă doar când îmi amintesc – nu suport să mănânc la ore fixe –,și endocrinologul meu nici nu mai știu cum arată. Așa că nu știu niciodată care este nivelul zahărului din sângele meu.

Rebelii nu suportă ideea „respectării ordinelor medicului". De fapt, dacă un medic îl laudă pe Rebel spunându-i: „Te descurci minunat, îmi urmezi întocmai instrucțiunile", s-ar putea ca, din acel moment, Rebelul să nu mai urmeze nicio instrucțiune, pentru a demonstra că face ce vrea.

Rebelii se simt mai bine atunci când li se confirmă că orice acțiune este alegerea lor. În loc să-i spună Rebelului: „Trebuie să faci X lucru", un medic i-ar putea sugera:

„Depinde de tine, desigur, dar să faci lucrul X este adesea eficient", „Te-ai gândit să încerci lucrul X?", „Ce părere ai despre lucrul X?", „Unii oameni au descoperit că lucrul X funcționează pentru ei" sau „Uite câteva argumente care te-ar putea face să încerci lucrurile X, Y și Z".

Rebelii opun rezistență chiar și regulilor pe care încearcă să și le impună singuri. Un student Rebel a explicat: „Mă lupt cu kilogramele în plus, dar, în momentul în care îmi impun să nu mai mănânc noaptea, încep să mănânc mai mult noaptea. Sau îmi propun să renunț la pâine și în secunda următoare plec să cumpăr o excelentă pâine cu maia". Un alt Rebel și-a dat seama de un mod inteligent de a rezolva acest tip de auto-rezistență: „Dacă vreau să mănânc sănătos, mănânc mai întâi ciocolata sau chestia *rea*. Îmi spun: «Am câștigat războiul, fac ce vreau!» Și în restul zilei, mă simt liber să mă revolt împotriva propriilor mele decizii".

Ca să ajuți un Rebel, cel mai eficient mod este să apelezi la ciclul informații, consecințe și alegeri. După cum a relatat un medic Conformist:

> Sunt medic de familie și am avut o pacientă care se opunea puternic recomandărilor mele cu privire la slăbit și la ținerea diabetului sub control. În timp ce vorbeam cu ea, mi-a venit brusc în cap termenul de „Rebel". Am schimbat abordarea și i-am prezentat o listă de sugestii pe care ar putea să le încerce „dacă ar vrea", renunțând la stilul mai autoritar pe care îl consider cel mai potrivit pentru majoritatea pacienților. La următoarea vizită, am fost plăcut surprins să constat că pacienta respectivă apelase la una dintre sugestiile mele. Slăbise și se simțea mult mai bine. Nu cred că rezultatul ar fi fost același dacă aș fi fost autoritar. Această abordare funcționează

cu Conformiștii și Binevoitorii, precum și cu Iscoditorii, deoarece întotdeauna ofer explicații suplimentare când fac o recomandare. Dar, în cazul Rebelului, această strategie pur și simplu nu funcționează.

Rebelilor le place să-și verifice zilnic greutatea sau numărul de pași făcuți și reacționează mult mai bine dacă le spui lucruri de genul: „S-ar putea să găsești interesant și util să știi cât de bine te-ai antrenat azi", decât dacă spui: „Trebuie să faci 10.000 de pași în fiecare zi: așa că ar trebui să ai mereu la tine acest dispozitiv de monitorizare".

Ideea de alegere, libertate și plăcere funcționează în cazul Rebelilor: „Acest medicament / dietă / rutină de exerciții fizice / obicei zilnic te va face să te simți mai bine, îți va da mai multă energie, va ameliora durerea, îți va îmbunătăți performanța, viața sexuală, îți va dărui viața pe care ți-o dorești". Un nutriționist mi-a vorbit despre un client care a constatat că avea mai multă rezistență când juca tenis după ce a renunțat la zahăr. În loc să-i spună Rebelului ce să facă, nutriționistul îi oferă informațiile necesare care să-l ajute să hotărască singur ce să facă. Un Rebel și-a amintit:

> Antrenorul meu personal preferat îmi spunea mereu: „Poate vrei să încerci o săptămână și, dacă nu îți place, renunți". Fără presiune, fără sentimente de vinovăție, fără reguli impuse, doar descoperire de sine și întotdeauna, dar chiar întotdeauna, împotriva curentului general. Nu mă țin foarte bine de programe. Toate acele sugestii de 30 de zile implică restricționare. Dacă aleg să încerc, simt nevoia să încalc măcar una dintre reguli.

De asemenea, poți să oferi ajutor: „Ți-ar fi mai ușor dacă ți-aș organiza eu pastilele pe săptămâni?", „Dacă vin cu tine, ți-ar plăcea mai mult să mergi pe jos?"

Am primit un e-mail de la o femeie disperată care voia să îl facă pe soțul ei Rebel să renunțe la fumat. Nu era nicio surpriză pentru mine că admonestările ei permanente nu funcționau, chiar dacă el își exprimase dorința să se lase. A întrebat dacă am vreo sugestie. I-am scris:

> Poate că soțul tău Rebel își poate schimba felul în care gândește despre renunțare.
> — Rebelii urăsc să fie obligați, constrânși. Deci, raportează-te la fumat ca la o capcană: „Sunt subjugat de dependență; Sunt neajutorat fără țigările mele".
> — Rebelii urăsc să fie exploatați: „Banii mei se duc direct în buzunarul marilor companii de tutun".
> — Rebelii vor să-și exprime identitatea: „Sunt nefumător. Așa vreau să ajung să spun. Asta îmi doresc".
> — Rebelii apreciază starea de bine: „Va fi nemaipomenit să nu mai tușesc când mă trezesc dimineața și respirația mea să nu mai aibă un miros neplăcut, să nu mai suflu din greu când urc scările și să am mai multă energie".
> — Rebelilor le place ideea de libertate: „ La birou sau în aeroport mi se impune să fumez numai în locuri special amenajate".
> — Rebelilor le place să facă lucrurile în felul lor: în loc să urmeze instrucțiuni standard, ar prefera să facă cum știu ei.
> NOTĂ: Replica preferată a Rebelilor este: „Îți voi arăta eu". Iată și un exemplu de discurs după care urmează această replică preferată a Rebelilor: „Dragă, cred că e prea dificil pentru tine să renunți la fumat. Ești sclavul țigărilor. Nu cred că vei putea renunța vreodată la ele. Poate ar fi mai bine să renunți să încerci."

Ulterior, femeia mi-a dat un feedback: „Cea mai eficientă strategie a fost o adaptare a ultimului punct. I-am spus că fiul lui de optsprezece ani crede că un bătrân ca el nu poate renunța la fumat (chiar așa a spus). Replica a venit imediat: „Îi voi arăta eu".

Rebelii disprețuiesc convențiile și vor mereu să demonstreze că sunt prea deștepți ca să se lase păcăliți de trucurile care funcționează cu majoritatea oamenilor. Un Rebel a renunțat la băutură într-un mod total neconformist:

> Mi-am dat seama că îmi place să beau, dar, în același timp, că nu vreau să mă îngraș, să cheltuiesc atât de mulți bani, să mă fac de râs la petreceri și, mai ales, nu-mi place starea de mahmureală. A fost mult mai ușor să renunț la băutură odată ce mi-am dat seama de capcana care ni se întinde prin inducerea ideii că oamenii slabi și frumoși de la TV beau și mănâncă încontinuu și nu se îmbolnăvesc, nu se îngrașă și nu sărăcesc niciodată.

Rebelii vor să-și exprime valorile prin acțiunile lor, deci legarea unui obicei de o identitate importantă îl poate ajuta pe Rebel să se schimbe.

Alegerea unei cariere în cazul unui Rebel

Repet: Rebelii pot să facă orice *vor* să facă. Fiind conștienți de asta, ei sunt mereu în căutarea acelei cariere care să le ofere flexibilitatea de a-și alege ce să facă, când să facă, fără să dea socoteală nimănui. Cei mai mulți Rebeli caută să facă așa încât nicio zi să nu semene cu alta și să existe cât mai puține așteptări din partea celorlalți. „Eu am un program de lucru foarte flexibil. Am lucrat într-un birou și am urât perioada respectivă. Acum, ca manager de proiect și director de personal la un restaurant, lucrez de acasă și mă duc doar ocazional la serviciu. Îmi fac propriul program în fiecare zi, și fiecare zi este diferită." „Lucrez în domeniul IT. Mă plictisesc repede și schimb frecvent locul de muncă dar, din fericire, nu am stat prea mult pe bară." „Sunt contabil public certificat în practică fiscală. Termenele limită și regulile fără sens, arbitrare, sunt domeniul meu! Totuși, ca lucrător independent, dețin controlul asupra vieții mele profesionale și portofoliului meu de clienți."

Rebelii își deschid adesea propriile afaceri pentru că nu vor să aibă alt șef decât pe ei înșiși. Dar, paradoxal, lor nu le place nici asta. Un Rebel pe care l-am întâlnit la o conferință de tehnologie mi-a spus:

— Trebuie să lucrez pentru mine, fiindcă vreau să mă trezesc în fiecare zi cu gândul că voi face doar ce vreau eu.

— Dar, am subliniat, ai propria ta afacere. Trebuie să existe sarcini pe care să fii obligat să le îndeplinești, chiar dacă nu vrei.

— Ei bine, asta este într-adevăr o problemă, a recunoscut el, întristându-se. Nu pot face acele lucruri decât atunci când trebuie neapărat făcute. Iar asta dăunează afacerii.

Un antreprenor Rebel de succes mi-a spus: „Când acționează de unul singur, Rebelul nu este foarte eficient. Nu îi plac toate micile detalii ce țin de management, termenele limită, lucrurile de genul ăsta. Eu cu soția mea am înființat trei companii. Ea este o Conformistă, așadar constituie un echilibru pentru partea mea Rebelă și împreună facem o echipă fantastică".

Rebelii prosperă în situațiile în care li se dă o provocare și li se permite să o rezolve în felul lor. Poate de aceea mulți Rebeli se orientează spre vânzări, deoarece în acest domeniu rezultatele palpabile contează cel mai mult. Soția unui Rebel a observat că, deși soțul ei se ceartă foarte mult cu șeful lui, este cel mai de succes agent de vânzări. Nu „din cauză că", ci „pentru că" ignoră regulile stabilite de șeful lui, care l-ar face să piardă toate contractele.

În mod similar, în domeniile care implică creativitate, rezultatele contează cel mai mult. Sora mea, Elizabeth, care este scriitoare și producătoare TV, a observat că, la Hollywood, Rebelilor li se acceptă să încalce regulile, atât timp cât rezultatul este unul bun. Mai ales regizorii fac totul de capul lor și nu le pasă ce gândesc ceilalți, iar abordarea aceasta poate avea un rezultat excelent, chiar dacă procesul este unul neplăcut pentru toată lumea.

Am vorbit cu o avocată corporatistă Rebelă, o meserie care nu sună tocmai potrivit pentru un Rebel.

— Cum reușești? am întrebat.

— Îmi place, a răspuns ea. Rolul meu este să aplanez lucrurile când izbucnește o criză, când oamenii sunt dispuși să-și asume riscuri. Dacă lucrurile nu funcționează, eu le împart în diverse categorii, repar acolo unde este cazul, apoi trec la altceva. Imediat ce lucrurile revin la normal, mă plictisesc și simt nevoia să primesc o nouă provocare.

În același timp, după cum s-a menționat anterior, Rebelii pot fi atrași de domenii de activitate care funcționează după reguli stricte, cum ar fi poliția, armata sau clerul.

REZUMAT: Relaționarea cu un rebel

Se opune atât așteptărilor exterioare, cât și celor interioare.

Pune mare preț pe libertate, alegere, identitate și exprimare de sine.

Dacă cineva îi cere sau îi spune să facă ceva, este probabil să refuze.

Răspunsul lui la o provocare poate fi: „O să-ți arăt eu!", „Uită-te la mine!", „Nu mă poți obliga!", „Nu ești șeful meu!".

Poate alege să acționeze din dragoste, din simțul datoriei, din credință într-o cauză.

Nu se poate mobiliza să facă ceva impus, nici dacă cel care impune este el însuși.

Înfruntă o provocare, în felul lui, în ritmul lui.

Nu reacționează bine la supraveghere, sfaturi sau instrucțiuni.

Se pricepe să delege.

Dacă are o relație pe termen lung, partenerul este de obicei un Binevoitor.

APLICAREA CELOR PATRU TENDINȚE

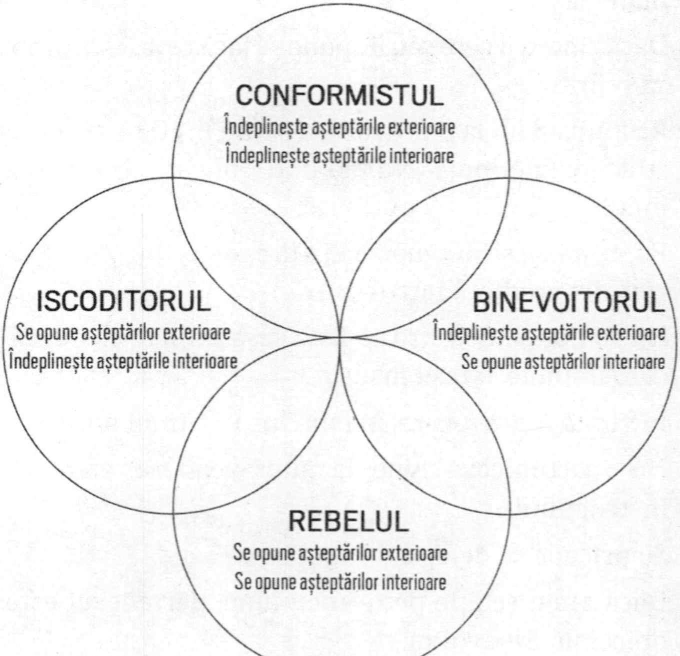

11

Combinații de perechi în cadrul celor patru tendințe

Nicio relație nu este garantată sau, dimpotrivă, sortită eșecului pe considerente de tendință. Cu toate acestea, atunci când tendințele se combină între ele, fie în relații de cuplu, părinte-copil, de colegialitate la serviciu sau în orice alt tip de relație, tind să apară anumite tipare.

Când întâlnim o persoană pentru prima dată, adesea ne simțim atrași chiar de calitățile care, în timp, ne vor înnebuni. Inițial un Conformist ar putea fi intrigat de refuzul Rebelului de a se ghida după reguli, iar Rebelul poate fi atras de abilitatea Conformistului de a duce lucrurile la bun sfârșit, dar, după cinci ani de căsnicie, aceste calități devin din ce în ce mai deranjante.

Desigur, nu este singurul lucru care contează, dar înțelegerea celor patru tendințe ne poate oferi o perspectivă de ansamblu asupra relațiilor noastre.

Conformist – Conformist

Am vorbit cu foarte puține cupluri în care ambii parteneri sunt Conformiști, ceea ce poate însemna că Conformiștii se cuplează mai rar între ei sau, pur și simplu, că nu sunt destul de numeroși.

Când am ocazia, îmi place să lucrez cu alți Conformiști. Sunt de încredere, nu e nevoie să insist ca să îndeplinească o sarcină și îmi spun cu sinceritate dacă sunt prea exigentă.

Totuși, nu sunt sigură că aș vrea să fiu căsătorită cu un Conformist. Această disponibilitate permanentă ar putea să fie un pic prea mult, și, chiar dacă doi Conformiști se înțeleg bine între ei, s-ar putea să creeze un mediu dificil pentru ceilalți. Iată ce mi-a relatat un Conformist:

> Eu și soțul meu suntem Conformiști, iar fiica noastră în vârstă de 13 ani îmi spune adesea: „Mamă, nu există alți părinți ca voi". Iau asta ca pe un compliment. Amândoi apreciem foarte mult corectitudinea și disciplina. Sunt consilier în domeniul sănătății, iar soțul meu este antrenor de tenis și director de club. Clienții și studenții noștri beneficiază de compasiunea și grija noastră, dar „în spatele scenei" putem fi foarte critici. Pe amândoi ne supără când ceilalți nu-și respectă angajamentele.

Este foarte probabil ca doi Conformiști să reușească să facă multe lucruri împreună, dar vor întâmpina și multe obstacole. Într-o excursie în care am mers împreună cu o altă familie, eu și capul familiei respective, care era tot Conformist, am hotărât să luăm copiii și să facem o plimbare cu barca prin Berlin. De-a lungul râului erau multe locuri de unde se putea închiria o barcă. La un moment dat, un ghid a arătat spre unul dintre aceste birouri de închiriere și a anunțat: „Următoarea plecare se va face de aici". Noi doi, Conformiști veritabili, am ales să ne încredem în informația primită și am rămas pe loc privind cum ceilalți pasageri se îmbarcau la câțiva metri de noi.

— Ghidul ne-a anunțat că *de aici* va avea loc următoarea plecare, a spus prietenul meu, în timp ce barca care plecase de la celălalt debarcader se depărta de țărm.

— Știu! am răspuns.

Ne-am amuzat pe seama noastră. Era clar că, din locul în care ne aflam noi, nu urma să plece nicio barcă și că nu făcuserăm decât să ne agățăm de vorbele „expertului". M-am gândit în sinea mea că, dacă Jamie ar fi fost cu noi, am fi mers imediat la celălalt debarcader. Există și avantaje în a avea un Iscoditor prin preajmă.

Conformist – Iscoditor

Conformiștii fac pereche bună cu Iscoditorii. Este și cazul căsniciei mele și consider că este o combinație avantajoasă pentru ambii parteneri. Conformiștii îndeplinesc uneori prea ușor așteptările, așadar prezența unui Iscoditor îi ajută să pună la îndoială sau să respingă unele cerințe, pe care în mod normal le-ar accepta fără să crâcnească. Din perspectiva Iscoditorului, Conformiștii sunt niște parteneri convenabili, deoarece îndeplinesc foarte ușor așteptările.

Sora mea mi-a arătat că Iscoditorii joacă două dintre cele mai importante roluri din viața mea. Este vorba despre soțul meu și despre agentul meu literar, Christy Fletcher. Firea lor curioasă mă scutește de lucruri pe care nu ar trebui să le fac, atât acasă cât și la serviciu.

De exemplu, în perioada în care avea loc lansarea ediției broșate a cărții *Cum să devii mai bun*, mi s-a cerut să scriu un articol pentru o revistă. Tema propusă de mine: scrierea unei povestiri de aproximativ 1.000 de cuvinte, la persoana întâi, despre cele patru tendințe, cu o scurtă introducere care să explice fiecare tendință și care să conțină sfaturi pentru însușirea obiceiurilor benefice fiecărei tendințe. Gratuit.

Aceasta era o sarcină teribil de solicitantă și, de fiecare dată când citeam și reciteam ce scrisesem, îmi pierdeam curajul. Apoi m-am gândit că trebuie să existe o scăpare. I-am trimis un e-mail lui Christy și am întrebat-o dacă chiar trebuia să fac asta. „În niciun caz", a răspuns ea instantaneu.

Căsnicia cu un Iscoditor m-a învățat să pun întrebări. (De fapt, probabil că Jamie își dorește să mai pună și altcineva întrebări, chir dacă e plăcut să ai un partener care, în general, face orice i se cere, fără să crâcnească.) În același timp, din poziția de Conformistă, eu îmi pierd răbdarea când el refuză să acționeze până când nu i se răspunde la toate întrebările – nemaivorbind de reticența Iscoditorului de a răspunde la întrebări.

Cu toate acestea, este o ușurare atât pentru Conformiști, cât și pentru Iscoditori că partenerul își poate îndeplini cu ușurință așteptările interioare.

Pe părinții Conformiști îi enervează întrebările copiilor lor Iscoditori. Ei se așteaptă ca cei mici *să execute fără să crâcnească*. Un tată Conformist a scris:

> Relația cu copilul meu Iscoditor este frustrantă. Mi-e greu să înțeleg de ce pur și simplu nu face niciodată ce trebuie făcut. Desigur, toți copiii mici pot fi dificili. Dar, după mintea mea, lucruri precum încălțatul, scrisul, dușul zilnic sunt lucruri de bun simț ce trebuie făcute; deci

copilul ar trebui să le facă. Dar în cazul unui copil Iscoditor, totul se reduce la negociere.

Conformist – Binevoitor

Ca și celelalte Tendințe, Conformiștii fac pereche bună cu Binevoitorii. Binevoitorii și Conformiștii au în comun dorința de a îndeplini așteptările exterioare (spre deosebire de Iscoditori și Rebeli), așa că vor coopera bine.

Conformiștii sunt mulțumiți de faptul că Binevoitorii îndeplinesc cu conștiinciozitate (de regulă) așteptările exterioare, dar nu le convine că sunt incapabili de a-și satisface așteptările interioare.

De asemenea, pot fi foarte indiferenți față de Binevoitorii care se simt presați de așteptări. De exemplu, un Binevoitor s-ar putea plânge șefului lui Conformist: „Sunt epuizat, pentru că am lucrat până la ora 3 în ultimele cinci nopți, ca să predau la timp raportul". În loc să fie recunoscător, așa cum se așteaptă Binevoitorul, Conformistul ar putea să spună: „Trebuie să înveți să îți gestionezi prioritățile, ca să nu mai fii nevoit să lucrezi atât de mult. Pentru un randament maxim, ai nevoie de somn".

La rândul lor, Binevoitorii apreciază faptul că persoanele Conformiste îndeplinesc așteptările externe. Cu toate acestea, așteptările Conformiștilor îi copleșesc, mai ales că se simt judecați de ei. Conformiștii nu prea înțeleg de ce Binevoitorilor le este greu să îndeplinească așteptările interioare.

Uneori, Binevoitorii îi consideră pe Conformiști niște persoane reci sau egoiste, deoarece Conformiștii pot alege să îndeplinească o așteptare interioară chiar și atunci când ea intră în conflict cu o așteptare exterioară. O Binevoitoare (care părea să fie pe punctul de a se revolta) mi-a scris:

> În timpul căsniciei noastre de nouă ani, soțul meu Conformist a absolvit Facultatea de Medicină și a făcut rezidențiatul, iar acum profesează ca medic. Era un student foarte conștiincios și am fost încântată când a absolvit. Am crezut că îl voi avea în sfârșit pentru mine. Spre dezamăgirea mea, mi-am dat seama că va exista întotdeauna un scop sau un proiect care vor conta mai mult decât relația noastră. Și pentru că sunt o Binevoitoare, am preluat de cele mai multe ori „partea lui de responsabilitate", făcând lucruri pe care în mod normal ar trebui să le facă un bărbat, și lăsându-i astfel libertatea de a se concentra pe școală sau pe ce era important pentru el.
>
> Dar acum nu mai simt că obiectivele lui sunt importante pentru familie, și mă enervează că își impune termene limită pentru lucruri care sunt importante doar pentru el. Avem trei copii mici și, deși e adevărat că mă ajută mult, simt că se grăbește să termine ce are de făcut cu ei, ca să aibă mai mult timp pentru propriile lui treburi. Un alt lucru care mă deranjează este că se trezește foarte devreme (la 5.00 dimineața), ca să câștige timp pentru ce are el de făcut, și, fără să vrea, mă trezește și pe mine. După ce copiii mă țin trează aproape în fiecare noapte, și asta se întâmplă de mai mulți ani, mă enervează teribil că mă trezește, pe motiv că are el nu știu ce treabă. Se comportă de parcă ar avea o mulțime de lucruri de făcut, dar, de fapt, e o impresie falsă, întrucât aceste lucruri nu sunt așteptări exterioare. Sunt la capătul puterilor și tot ce vreau este să se concentreze pe ce este cu adevărat important pentru noi și nu să-și găsească mereu „altceva" de făcut. Dacă aș face totul singură și

nu aș mai avea nicio așteptare de la el, atunci aș putea la fel de bine să nu mai fiu prin preajmă, pentru că se pare că tot ce contează pentru el sunt obiectivele lui.

Pot înțelege ambele perspective. Trebuie să recunosc că, în calitate de Conformistă, nemulțumirile acestei Binevoitoare mi-au oferit o nouă perspectivă asupra motivului pentru care Binevoitorii nu au răbdare cu Conformiștii.

Binevoitorilor nu le place când Conformiștii refuză să îi determine să își asume răspunderea. Conformiștii nu se simt confortabil când Binevoitorii afirmă: „Fac asta pentru că mi-ai spus tu să o fac" sau „Fac asta pentru tine". Conformiștii vor ca oamenii să facă lucruri pentru că așa consideră ei, iar asta este o cerință dificilă.

Înțelegerea tendințelor ameliorează conflictele. O Conformistă mi-a spus că aflarea tendinței partenerului ei le-a îmbunătățit relația. Ea a înțeles că, dacă el nu face ceva, nu înseamnă că este neglijent sau nedisciplinat. El are nevoie de o responsabilitate exterioară.

Conformist – Rebel

În general, Conformiștii și Rebelii nu fac casă bună. Ei percep lumea în moduri foarte diferite, iar mediile în care se simt în largul lor sunt la fel de diferite. Încălcarea regulilor îl neliniștește pe Conformist, în timp ce pe Rebel îl amuză. Acest lucru generează o mulțime de probleme. Iată ce mi-a relatat o cititoare: „Sunt o Conformistă căsătorită cu un Rebel. Soțul meu nu suportă să aibă șefi, urăște biserica și faptul că trebuie să aibă un serviciu îl face nefericit. El acceptă un loc de muncă doar dacă ceea ce i se cere să facă este pe placul lui și doar dacă este în apropierea casei. Eu merg la psiholog, însă el nu vrea. Îl iubesc. El a fost cavalerul meu salvator când am avut cancer și am trecut printr-o perioadă extrem de dificilă (pe atunci nu dădea niciun semn că ar fi Rebel!)".

Conformiștii adoră programele, planurile și sarcinile și nu le plac schimbările de ultimă oră sau abaterile, în timp ce Rebelii refuză să-și ia angajamente. Cu cât Conformistul încearcă să planifice ceva, cu atât mai mult se va împotrivi Rebelul.

Cuplul Conformist-Rebel este la fel de controversat și când protagoniștii sunt un părinte și un copil, indiferent cine este Conformistul și cine este Rebelul.

O prietenă Rebelă are un fiu Conformist. Odată am întrebat-o:

— Să presupunem că la școala fiului tău există o regulă de genul: „Copiii trebuie să poarte vinerea cămașă cu nasturi". Ce ai face?

După o clipă de gândire, mi-a răspuns:

— Dacă ar fi important pentru el, i-aș cumpăra o cămașă cu nasturi. (Este o Rebelă care crede cu tărie că un părinte trebuie să fie iubitor și înțelegător.) Dar niciodată nu l-aș *obliga* să poarte cămașa.

Ca întotdeauna, reușita unui parteneriat de succes între un Conformist și un Rebel depinde de celelalte trăsături ale personalității lor. De exemplu, într-o căsnicie, un Conformist ar putea face pereche bună cu un Rebel care își dorește să fie un partener iubitor, de nădejde.

Un Conformist și un Rebel se pot înțelege bine dacă nu au multe așteptări unul de la celălalt. O Rebelă mi-a povestit că avea o colegă de cameră Conformistă care era absolut îngrozită de faptul că ea se trezea în fiecare dimineață la altă oră. Pe Rebelă o îngrozea faptul că prietena ei Conformistă era atât de atentă la detalii încât, când se urca în metrou, îi recunoștea pe toți oamenii din vagon! Persoanele care au aceste tendințe sunt uimite una de comportamentul celeilalte, dar asta nu le afectează prietenia.

Adevărul este că nicio combinație de tendințe nu este condamnată din start la eșec; dacă personalitățile se potrivesc și circumstanțele sunt favorabile, orice combinație poate funcționa. După cum a explicat o Conformistă:

> Tendința de Rebel a partenerei mele mă echilibrează și mă ajută să atenuez neajunsurile tendinței mele de Conformistă. Îmi place că sunt o Conformistă, dar au fost momente când acest lucru nu m-a ajutat deloc, mai ales când mă chinuiam să accept că prefer femeile. Asumându-mi această identitate, am simțit că îmi dezamăgesc familia și pe mine însămi, ceea ce pentru un Conformist este greu de suportat.
>
> În schimb, partenera mea nu a avut nicio reținere să recunoască că era lesbiană încă de când era mai tânără, pentru că firea ei o îndemna să meargă împotriva curentului și se simțea în largul ei în această ipostază. Prin urmare, Tendința ei de Rebel a ajutat-o să se protejeze emoțional într-o perioadă care pentru majoritatea oamenilor este extrem de chinuitoare, și anume de descoperire a identității. Întotdeauna i-am admirat încrederea în sine.
>
> Spontaneitatea ei e frustrantă uneori, dar mă obligă să mă relaxez și să realizez când „mă conformez doar de dragul de a mă conforma”. De exemplu, am probleme cu anularea planurilor, dar, dacă nu mă simt bine sau dacă am avut o săptămână stresantă, ea se bucură când mă

vede cedând și anulând până la urmă planul. Această atitudine a ei mă ajută să atenuez sentimentul că nu mi-am îndeplinit așteptările interioare. În ciuda tendinței sale de Rebel, vrea să mă facă fericită și, prin urmare, acceptă tacit listele mele, calendarele și planificarea nesfârșită pe care o aduc în viața noastră de zi cu zi (deși face foarte mult haz de toate astea).

O altă Rebelă mi-a explicat de ce consideră că relația Conformist-Rebel poate fi potrivită: „Admir devotamentul extrem al soțului meu Conformist și tenacitatea cu care își urmărește îndeplinirea obiectivelor. Îmi prețuiește independența și gândirea nonconformistă. Noi aparținem celor două tendințe «extreme», și niciunul dintre noi nu-i înțelege cu adevărat pe Binevoitori sau pe Iscoditori. Aceste Tendințe ni se par contradictorii și sentimentale".

Conformiștii și Rebelii pot învăța multe unul de la celălalt. Am amintit că deviza mea de Conformistă este: „Disciplina aduce libertate", iar un Rebel căzut pe gânduri s-a trezit că își spune gândurile cu voce tare: „Ca deviză pentru noi, Rebelii, îți propun să o inversezi pe a ta, de Conformistă, Gretchen. Conformiștii și Rebelii ar putea fi descriși ca antitetici. Deci, în timp ce voi, Conformiștii, vă ghidați după deviza: „Disciplina aduce libertate", noi, Rebelii, ne ghidăm după deviza: „Libertatea este disciplina mea".

Iscoditor- Iscoditor

Perechea Iscoditor-Iscoditor funcționează uneori, deoarece ambii parteneri înțeleg și apreciază importanța obținerii de răspunsuri la întrebările lor. Iată cum a explicat lucrurile un Iscoditor:

Deși eu și soțul meu suntem amândoi Iscoditori, suntem diferiți. El ar putea să stea ore întregi în fața calculatorului încercând să ia cea mai bună decizie în privința unei achiziții, cum ar fi un cort pentru camping, în timp ce eu nu aș face niciodată asta (iau decizii rapide în ceea ce privește achizițiile). Dar, deși nu aș face asta, mă liniștește să știu că o face el.

Am observat cât de diferiți suntem de unele cupluri, pentru că nu ne simțim amenințați sau criticați când ne punem întrebări unul altuia. Înțelegem necesitatea de a privi o problemă din mai multe unghiuri – găsim acest lucru util, nu dăunător. Este relaxant că el nu se simte criticat când pun întrebări despre decizii, achiziții, planuri. Înțelege, ba chiar apreciază.

Pe de altă parte, cuplurilor de Iscoditori le este greu uneori să ia decizii. Un prieten Iscoditor a observat:

— Pentru că amândoi suntem Iscoditori, ne putem bloca.

Cum adică?

— Când ne-am renovat casa, am constatat că era necesar să înlocuim și mașina de spălat vase. De fiecare dată când plecam hotărâți să cumpărăm alta, sfârșeam și fără mașină de spălat vase și cu o groază de îndoieli în legătură cu construcția celui de-al doilea etaj. Fiecare întrebare pe care ne-o puneam genera și mai multe întrebări.

— Și ce ați hotărât până la urmă?

— Timp de doi ani de zile am stat și ne-am uitat la mașina de spălat vase care nu mai putea fi montată după renovare, pentru că pur și simplu nu am putut lua o hotărâre. În cele din urmă, am decis că *orice* mașină de spălat vase este mai bună decât *nicio* mașină de spălat vase. I-am spus soției: „Avem musafiri luna viitoare și trebuie să instalăm neapărat noua mașină de spălat vase până atunci". Amândoi suntem foarte receptivi la termenele limită.

Perechea părinte Iscoditor-copil Iscoditor e funcțională în cele mai multe cazuri. Părintele rezonează cu rezistența copilului în fața oricărui lucru neclar și este dispus să ofere explicații și argumente suplimentare. Copilul Iscoditor respectă deciziile logice ale părintelui Iscoditor.

Cu toate acestea, antipatia Iscoditorului față de chestionare poate provoca frustrare. Părintele Iscoditor spune: „Vom mânca ce gătesc eu la cină" sau copilul Iscoditor spune: „Mă ocup singur de proiectul meu și nu vreau să vorbesc despre el". Explicații există, bineînțeles, dar Iscoditorii nu suportă să fie interogați. La urma urmei, așa sunt Iscoditorii!

Iscoditor – Binevoitor

Binevoitorii fac echipă bună cu Iscoditorii, dar există și potențiale surse de conflict. Un Binevoitor a dat un exemplu simplu, dar grăitor: „Trec strada numai pe trecerea de pietoni și aștept mereu la semafor, în timp ce soțul meu Iscoditor nu consideră aceste lucruri importante și traversează pe unde apucă".

Binevoitorii se simt exasperați de solicitarea permanentă de explicații, informații și justificări a Iscoditorilor. Un Binevoitor și-a amintit un episod din viața lui:

> Am lucrat pentru o șefă Iscoditoare care nu considera niciodată că are suficiente informații pentru a lua o hotărâre, până în ultimul moment. În calitate de Binevoitor care făcea rapoarte și simulări financiare pentru ea, am petrecut nenumărate ore creând variante ușor diferite,

dar care conduceau toate spre aceeași concluzie, pentru ca nevoia ei de siguranță să fie satisfăcută.

Binevoitorii știu bine că Iscoditorii sunt mult mai cooperanți când înțeleg de ce li se cere să facă ceva. O Binevoitoare mi-a scris: „Acum știu că, atunci când îl rog pe soțul meu Iscoditor să facă ceva, trebuie să-i explic mai întâi de ce este important să facă acel lucru. Mă aștept ca el să facă pur și simplu ce îi cer, dar el are nevoie de explicații. Am avut discuții interminabile pe care le-am fi putut evita, dacă aș fi știut că tot ce trebuie să fac este să îmi justific cererea".

Un părinte Binevoitor își poate pierde răbdarea cu un copil Iscoditor, ale cărui întrebări pot părea obositoare sau obraznice. Un Binevoitor a afirmat:

> În calitate de Binevoitor, părerea mea este că, dacă părintele, profesorul sau antrenorul îți spune să faci ceva, trebuie să faci, fără să pui întrebări. Dar fiica mea Iscoditoare nu face nimic până când nu înțelege de ce i se cere să facă una sau alta. Știu că nu vrea să facă pe deșteapta sau să fie ostilă, dar îmi fac griji că oamenii cu care va interacționa pe viitor nu vor avea atâta răbdare.

Iscoditorii îi dezaprobă sau chiar sunt duri cu Binevoitorii care nu îndeplinesc așteptările interioare; deoarece ei nu au probleme cu îndeplinirea așteptărilor interioare, nu înțeleg această luptă a Binevoitorilor. În mod similar, atunci când Binevoitorii se plâng de ceva ce „au" de făcut, Iscoditorii nu empatizează cu ei. Din contră, devin duri: „Dacă nu vrei să o faci, nu o face!" sau „De ce ai spus că o vei face, dacă nu vrei?"

Iscoditor – Rebel

Iscoditorii și Rebelii au o afinitate unii pentru alții. Ambii se simt îndreptățiți – într-o mai mare sau mai mică măsură – să-și stabilească propriile reguli și să respingă așteptările exterioare. Un Rebel a menționat: „Mă înțeleg bine cu Iscoditorii. Ei zic cam așa: «Nu-mi pasă ce spun alții că ar trebui să fac, dacă nu are sens pentru mine, nu o voi face. Tu?» Și eu completez: «Oh, nici eu nu am chef să o fac»".

Pentru Conformiști și Binevoitori, această atitudine pare o ignorare egoistă a așteptărilor generale, pe care toată lumea ar trebui să le îndeplinească. Dar Iscoditorii și Rebelii sunt uimiți de oricine s-ar comporta altfel.

Cu toate acestea, Iscoditorii nu aprobă împotrivirea Rebelilor și refuzul lor permanent de a face ceea ce este corect, eficient sau rezonabil; Rebelii sunt indiferenți la insistența Iscoditorilor cu privire la informații și justificări. Iată ce am auzit de la un cititor:

> Sunt un Iscoditor și am un coleg de birou Rebel. El face totul așa cum știe el, chiar și atunci când toți ceilalți au hotărât altceva. Pierde timp cu lucruri care nu aduc niciun plus de valoare. Îmi place jobul meu, pentru că treaba mea este să aflu de ce lucrurile sunt într-un anumit fel și să vin cu interpretări bazate pe studii și cercetări. Dar ajung acasă frustrat, deoarece această persoană ignoră studiile și cercetările științifice și se concentrează în schimb pe ceea ce simte el că ar trebui să facă. Sunt frustrat pentru că ratează termenele limită, iar întrebările mele rămân fără răspuns.

O Iscoditoare cu partener Rebel a prezentat avantajele și dezavantajele acestei combinații:

Ne înțelegem cu adevărat unul pe celălalt atunci când facem alegeri neconvenționale, împotriva curentului, pentru că eu întorc problema pe toate părțile și mă simt sigură pe mine, iar pe el îl atrage spontaneitatea. Pe de altă parte, hotărârile precum alegerea mașinii ne blochează. Eu mă voi cufunda în analize, iar el va fi îngrozit de perspectiva de a fi „legat" de o mașină. Amândoi suntem de acord că așteptările exterioare nu înseamnă nimic pentru noi.

Binevoitor – Binevoitor

În funcție de circumstanțe, o relație între doi Binevoitori poate fi foarte armonioasă - două dintre cele mai fericite cupluri pe care le cunosc sunt de Binevoitori. Dar problema apare când trebuie să acționeze. Un Binevoitor a explicat: „Noi ne propunem mereu să mâncăm sănătos, dar când unul dintre noi întreabă: «Vrei să comandăm pizza?» celălalt răspunde instantaneu: «La naiba, da!» Ne este greu să ne mobilizăm să facem, spre exemplu, sport împreună. Facem o grămadă de planuri, dar apoi ne este greu să ne ținem de ele."

Cheia succesului pentru cuplul Binevoitor-Binevoitor este să configureze sisteme de răspundere exterioară - care înseamnă responsabilitate impusă din afară. Un cuplu care vrea să se mențină în limitele unui buget va eșua în încercarea de a se responsabiliza reciproc. Salvarea ar putea veni din partea unui consilier financiar.

Combinația părinte Binevoitor-copil Binevoitor funcționează. Părinții se simt responsabili pentru copiii lor, iar copiii se simt răspunzători în fața părinților lor, astfel încât se completează unii pe ceilalți. O Binevoitoare mi-a scris:

Aveam nevoie de răspundere din afară pentru a mă putea ridica din pat dimineața. Mama mea voia și ea să se trezească devreme, așa că i-am propus să citim împreună câte un pasaj din Biblie în fiecare dimineață. O sun la 7.00 dimineața și facem rapid o recapitulare, apoi citim un pasaj nou și îl discutăm, iar apoi ne rugăm una pentru cealaltă. Este soluția perfectă, deoarece ne motivează să ne ridicăm din pat și totodată ne inspiră. În plus, amândouă ne-am dorit dintotdeauna să facem asta, iar acest timp pe care îl petrecem împreună ne bucură nespus.

Binevoitor – Rebel

Acest tipar foarte interesant de parteneriat este analizat în capitolul 10, în secțiunea „Relaționarea cu un partener Rebel și modelul cuplului Rebel-Binevoitor".

Unele cupluri Binevoitor-Rebel resimt frustrarea din plin. Mulți copii și adulți Binevoitori mi-au spus că este greu să ai un părinte Rebel.

O prietenă mi-a povestit că mama ei își adoră nepoții, dar, dacă o roagă să aibă grijă de ei, vrea ca totul să se întâmple numai în funcție de interesele ei. Nu vrea să vină ea la copii, impune să fie aduși copiii la ea, și doar când are timp. Și are numai de pierdut din cauza asta. De cele mai multe ori este exclusă din diverse planuri de familie din cauza rigidității ei.

Un alt Binevoitor mi-a relatat: „I-am spus tatălui meu că evenimentul la care trebuia să mergem începea la ora 6.00, când de fapt începea la 7.00, pentru că suferă de *întârziere cronică*. M-a acuzat că l-am manipulat. Destul de corect".

L-am manipulat sau doar am fost realist? Granița dintre cele două atitudini este foarte fină.

Rebel - Rebel

Rebelii nu fac casă bună cu alți Rebeli. O Binevoitoare mi-a spus că soțul și fiica ei sunt amândoi Rebeli și, în mod ironic, fiecare îl urăște pe Rebelul din celălalt. Se acuză reciproc de aceleași lucruri: fiecare consideră că celălalt este leneș, își scot în evidență defectele unul altuia și se ceartă tot timpul.

Un cititor mi-a relatat: „Cunosc un cuplu de Rebeli care funcționează din două motive: (1) soțul câștigă mulți bani din propria afacere, de care este fascinat, iar soția stă acasă și face ce vrea ea după ce duce copiii la școală; (2) amândoi au o personalitate puternică ce îi face să-și dorească să fie familiști și părinți buni".

Am fost intrigată de acest comportament nespecific unui cuplu de Rebeli, așa că am întrebat: „Cum hotărăsc ce să facă? De exemplu, când și unde să meargă în vacanță?" Rebelii refuză în general când li se impune să facă un anumit lucru la un anumit moment, chiar dacă asta este și dorința lor.

Cititorul mi-a povestit:

> Îmi place să aud poveștile lor despre planificarea vacanței. Soția alege exact ce vrea ea, apoi soțul se hotărăște dacă vrea să meargă și el. Până acum, nu prea s-a întâmplat ca el să nu vrea să meargă, dar ea nu-l obligă niciodată. În schimb, dacă el ar fi propus același loc pentru vacanță, ea ar fi refuzat. Ei planifică majoritatea evenimentelor după acest tipar: unul alege, iar celălalt hotărăște singur dacă participă sau nu. Când vine vorba de copii, fac cu rândul pe cât posibil, pentru că niciunul

dintre ei nu vrea să facă ce „ar trebui" să facă. Nu cred că relația lor ar funcționa dacă nu și-ar permite să primească ajutor atât de mult.

Iată cum și-a descris relația un cuplu de Rebeli:

Sunt genul de rebel pe care l-aș numi „libertarian" [REBEL-Binevoitor]. Ca să nu mă simt încorsetată am nevoie de autonomie, spațiu, libertate, flexibilitate, schimbare, ca să nu mă simt încorsetată. Vreau să fiu liberă să schimb un plan în ultimul moment, dacă mi se pare că ceva e în neregulă sau dacă îmi vine în minte o variantă mai bună. Deși tot Rebel, soțul meu este diferit de mine. L-aș numi „rebel identitar" [REBEL-Iscoditor]. Își dorește să fie original, să facă lucrurile în felul lui, să fie corect cu el însuși, iar ceea ce face și cum face să îl reprezinte. În ceea ce privește viața noastră comună, ca să fiu sinceră, ea nu prea există. Lucrăm în orașe diferite, așa că suntem un cuplu care trăiește separat. Avem două apartamente. De fiecare dată când petrecem mai mult timp împreună, încep să mă agit. Niciunul dintre noi nu vede rostul de a investi grijă, timp, energie sau bani în apartamentele pe care le deținem, așa că alocăm foarte puține resurse acestui aspect.

Acești doi Rebeli formează un cuplu de succes pentru că și-au aranjat viața în așa fel încât să funcționeze pentru ei, în loc să urmeze un model convențional.

Cineva mi-a spus: „Eu și copilul meu suntem Rebeli și chiar nu știu cum reușesc celelalte tendințe să se descurce cu un copil Rebel". O mamă Rebelă mi-a spus că se simțea vinovată că nu o verifica pe fiica ei la teme. Dar, când a aflat că și ea era o Rebelă, a știut că procedase corect.

Unele tendințe se potrivesc mai bine ca pereche decât altele, iar multe dintre ele depind de situație. Dar când apar conflicte în interiorul unei perechi, fie acasă, fie la locul de muncă, există o regulă care poate detensiona lucrurile: ori de câte ori este posibil, ar trebui să fim de acord ca ceilalți să procedeze în felul lor.

Acest lucru pare evident, dar, în multe cazuri, tendințele, alături de natura umană, aprind în sufletele oamenilor dorința de control asupra semenilor, când ideal ar fi ca fiecare să poată hotărî pentru el însuși.

De exemplu eu, în calitate de Conformist, respect mereu regulile și încerc să îndeplinesc sarcinile cât mai repede posibil; Jamie, în calitate de Iscoditor, caută întotdeauna soluția cea mai eficientă. Cum împăcăm și capra și varza? Eu procedez cum știu eu, iar el cum știe el, și niciunul dintre noi nu se amestecă în treburile celuilalt.

S-ar putea să avem impresia că noi știm cel mai bine cum ar trebui făcut un anumit lucru, sau că deținem cheia succesului în ceea ce îi privește pe ceilalți, dar, fie acasă, fie la serviciu, atât timp cât sarcinile sunt realizate, ar trebui să permitem fiecăruia să acționeze în felul său. Relațiile interumane ar avea de câștigat dacă am accepta că perspectivele oamenilor asupra vieții sunt diferite.

12

Abordarea potrivită în cazul fiecărei tendințe

Fie că suntem la serviciu, acasă sau oriunde în altă parte, mereu încercăm cu toții să-i convingem sau să-i influențăm pe ceilalți să facă ce vrem noi (chiar dacă tot ce vrem noi este să fim lăsați în pace). Dacă reușim să ne identificăm tendința, vom ști care este mediul în care funcționăm cel mai bine și care este tipul de abordare care ni se potrivește. Același lucru este valabil pentru toate tendințele.

Este foarte ușor să presupunem că argumentele care ne conving pe noi îi vor convinge și pe ceilalți, dar nu este așa. Unul dintre secretele maturității este că suntem în același timp *mai asemănători* cu alți oameni decât credem și *mai diferiți* de alți oameni decât credem. Și este foarte greu să ții cont de asta.

Pe scurt, pentru a determina pe cineva să urmeze o anumită cale, trebuie să ținem cont de următoarele:

- Conformiștii vor să știe ce ar trebui să facă;
- Iscoditorii vor argumente;
- Binevoitorii vor să li se atribuie responsabilitate;
- Rebelii vor să aibă libertatea de a face lucrurile în felul lor.

În mod similar, este mai probabil să fim mai convingători când ne raportăm la valorile specifice fiecărei tendințe:

- Conformiștii apreciază autocontrolul și performanța;
- Iscoditorii apreciază justificarea și scopul;
- Binevoitorii apreciază munca în echipă și îndeplinirea sarcinilor;
- Rebelii apreciază libertatea și conștiința de sine.

Pentru că tendințele au perspective atât de diferite, nu există soluții magice, universal valabile care să funcționeze garantat. Eu fac sport zilnic pentru că sportul se află pe lista mea de sarcini; un Iscoditor știe pe de rost beneficiile pe care le aduce sportul sănătății; un Binevoitor face o plimbare săptămânală cu bicicleta pentru că și-a găsit un partener pe care nu vrea să-l dezamăgească; un Rebel face jogging ori de câte ori are chef.

Tatăl meu, care era un Iscoditor, mi-a spus cum s-a lăsat de fumat: „Mama ta și cu mine ne descurcam greu cu banii, și am calculat cât am economisi dacă aș renunța la țigări și am investi acești bani". A analizat cifrele și s-a concentrat asupra beneficiilor care ar rezulta din asta. Un prieten Binevoitor a renunțat la fumat gândindu-se la responsabilitatea pe care o avea față de fiul lui: „Acum, că am un copil, nu pot să-mi asum riscuri stupide pentru sănătate. Și vreau să fiu un exemplu bun pentru el". Un Rebel pune problema în felul următor: „Refuz să fiu sclavul dependenței de nicotină".

Înțelegerea celor patru tendințe ne ajută să știm cum îi putem ajuta pe ceilalți, jucând rolul de care au nevoie. De exemplu, pentru persoanele cu diabet zaharat, este important să își ia medicamentele la ore fixe, să mănânce sănătos, să facă mișcare și să meargă la medic. Sora mea, Elizabeth, are diabet de tip 1 și mi-a povestit că unii dintre pacienții medicului ei diabetolog nu mai vin la control pe motiv că omul este „prea amabil".

— Prea amabil? Cum vine asta? am întrebat-o.

— Adică nu este suficient de dur cu ei când nu îi respectă indicațiile.

— Pun pariu că acești pacienți sunt Binevoitori și au nevoie de mai multă responsabilitate! În cazul tău, vizitele regulate la medic te motivează îndeajuns ca să-i respecți recomandările, dar Binevoitorii au nevoie de o motivație mai puternică, de o condiționare care să presupună niște consecințe. Vor schimba mereu medicul pentru a obține această condiționare.

Având în vedere existența celor patru tendințe, medicul surorii mele și-ar putea plia abordarea pe fiecare tipar de comportament.

Unii medici au început deja să țină cont de cele patru tendințe:

> Sunt un Conformist autentic. Lucrez ca nutriționist în cadrul Clinicii Mayo. Mă uimesc unii pacienți care se chinuie foarte tare să își schimbe obiceiurile alimentare. Majoritatea sunt conștienți că ar gestiona mai bine boala de care suferă și că sănătatea lor s-ar îmbunătăți dacă și-ar schimba obiceiurile alimentare, și totuși nu fac aceste schimbări. Înțelegerea celor patru tendințe mi-a revoluționat modul de gândire și a îmbunătățit considerabil calitatea actului medical.

La fel a afirmat și un fiziolog:

> Mă ocup de pacienții cu probleme cardiace și una dintre responsabilitățile mele este să încurajez un

comportament sănătos. Mă ajută foarte mult identificarea tipologiilor în funcție de cele patru tendințe.
Conformistul: „Acesta este un lucru care ar trebui făcut. Am înțeles."
Iscoditorul: „De ce ar trebui să fac asta? Argumentează!"
Binevoitorul: „Lasă-mă să-ți arăt cât de bine pot să fac asta."
Rebelul: „Nu-mi spune tu ce să mănânc sau cum să fac mișcare."

Un cititor frustrat mi-a scris: „Îmi place terapeuta mea, dar i-am spus că am nevoie să mă responsabilizeze. Din păcate, nu pare să înțeleagă. E convinsă că trebuie «să mă motivez singur» și «să fac lucruri pentru mine». În cazul meu, asta nu funcționează și nu a funcționat niciodată. Îmi doresc să facă ceva care să funcționeze în cazul meu".

Am auzit asta de prea multe ori și nu înțeleg de ce oamenii consideră *nevoia de responsabilitate* o problemă rușinoasă. Părerea mea este că orice funcționează, e permis! Provocarea e să descoperi ce anume funcționează în cazul tău.

De multe ori, oamenii doresc să schimbe un obicei: pe al lor sau pe al altcuiva. Una dintre cele mai grave și mai frecvente greșeli când încercăm să ajutăm pe cineva să-și schimbe un obicei este să invocăm înfiorătorul „ar trebui să... "

- „Dacă sănătatea este importantă pentru tine, ar trebui să faci sport."
- „Dacă îți dorești această slujbă, ar trebui să respecți orele de program."
- „Dacă vrei să îți iasă afacerea, ar trebui să te supui regulilor."
- „Dacă mă respecți, ar trebui să faci ce-ți spun, fără să-mi întorci vorba."

- „Dacă te respecți pe tine însuți, ar trebui să-ți faci timp pentru scris."

Dar nu contează ce credem noi că „ar trebui să facă" cineva (sau chiar noi înșine). Ceea ce contează este *doar ce funcționează pentru fiecare individ în parte*. Pentru a-i ajuta pe oameni să își schimbe obiceiurile sau comportamentul, ar trebui să îi ajutăm să obțină ceea ce au nevoie pentru a reuși, fie că este vorba de mai multă claritate, de mai multe informații, de mai multă responsabilitate sau de indiferent ce altceva.

O cititoare mi-a scris: „Sunt o Binevoitoare, iar soțul meu este un Iscoditor. Abia când i-am vorbit despre cele patru tendințe a înțeles de ce îmi doresc să mă întrebe în fiecare zi dacă am mâncat sănătos (din cauza nevoii mele de responsabilitate). Înainte să afle despre aceste tipologii comportamentale, i se părea ciudată solicitarea mea. Se gândea că, dacă voiam să mănânc sănătos, puteam să o fac pur și simplu".

Când înțelegem cele patru tendințe, putem veni în întâmpinarea celorlalți cu abordări care să funcționeze pentru ei. Să presupunem că un manager conduce o echipă în cadrul căreia se regăsesc mai multe tendințe. La ședința în care anunță că organizația va adopta un nou sistem de procesare, ar putea să adauge în continuarea prezentării: „Dacă simțiți că aveți destule informații despre noul sistem și despre motivele pentru care s-a efectuat această schimbare, puteți să vă întoarceți în birou. Dacă doriți să aflați mai multe, vă invit să rămâneți și vă voi răspunde la toate întrebările". În acest fel, el economisește timpul celor care nu au nevoie de explicații suplimentare (Binevoitorii și Conformiștii) și le oferă celorlalți (în special Iscoditorilor) informațiile de care au nevoie pentru a accepta schimbarea. Rebelii vor face exact așa cum vor.

Pentru a fi pe înțelesul fiecărui student, profesoara ar putea da următoarele explicații: „De-a lungul anilor, studenții au descoperit că scrierea rezumatelor cursurilor îi ajută să asimileze informații și, în plus, că aceste rezumate sunt aur curat în preajma examenelor". Pe parcursul semestrului, profesoara ar putea să solicite emailuri prin care studenții să o țină la curent, în scris, cu activitatea lor legată de cursul respectiv. Le-ar putea oferi trei variante de sarcini dintre care să aleagă, în loc de una. Dacă ar ține cont de cele patru tendințe, ar veni în întâmpinarea nevoilor studenților ei și i-ar ajuta să reușească.

Unele greșeli sunt repetitive. Când încearcă să convingă pe cineva, Conformiștii și Iscoditorii subliniază adesea importanța definirii clare a așteptărilor interioare. „Trebuie să te hotărăști ce vrei", „Trebuie să îți clarifici intențiile", „Stabilește-ți prioritățile, află ce ți se potrivește" – minunate sfaturi, *dar pentru alți Conformiști sau Iscoditori*. Binevoitorii aduc argumente de genul: „Acest lucru îi va deranja pe ceilalți", „Trebuie să faci asta, este treaba ta cum o faci", „Nu este corect să aștepți ca altcineva să facă asta" – minunate argumente, *dar pentru alți Binevoitori*.

O educatoare mi-a expus punctul ei de vedere:

> Cred că toți educatorii cu har iau în considerare tendințele, chiar dacă nu conștientizează acest lucru. Iată un exemplu: elevii mei au patru și cinci ani și dorm după masă la grădiniță. Majoritatea au încă nevoie de somnul de la prânz, dar sunt foarte agitați. Iată cum pun problema cu fiecare în parte:
>
> **Cu un Conformist**: „Ai avut o dimineață plină. Ai alergat mult. Vreau să fii odihnit, căci am pregătit încă un joc pentru tine, pentru după-amiază."

Cu un Iscoditor: „De ce crezi că trebuie să dormi în fiecare după amiază? De ce crezi că este somnul important?” Copilul Iscoditor are o mulțime de răspunsuri la aceste întrebări. După ce îl las să se desfășoare, concluzionez: „Bine! Deci ești de acord că trebuie să te odihnești!” (El e de acord, fiindcă s-a lămurit.)
Cu un Binevoitor: „Aș fi tare mândră de tine dacă ai dormi așa de bine ca ieri. Știu că poți, și îți garantez că te vei simți minunat când te vei trezi. ”
Cu un Rebel: „Nu trebuie să dormi dacă nu vrei, dar poți, te rog, să stai liniștit în pătuț câteva minute? Dacă nu te ia somnul, poți să te uiți pe o carte.” (Copilul Rebel are nevoie să știe că poate lua singur decizia dacă să doarmă sau nu; în final, mai mult ca sigur, va adormi.)

În lumina celor patru tendințe devine din ce în ce mai clar de ce ne înțelegem sau nu ne înțelegem unii cu alții. De multe ori, ajungem să ne exasperăm reciproc, fiindcă tendințele noastre nu fac casă bună unele cu altele. De exemplu, un Conformist ar putea deveni enervant pentru ceilalți, dacă insistă întruna cu sloganuri de genul: „Dacă v-ați hotărât să o faceți, o veți face!”; un Iscoditor ar putea deranja un coleg de muncă Binevoitor trimițându-i frecvent emailuri cu studii despre productivitate; un Binevoitor ar putea scoate din pepeni un Rebel cumpărându-i un abonament la sală; un Rebel ar putea enerva un Conformist îndemnându-l să nu mai fie atât de crispat. Aceste abordări greșite, deși bine intenționate, duc la frustrare.

În unele situații, abordarea greșită care nu ține cont de cele patru tendințe poate deveni de-a dreptul periculoasă. Dacă un ofițer de poliție spune: „Ieșiți din mașină”, Iscoditorul sau Rebelul s-ar putea opune: „De ce ar trebui să fac asta?”, „Cu ce drept îmi ceri să fac asta?”, „Nu făceam nimic, asta e o cerere abuzivă.", „Nu îmi spui tu ce să fac". Cu cât polițistul va fi mai autoritar, cu atât mai mult va amplifica spiritul de opoziție al Rebelului sau al Iscoditorului. Și, din acest punct, situația poate scăpa foarte ușor de sub control.

Există tot felul de îndemnuri în jurul nostru, care își ating scopul sau nu, în funcție de tendința celui la care ajung. Ele pot declanșa cooperarea sau opoziția, în funcție de modul în care sunt concepute.

Pentru ca un mesaj să își atingă scopul în cazul tuturor celor patru tendințe, ar trebui să conțină informații, să specifice consecințe și să ofere variante, în același timp. Doar așa ar putea avea efect asupra tuturor: pe Rebeli îi interesează opțiunile, pe Iscoditori informațiile și argumentele, Binevoitorii vor să cunoască consecințele, iar Conformiștii vor reguli.

Nu m-am putut abține să fac o poză unei liste de îndemnuri pe care am văzut-o lipită pe ușă, când am fost la toaleta unei companii pe care am vizitat-o.

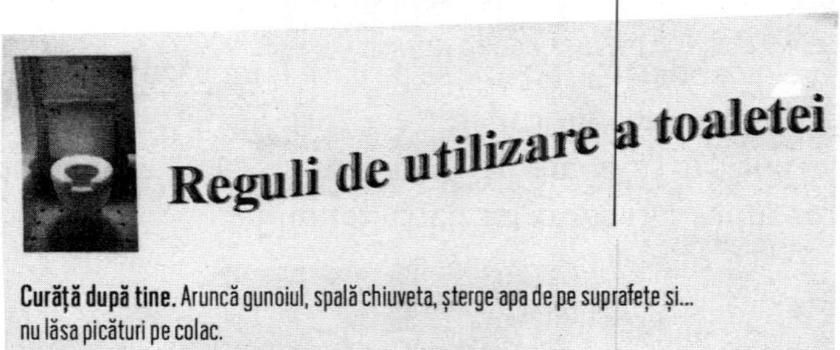

Reguli de utilizare a toaletei

Curăță după tine. Aruncă gunoiul, spală chiuveta, șterge apa de pe suprafețe și... nu lăsa picături pe colac.

Trage apa! Verifică dacă toaleta e curată.

Curăță toaleta de la serviciu mai bine decât pe cea de acasă. La serviciu, trebuie să arăți respect. Păstrează toaleta curată pentru ceilalți, dacă nu pentru tine.

Nu arunca prosopul de hârtie sau produsele de igienă feminină în toaletă; folosește coșul de gunoi care ți-a fost pus la dispoziție.

Îți mulțumim că ne ajuți să menținem ordine și curățenie la toaletă!

Aceste îndemnuri au fost scrise de un Binevoitor, pentru Binevoitori – observați îndemnul care funcționează în cazul lor: „Păstrează toaleta curată pentru ceilalți, dacă nu pentru tine". Pentru a convinge un Rebel, *opusul* ar fi mult mai eficient: „Păstrează toaleta curată pentru tine, dacă nu pentru ceilalți". În plus, cum aceste îndemnuri par niște ordine, ele îl pot face pe Rebel – poate și pe Iscoditor sau chiar pe o Conformistă ca mine – să se opună.

Este surprinzător de ușor ca un afiș să declanșeze insubordonarea. Un Rebel mi-a spus: „Când văd afișe cu «Vă mulțumim că nu fumați» sau tot felul de alte formule, mi se face poftă instantaneu de o țigară, chiar dacă nu sunt fumător! Mor de ciudă la gândul că își zic că m-au făcut cu lozinca lor".

Pe de altă parte, un anunț pe care l-am văzut la intrarea în biblioteca mea de suflet, New York Society Library, era conceput cât se poate de inteligent și, cu siguranță, avea efect asupra tuturor celor patru tendințe.

Conformiștii sunt mulțumiți pentru că li se impune o regulă: „Fără mâncare și băutură". Iscoditorilor li se explică cum s-a ajuns la această regulă: nu se permite accesul cu mâncare și băutură în bibliotecă, deoarece ar atrage furnicile care pot distruge cărțile. Binevoitorii au aflat deja consecințele nerespectării regulii: cititorii au încălcat regula, pentru că au apărut deja furnicile, deci, opriți-vă! Rebelilor li se satisface nevoia de alegere: cititorii Rebeli sunt iubitori de cărți, oameni care apreciază bibliotecile, deci cu siguranță ar alege să acționeze într-un mod care să protejeze manuscrisele. În plus, cine ar vrea să citească într-un loc plin de furnici?

Și afișul de la o baie din hotelul Willard din Washington, D.C., reușește să aibă efect asupra Conformiștilor, Iscoditorilor, Binevoitorilor și Rebelilor, în același timp. Rețineți ultimul rând – scris cu font mare – care țintește către Rebeli.

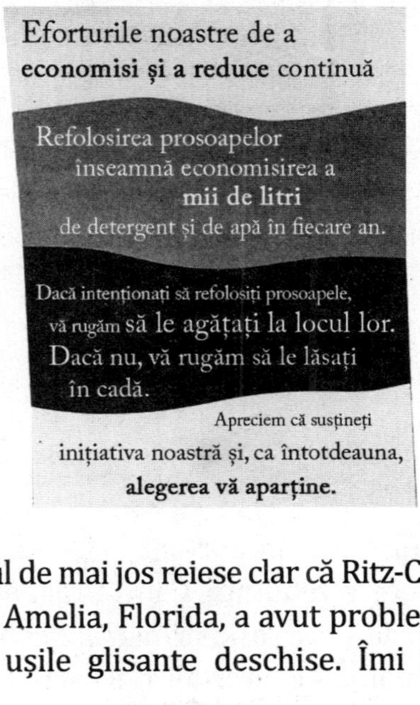

Din anunțul de mai jos reiese clar că Ritz-Carlton, un hotel aflat pe Insula Amelia, Florida, a avut probleme cu oaspeții care au lăsat ușile glisante deschise. Îmi imaginez cum gândesc unii oameni: „Ce-mi pasă mie dacă se face condens? Asta e problema hotelului, și nu e de ieri, de azi. Dar fără aer condiționat și cu insecte zburătoare? Asta e problema *mea*".

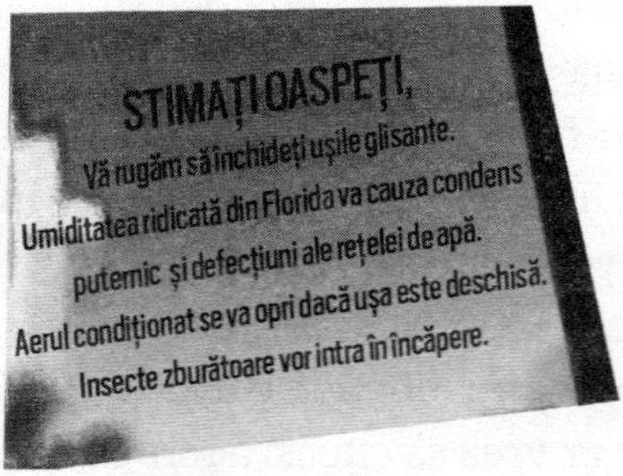

Și acest anunț se adresează tuturor celor patru tendințe: avem informații, consecințe, variante. În plus, un apel la identitate nu strică niciodată.

Pentru ca un mesaj important să fie eficient, trebuie să rezoneze cu fiecare tendință. Când Uraganul Sandy urma să lovească orașul New York, primarul Michael Bloomberg a ordonat evacuarea locuitorilor din cartierele expuse, dar mulți au refuzat să plece, lucru pe care eu, în calitate de Conformist, l-am găsit cel puțin surprinzător.

Cum ar putea un primar să formuleze un aviz de evacuare pentru a convinge toate cele patru tendințe?

Conformiștii vor accepta evacuarea dacă se stabilește clar așteptarea, deci în aviz ar trebui să se specifice clar că toată lumea se așteaptă ca ei să evacueze zona. Conformiștii n-ar fi greu de convins.

Iscoditorii vor accepta evacuarea dacă vor fi convinși că această acțiune are sens, deci notificarea ar trebui să ofere o descriere amplă despre când, unde și cu ce putere va lovi uraganul, care sunt riscurile, de ce este necesară evacuarea, care este gradul de expunere a fiecărui cartier, de ce o casă construită conform standardelor este totuși expusă riscului. Avizul ar trebui să explice, de asemenea, ce experți – meteorologi, ingineri, arhitecți – au fost consultați. Iscoditorii vor dori și o comparație cu un uragan anterior ca să aprecieze dacă îngrijorarea este justificată sau nu.

Binevoitorii vor accepta evacuarea dacă există responsabilitate externă, deci avizul ar trebui să sublinieze faptul că refuzul evacuării i-ar pune pe membrii familiei în pericol, că angajații instituțiilor statului vor verifica dacă locuitorii au evacuat sau nu locuințele și că vor aplica sancțiuni celor care refuză ordinul de evacuare. Notificarea ar trebui să le reamintească oamenilor că au obligația să se asigure că membrii familiei și vecinii sunt în siguranță și să fie niște exemple bune pentru semenii lor. În aviz, ar mai trebui specificat că cea mai bună modalitate de a avea grijă de ceilalți (inclusiv de animalele de companie) este evacuarea.

Rebelii urăsc să li se spună ce să facă, dar ar fi mult mai dispuși să accepte evacuarea dacă neacceptarea acesteia le-ar limita libertatea și confortul. Notificarea ar trebui să sublinieze faptul că cei care nu se supun ordinului de evacuare ar putea fi blocați în locuințele lor zile întregi, în condiții neplăcute în cel mai bun caz sau de-a dreptul periculoase în cel mai rău caz. Probabil va fi sistată furnizarea energiei electrice, a apei curente, iar lifturile și transportul public nu vor funcționa. Și nici nu vor putea să comande mâncare chinezească.

De asemenea, primarul ar trebui să informeze populația că toate numele vor fi consemnate; indiferent de tendință, anonimatul e mai confortabil.

Din cauza obsesiei mele de a descoperi semne distinctive ale celor patru tendințe, spionez mereu bucătăriile companiilor pe care le vizitez; afișele de pe frigidere și de deasupra chiuvetelor sunt niște materiale de studiu minunate cu privire la felul în care funcționează puterea de convingere. Am declanșat în aplicația Better o dezbatere aprigă pe tema celui mai bun afiș care să rezolve problema vaselor murdare lăsate în chiuveta bucătăriei de la birou.

Un Binevoitor a propus următorul afiș:

> Îți mulțumim că ai grijă de vasele tale. Pune-le în mașina de spălat vase. Dacă mașina este plină, golește-o și umple-o din nou. Dacă tocmai efectuează un ciclu de spălare, clătește-ți vasele și lasă-le în chiuvetă. Întoarce-te mai târziu, ca să le pui la spălat. Mama ta nu este aici ca să facă curățenie după tine.

Ohoo, am exclamat în sinea mea, dar există *atât de multe motive* pentru care afișul respectiv nu va avea efect!

Există multe idei foarte bune care nu au fost deloc promovate aici. De exemplu, cana personalizată. Entuziasmul cu care ai avea grijă de „cana ta" este mai mare, plus că un asemenea obiect te dă de gol.

Concluzia grupului a fost că formula câștigătoare este informație-consecințe-opțiuni sau, și mai simplu, *umorul*. O pilulă de râs poate ajunge exact la țintă și, mai mult ca sigur, nu va declanșa spiritul de opoziție; o imagine bine aleasă din *Dilbert* sau *The New Yorker* poate avea un impact mult mai mare decât un paragraf de indicații. Îmi amintesc de un afiș pe care l-am văzut la un bazin de înot: „Noi nu înotăm în toaleta ta. Te rugăm, nu face nici tu pipi în piscina noastră". Un Rebel a sugerat să lipim pe ușa unei bucătării de birou un afiș cu următoarea frază: „Dacă bucătăria e curată, vom scoate toate afișele care îndeamnă la păstrarea bucătăriei curate".

Aproape în toate situațiile, definirea așteptărilor conform particularităților fiecăreia dintre cele patru tendințe poate duce la o cooperare mai eficientă, cu mai puține divergențe. În majoritatea cazurilor, când încercăm să influențăm alți oameni, folosim strategiile care ar funcționa în cazul *nostru*. Cele patru tendințe ne pot ajuta să le oferim *celorlalți* ce au nevoie, nu ce avem *noi* nevoie. Și, în felul acesta, putem coopera mai eficient unii cu alții.

13

Oricare ar fi tendința noastră, putem învăța să-i valorificăm punctele forte

> La fel cum poate crește arborele de cafea... până la 5-6 metri, iar cedrul poate să depășească această înălțime, cred că fiecare ființă umană are nevoie un anumit tip de sol, temperatură și altitudine –foarte individual stabilite pentru unii, aproape universal pentru alții – pentru a se simți liberă și fericită; mai concret, liberă să evolueze până în punctul maxim de care este capabilă. Cred că un om se poate simți complet liber atât într-o mănăstire trapistă, cât și la judecătoria din Berlin; dar cred că ar trebui să fie cu totul ieșit din comun și să aibă o personalitate neobișnuit de binevoitoare, ca să se simtă liber în ambele locuri.
>
> – scrisoare, Isak Dinesen,
> 19 august 1923

Tendințele modelează experiențele și perspectiva fiecăruia dintre noi. Rezonăm cu situațiile și cu limbajul în mod diferit și ne priesc medii diferite.

Dar, indiferent cărei îi tendințe aparținem, cu mai multă experiență și înțelepciune, vom învăța să-i valorificăm punctele forte și să contrabalansăm aspectele negative.

Într-o după-amiază, după ce am ținut o prelegere despre cele patru tendințe, un bărbat m-a întrebat: „Care tendință îi face pe oameni cei mai fericiți?" Am fost surprinsă să realizez că această întrebare, pe cât de simplă, pe atât de importantă, nu-mi trecuse niciodată prin minte. „Și care este tendința cea mai de succes?" a continuat el cu o întrebare la fel de surprinzătoare.

Mi-am dat seama că răspunsul este extrem de evaziv. Depinde. Depinde de modul în care fiecare alege să privească avantajele și dezavantajele unei tendințe. Cei mai fericiți și cei mai de succes oameni sunt cei care au găsit modalitatea de a-și pune tendința să lucreze pentru ei și, la fel de important, au găsit modalitatea de a pune în umbră dezavantajele. Nu există o rețetă a succesului, fiecare trebuie să acționeze în felul *lui*.

Mi-a rămas în minte o replică rostită de romancierul Rebel, John Gardner: „De fiecare dată când încalci legea, plătești, la fel cum plătești de fiecare dată când o respecți". Conformiști, Iscoditori, Binevoitori și Rebeli, cu toții trebuie să ne luptăm cu consecințele tendinței noastre – cu punctele forte și punctele slabe, cu ciudățeniile și cu frustrările ei.

Când ne înțelegem tendința, suntem mai capabili să ne construim viața pe care ne-o dorim și să acceptăm cum, când și de ce plătim pentru greșelile noastre.

ANEXĂ

MULȚUMIRI

Ce bucurie a fost să scriu *Cele patru tendințe*! Trebuie să le mulțumesc multor oameni pentru ajutorul oferit în înțelegerea celor patru tendințe.

În primul rând, mulțumesc familiei mele: cu toții au fost nevoiți să audă despre cele patru tendințe în fiecare zi, timp de câțiva ani.

Mulțumesc genialului meu agent, Christy Fletcher, și lui Sylvie Greenberg, Grainne Fox, Sarah Fuentes și Mink Choi, de la Fletcher & Co.

Mulțumesc editorului meu extraordinar, Mary Reynics, și echipei extraordinare formate din: Diana Baroni, Sarah Breivogel, Julie Cepler, Aaron Wehner, precum și tuturor celor care au lucrat cot la cot cu mine la *Cele patru tendințe*.

Îi mulțumesc și Lisei Highton de la Two Roads.

Beth Rashbaum a depus eforturi substanțiale pentru a da un plus de claritate ideilor mele.

Mike Courtney și Quyen Nguyen de la Aperio Insights au făcut o treabă extraordinară cu creând și supervizând Testul Celor Patru Tendințe.

Mulțumesc oamenilor extraordinari de la Worthy Marketing: Jayme Johnson, Jody Matchett, David Struve și tuturor celor de acolo.

Crystal Ellefsen mă ajută în fiecare zi să-mi fac cunoscute ideile în lume.

Mighty Networks a conceput, iar acum întreține și consiliază tot ce ține de aplicația Better. Mulțumiri eterne Ginei Bianchini, lui Audra Lindsay, Brian Vu, Rachel Masters și tuturor celor de la Mighty Networks.

Pentru podcast, vreau să le mulțumesc oamenilor minunați de la Panoply: producătorului nostru extraordinar, Kristen Meinzer, fostului producător, Henry Molofsky, precum și lui Andy Bowers și Laurei Mayer. De asemenea, mulțumiri coprezentatoarei mele de podcast, sora mea cea înțeleaptă, Elizabeth Craft.

EVALUARE RAPIDĂ A CELOR PATRU TENDINȚE DE GRETCHEN RUBIN

Mulți cititori au solicitat o metodă rapidă și informală pentru a afla tendința unei persoane.

Am primit solicitări de la manageri care trebuie să ia decizii de angajare, de la profesori care doresc să-și înțeleagă studenții, de la medici care doresc să își adapteze abordarea în funcție de profilul pacientului, de la persoane care sunt la prima întâlnire și care doresc să evalueze un potențial partener și de la persoane care vor doar să se folosească de conceptul celor patru tendințe pentru a sparge gheața la o petrecere.

Câteva întrebări atent formulate pot elucida misterul tendinței unei persoane. Este important să nu cauți un „răspuns bătut în cuie", ci să acorzi atenție raționamentelor oamenilor și tipului de limbaj folosit. Părerea pe care o au despre întrebare este mai importantă decât răspunsul în sine.

Deoarece tendințele se suprapun între ele, două tendințe ar putea răspunde la o anumită întrebare în același fel.

Rețineți că Iscoditorul și Binevoitorul sunt cele mai răspândite tendințe, deci șansele de a avea de-a face cu un Iscoditor sau cu un Binevoitor sunt mai mari.

Desigur, în funcție de situație, este posibil ca oamenii să nu fie sinceri, de teamă că un răspuns sincer va avea un efect negativ asupra lor.

„Ce părere aveți despre hotărârile care se iau de Anul Nou?"

În general, Conformiștilor le plac aceste hotărâri de Anul Nou și vor lua hotărâri și cu alte ocazii.

Iscoditorii vor lua hotărâri și se vor ține de ele, dar, de cele mai multe ori, au obiecții în legătură cu data de 1 ianuarie, pe care o consideră o dată arbitrară. Ei găsesc că e ineficient să aștepte un an întreg ca să ia o hotărâre.

Binevoitorii spun mereu că nu mai iau hotărâri de Anul Nou, deoarece, de cele mai multe ori, au eșuat. Sau dacă le iau, nu se țin de ele.

În general, Rebelii nu iau astfel de hotărâri. Uneori, lor li se pare distractiv să facă acest lucru și subliniază că au vrut ei să-l facă, că s-au bucurat de asta, într-un cuvânt că le-a plăcut provocarea.

„Imaginează-ți că vezi lipit pe perete un afiș pe care scrie: «Fără telefoane mobile», iar eu scot telefonul mobil și încep să vorbesc. Ce simți în momentul acela?"

Conformiștii vor spune că se simt foarte stânjeniți.

Iscoditorii vor căuta posibilele justificări ale regulii și vor stabili dacă aceasta este justificată sau nu. Dacă vor ajunge la concluzia că regula este lipsită de sens, nu le va păsa că cineva o încalcă.

Binevoitorii vor spune că nu se simt confortabil, lucru pe care l-ar putea explica prin faptul că folosirea telefonului mobil în locuri publice îi poate deranja sau enerva pe ceilalți. În plus, există chiar riscul de a primi un avertisment de la organele în drept.

Rebelii vor spune că nu le pasă. S-ar putea chiar să se bucure de încălcarea regulii.

„Te-ai înscrie vreodată la un curs gratuit doar de amuzament? Și dacă da, să presupunem că cineva apropiat

îți spune: «Nu-mi place că te-ai înscris la cursul ăsta». Cum reacționezi?"

Majoritatea oamenilor vor încerca să stabilească niște parametri: motivele pentru care persoana apropiată nu se simte confortabil în această situație, gravitatea motivelor, importanța cursului pentru ei înșiși. Asigură-i că acest curs ar însemna un inconvenient foarte mic pentru persoana apropiată.

Conformiștii vor insista probabil să urmeze cursul. Vor să facă acest curs; de asta s-au înscris; le pare rău că deranjează, dar pot trăi cu asta. Vor sublinia importanța respectării planurilor și a așteptărilor interioare.

Iscoditorii, la fel. Însă aceștia s-ar concentra în primă fază asupra motivelor și justificărilor hotărârii de a urma cursul.

Binevoitorii vor ezita să-și ducă planul până la capăt în condițiile în care altcineva ar putea fi deranjat. Această așteptare exterioară va fi dureroasă.

Rebelii nu se vor înscrie la niciun curs decât dacă au ei chef. Cu ocazia asta s-ar putea să realizeze că nu s-au înscris la un curs niciodată în viața lor – în condițiile astea ce hotărâre ar putea să ia acum? Dacă s-ar înscrie la curs, nu s-ar duce decât când ar avea chef.

„Privind în urmă, există vreun obicei important pe care ai reușit să-l schimbi?"

Un răspuns posibil din partea unui Binevoitor ar fi: „Ani de zile, m-am plimbat în fiecare dimineață cu o vecină, dar ea s-a mutat și, de unul singur, nu mi-a mai venit să fac asta", în timp ce unul din partea unui Iscoditor ar fi: „Citesc tot ce apare pe piață despre importanța antrenamentului de forță și, după ce am stat de vorbă cu câțiva antrenori, m-am hotărât să mă antrenez în mod regulat". „Alerg când am chef", aceştia sunt Rebelii. În cazul Conformiştilor, exemplele de răspunsuri sunt multiple.

„Ți se pare uşor să-ți îndeplineşti planul de sarcini? Dar planul altora?"

Conformiştii îşi îndeplinesc propriile sarcini la fel de uşor cum îndeplinesc şi sarcinile primite de la ceilalți.

Iscoditorii îndeplinesc mai uşor propria listă de sarcini.

Binevoitorii îndeplinesc mai uşor o listă de sarcini primită din afară.

Rebelii ignoră de obicei orice listă de sarcini sau o reinterpretează în felul lor: „Asta e lista mea de sarcini, dar voi face ceva numai când o să îmi vină cheful".

Întrebări rapide:

— Te-au acuzat vreodată oamenii că eşti rigid?

— Da, recunosc Conformiştii.

— Te-au atenționat vreodată oamenii că pui prea multe întrebări?

— Da, recunosc Iscoditorii.

— Eşti de acord cu următoarea afirmație: promisiunile pe care le facem altora nu ar trebui să fie încălcate, dar promisiunile pe care ni le facem nouă pot fi încălcate?

— Da, răspund Binevoitorii.

— Crezi că un lucru este mai distractiv dacă încalcă regulile?

— Da, se grăbesc să răspundă Rebelii.

În cazul fiecărei tendințe, există o întrebare care o reprezintă:

- Conformiștii întreabă: „Ar trebui să fac asta?"
- Iscoditorii întreabă: „Are sens?"
- Binevoitorii întreabă: „Contează asta pentru ceilalți?"
- Rebelii întreabă: „Aceasta este persoana care vreau să fiu?"

RESURSE SUPLIMENTARE PENTRU CELE PATRU TENDINȚE

Există multe resurse suplimentare care te pot ajuta să înțelegi și să folosești conceptul celor patru tendințe.

Principala resursă suplimentară este aplicația Better, despre care am discutat pe larg la pagina 254. Aplicația Better îți permite să folosești conceptul celor patru tendințe pentru a-ți face viața *mai bună*, să valorifici cele patru tendințe pentru a-ți îndeplini obiectivele (sau pentru a ajuta alți oameni să o facă); aplicația Better facilitează, de asemenea, formarea și conectarea la grupurile de responsabilitate.

Am creat două ghiduri sumare care să acționeze ca referințe rapide pentru conceptul celor patru tendințe. Pentru a obține PDF-ul sau pentru a-mi trimite o cerere prin email, accesați gretchenrubin.com:

- Evaluarea rapidă – te ajută să stabilești tendința unei persoane rapid și neprotocolar
- Ghidul pe scurt al celor patru tendințe – un rezumat al tendințelor, cu punctele lor forte și slabe și cu tiparele de comportament
- De asemenea, poți să îmi trimiți un email pentru a solicita:
- Un ghid de discuții pe tema cărții *Cele patru tendințe* – pentru grupuri de lectură, grupuri de lucru, grupuri bazate pe credință și spiritualitate, workshopuri, grupuri de responsabilitate și altele asemenea;
- Kit-ul de formare a unui grup de responsabilitate;

- Lecturi suplimentare despre alte tipare de personalitate – dacă îți place un anumit tipar de personalitate la fel de mult cum îmi place și mie, vei fi interesat de aceste lucrări.

De asemenea, scriu frecvent despre cele patru tendințe pe blogul meu, gretchenrubin.com, împreună cu coprezentatoarea și sora mea, Elizabeth Craft, și discutăm adesea conceptul pe podcastul nostru, *Happier with Gretchen Rubin*. Spre exemplu, ne concentrăm pe fiecare dintre cele patru tendințe în episoadele 35, 36, 37 și 38.

APLICAȚIA BETTER: CELE PATRU TENDINȚE DE GRETCHEN RUBIN

Cu ajutorul remarcabilei echipe de la Mighty Networks, am creat o aplicație, Better. Este vorba despre cum să folosești cele patru tendințe pentru a-ți face viața... *mai bună.*

Better te ajută să valorifici tiparul celor patru tendințe pentru a-ți crea o viață mai bună și îți permite, de asemenea, să ajuți și să convingi mai eficient și alte persoane.

Cu greu mă pot dezlipi de conversațiile din aplicație; ideile, experiențele și sfaturile oamenilor sunt fascinante.

Aplicația Better îți permite să:

- Te alături grupurilor de responsabilitate adaptate tendinței tale specifice. Binevoitorilor, știți că aveți nevoie de asta! Responsabilitatea care vă este indispensabilă este chiar aici, în buzunarul vostru.

- Faci cunoştinţă cu alţi Binevoitori, Iscoditori, Conformiştii şi Rebeli, pentru a obţine sprijin, încurajare şi idei care să te familiarizeze cu tendinţa ta, dar şi cu a altora.
- Te alături discuţiilor pe subiecte legate de cele patru tendinţe, precum:

  – muncă şi carieră,

  – productivitate,

  – copii şi părinţi,

  – echipe de îndrumare, pacienţi sau clienţi,

  – iubire şi relaţii,

  – atingere de obiective,

  – distracţie cu cele patru tendinţe (aici îmi permit să fiu excentrică),

  – formare de obiceiuri,

  – responsabilitate,

  – sănătate mai bună.

Afli mai multe pe www.BetterApp.us sau caută „Better Gretchen Rubin" în magazinul de aplicaţii.

NOTE

Note despre e-mailuri, postări pe blog și alte povestiri personale: Toate exemplele sunt inspirate din realitate. Am schimbat doar datele de identificare ale celor implicați și am redactat răspunsurile pentru un plus de claritate.

Capitolul 1: Cele patru tendințe

Pag. 19. Pentru a-mi testa observațiile despre cele patru tendințe... Sondaj realizat de Aperio Insights printre adulții din eșantionul reprezentativ la nivel național din SUA, dispersați geografic, de ambele sexe, de toate vârstele și cu diverse tipuri de venituri. Sondaj online de patru minute făcut în perioada 18 iulie-2 august, 2016, n = 1.564.

Capitolul 3: Cum să înțelegi un Conformist

Pag. 54 Un studiu al actualizărilor de stare de pe Facebook... Matt Huston, „Actualizările de stare nu mint", în PsychologyToday.com, 8 iulie 2015, https://www.psychologytoday.com/articles/201507/status -updates-don-t-lie.

Capitolul 5: Cum să înțelegi un Iscoditor

Pag. 89 Când am văzut rezultatele unui sondaj în care 26% dintre medici au fost de acord cu afirmația:... http://www.consumerreports.org/health/resources/pdf/best-buy-drugs/money-saving-guides/english/DrugComplianceFINAL.pdf.

Pag. 90 De exemplu, legendarul antreprenor și lider de afaceri Steve Jobs... Walter Isaacson, *Steve Jobs*, Simon & Schuster, New York, 2011, pp. 43, 453-56.

Capitolul 7: Cum să înțelegi un Binevoitor

Pag. 137 Persoanele care s-au înscris într-un program de slăbire împreună cu *un astfel de partener*... Kelly McGonigal, *The Willpower Instinct: How Self-control Works, Why It Matters and What You Can Do to Get More of It*, Avery, New York, 2013.

Pag. 137 Atunci când un grup de copii au fost instruiți să devină „agenți de schimbare"... Nalika Gunawardena, și colab., „School-based Intervention to Enable School Children to Act as Change Agents on Weight, Physical Activity and Diet of Mothers: A Cluster Randomized Controlled Trial", în *International Journal of Behavioral Nutrition and Physical Activity*, nr. 13, 2016, pag. 45.

Capitolul 9: Cum să înțelegi un Rebel

Pag. 186 Un articol din *New York Times* despre tiparele căsniciilor, ale divizării muncii în gospodărie și câștigului,... Claire Cain Miller și Quoc Trung Bui, „Rise in Marriages of Equals Helps Fuel Divisions by Class", în *New York Times*, 27 februarie 2016, A1.

Carte tipărită la: Art Print
Bun de tipar: ianuarie 2022
Apărut: ianuarie 2022

ACT și Politon

Editura ACT și Politon

Str. Înclinată nr. 129, Sector 5, București, C.P. 050202.
Tel: 0723.150.590, e-mail: office@actsipoliton.ro
www.ACTsiPoliton.ro / www.ACTsiPoliton.ro/blog